講義を始める前に
―効率的に勉強するためにお伝えしたい大切なこと―

Movie 001

1．この本の目的と特徴

　本書の目的は「この1冊だけで，ゼロからはじめてマクロ経済学の理解が合格レベルになること」です。そのために，超人気シリーズ『試験攻略 新・経済学入門塾』の『〈Ⅰ〉マクロ編』『〈Ⅲ〉上級マクロ編』『〈Ⅵ〉計算マスター編』の主要論点を，本書にまとめました。『**新・経済学入門塾**』の「わかりやすさ」をそのままに，「**最短**」距離での「**合格**」を目指します。

> このQRコードで「講義を始めるまえに」（ガイダンス）の動画講義を見ることができます。また，本書では随所に，それぞれの動画講義のQRコードがついています！

　そのために次の7つの特徴を持っています。

【1】解説講義とセットでどんどんわかる

特徴1　すべての内容を動画で解説し無料公開

　独学ではわかりづらい，あるいは，長続きしないという問題を克服するためにYouTubeに動画講義*をアップしましたので，活用してください。すでに多くの人に使っていただき，300万アクセスを超えています。

　　＊すべての動画講義は，フリーラーニング のサイトから無料で視聴できます。

フリーラーニング大好評配信中!!

http://free-learning.org/

　フリーラーニングは，これまでに試験攻略入門塾シリーズの『速習！マクロ経済学／ミクロ経済学』『速習！経済学 基礎力トレーニング（マクロ＆ミクロ）』『速習！経済学 過去問トレーニング（公務員対策・マクロ）／（公務員対策・ミクロ）』『速習！憲法／民法Ⅰ・Ⅱ』『速習！日商簿記3級〔テキスト編〕／〔トレーニング編〕』の無料（Free）インターネット動画講義配信しています。

　　　　　　　　　　　　　　　　　　　フリーラーニング有限責任事業組合
　　　　　　　　　　　　　　　　　　　Free-Learning LLP

YouTube アクセス 300万超え

【2】『新・経済学入門塾』の「わかりやすさ」はそのまま

経済学をしっかりと理解するために，『新・経済学入門塾』の５つの特徴を受け継ぎました。

特徴2　難解な数式を使わない

特徴3　日常会話でわかりやすく

特徴4　グラフはとことんていねいに

特徴5　人気講師が勉強方法から

特徴6　経済学の思考パターンを最初に

だから，
初めてでも
だいじょうぶ！

本書は『試験攻略入門塾　速習！マクロ経済学』とタイトルに「試験攻略」という言葉が入っています。これは，この本を使って，学部試験，公務員試験，公認会計士試験，中小企業診断士試験，不動産鑑定士試験，証券アナリスト試験，大学院入試などを突破してほしいと強く願うからです。

しかしながら，**本書は「試験攻略」というタイトルがついているからといって，試験のテクニックを身につけることが第一目標ではなく，経済学を表面的にではなく，「なるほど！」と体感できるレベルで理解することを第一目標としています。**なぜなら，それが，経済学で合格点を取る近道だからです。

試験のための経済学といっても，試験向けに特別な経済学が存在するわけではなく，大学で習う経済学の内容と同じです。ただ，試験によって若干出題傾向が異なるだけです。ですから，この本は，大学で教えている経済学の内容を試験の出題傾向も織り込みながら，５つの特徴（特徴2〜6）によってわかりやすく説明したものです。そのためか，『新・経済学入門塾』シリーズは，実際に，いくつかの大学の講義テキストとしても利用されてきました。

その意味では，試験を受ける人も，受けない人も，経済学を効率的に勉強したいと考える皆さんに愛用いただき，「この本で勉強して，よくわかった！」と思っていただければ，これに勝る歓びはありません。

【3】「速習！」のためにマクロの主要論点を網羅した『この１冊』

特徴7　合格に必要な部分に絞った「この１冊」

従来の『新・経済学入門塾』シリーズでは，マクロ経済学が『〈I〉マクロ編』と『〈III〉上級マクロ編』の２冊になっていましたが，１冊にまとめてほしいとの声も多くありました。そこで，『〈I〉マクロ編』と『〈III〉上級マクロ編』から，試験に出題される主要論点を抜き出し，さらに『〈VI〉計算マスター編』の一部を抜き出して，短い文章でもわかるように工夫を重ね１冊にまとめました。この１冊

で主要論点を網羅しているため，試験対策として十分通用する「この1冊」です。

主要論点を網羅したテキストは400ページを超えるものがほとんどですが，短時間でマスターするという目的を実現するために本文を366ページに収めました。

（1）短時間でマスターするためのレイアウト

そうはいっても，この本1冊をスピードマスターすることは難しいと思います。そこで，この本では，1ページを左右2段に分けて，左側に本文，右側には，「理由」「たとえば」「落とし穴」「数学入門」「徹底解説」「用語」「補足」「試験対策」「テクニック」「グラフ化」「復習」「時事」「今後への影響」などのアイコンを用意し，さらに，アイコンが説明している本文には網掛けをすることによって，一見してわかるようにしました。

また，本文の中でも，重要となる文は**ゴシック体**を用いて，一目でわかるようにしました。ですから，ラインマーカーで重要な部分を引きたいというときに，どこに線を引いたらよいのかわからないということはありません。

（2）試験ごとの出題可能性と難易度を掲載

なお，試験ごとに出題可能性が違うので，試験ごとの出題可能性と難易度を次のように掲載しました。

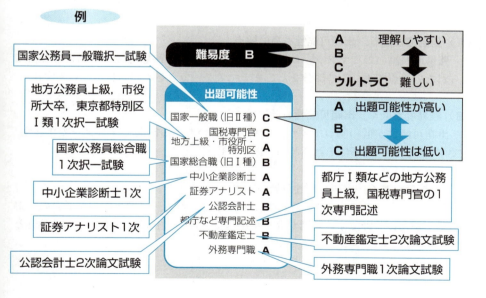

この難易度を縦軸，出題可能性を横軸としたグラフを**図表　序ー1**に描いてみましょう。すると，〈Ⅰ〉〈Ⅱ〉〈Ⅲ〉〈Ⅳ〉の4つに分けることができます。

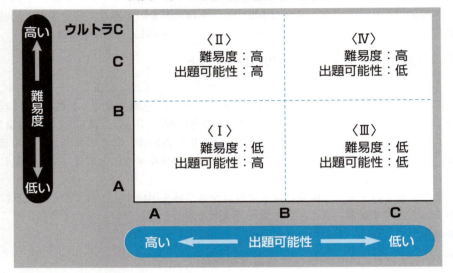

図表 序-1 ●難易度×出題可能性

〈Ⅰ〉**難易度が低く，出題可能性が高い論点**
　難易度が低いので短時間でマスターでき，出題可能性が高いので，得点効率が高い論点です。その意味では，重要度が一番高いということができます。

〈Ⅱ〉**難易度が高く，出題可能性も高い論点**
　難易度が高いのでマスターに時間はかかりますが，出題可能性が高いので捨てられない論点です。この部分をどこまでマスターできるかが勝負となります。

〈Ⅲ〉**難易度が低く，出題可能性も低い論点**
　出題可能性が低い論点ですが，難易度が低いため短時間でマスターできます。ですから，得点効率はそれほど悪くありません。

〈Ⅳ〉**難易度が高く，出題可能性が低い論点**
　難易度が高いのでマスターに時間がかかり，しかも，出題可能性が低いので得点効率が悪い分野です。時間がなく全部はできないときには，捨てるべき分野といえます。

2. タイプ別合格プラン例　あなたはどのタイプ？

　この本の目的は「この１冊だけで，ゼロからはじめてマクロ経済学の理解が合格レベルになる」ことですが，これは試験に必要な知識をマスターするということで，資格試験の世界では，「**インプット**」と呼びます。

　しかし，この「インプット」だけでは不十分で，試験に合わせて，インプットした知識を整理して，解答として表現する必要があります。たとえば，論文であれば，論文の書き方をマスターする必要がありますし，選択問題の場合，選択問題のクセをつかみ短時間で処理する必要があります。これらは「**アウトプット**」と呼ばれますが，「アウトプット」の能力を効率的に向上させるためには，『速習！経済学　過去問トレーニング（公務員対策・マクロ）』（以下『過去トレ・マクロ』と表記）で選択問題に共通のパターンに慣れることが重要です。その上で，自分が受けようとしている試験の過去に出題された問題（「過去問」といいます）の数年分を解くことが必要となります。

　なお，論文試験の場合には，論文の書き方を理解することが重要となりますので，時間があれば，『新・経済学入門塾　〈Ⅴ〉論文マスター編』の併用をおすすめします。また，複雑な計算問題が出題される場合には，『新・経済学入門塾　〈Ⅵ〉計算マスター編』の併用をおすすめします。

＊ミクロ経済学の合格プランは本書の続編となる『速習！ミクロ経済学』をご覧ください。

タイプ１ ◆公務員試験（国家公務員一般職，国税専門官，地方上級公務員，市役所職員，裁判所事務官総合職，一般職，労働基準監督官Ａ，衆議院・参議院事務局職員総合職，一般職など）**の試験合格を目指す人**

　本書と『新・経済学入門塾』シリーズを活用することによって，上位合格レベルを実現することができます。時間がないので，効率的に合格レベルを目指す人と，時間をかけて経済学を得点源にしたいという人がいると思いますので，２つの合格プラン例を提示しておきます。

〈合格プラン例―１〉最少の時間で，経済学は合格ラインに届けばよいという人

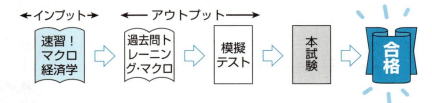

〈合格プラン例—2〉時間をかけて，経済学を得点源にして差をつけたい人

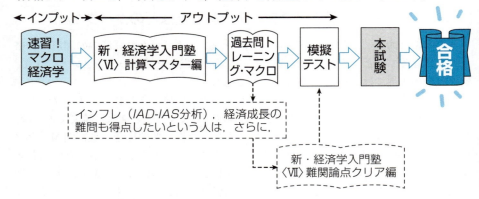

タイプ2◆中小企業診断士第1次試験合格を目指す人

中小企業診断士第1次試験の「経済学・経済政策」は択一式ですので，論文対策は不要ですし，複雑な計算問題も少ないので，計算対策として『新・経済学入門塾 〈Ⅵ〉計算マスター編』をやる必要性も低いと思います。本書と『過去トレ・マクロ』と診断士試験の過去問と模擬テストを繰り返し解くことによって完成度を上げていけばよいでしょう。

〈合格プラン例〉

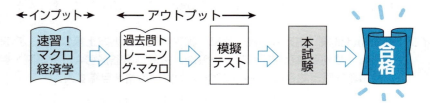

タイプ3◆東京都庁1類，北海道庁上級などを目指す人

専門科目である経済学は専門記述しかありませんから，身につけた知識をいかに論文として表現するのかというアウトプットの練習が必要となります。論文の場合には，自分では良く書けていると思っても，専門家から見ると問題点が多いということがよくありますから，可能な限り資格学校の主催する答案練習会などに参加して，添削をしてもらうことをおすすめします。

〈合格プラン例〉

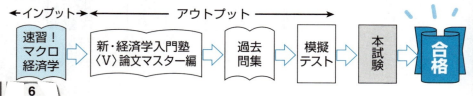

タイプ4◆不動産鑑定士試験を目指す人

　不動産鑑定士第2次試験は，上級論点が頻繁に出題される論文試験ですが，経済学は配点が低く受験生は多くの時間を割きません。その結果，難問の場合には合格点は低いというのが実情です。ですから，いたずらに難問を解いたりはせずに，まずは，本書でしっかりとインプットを行い，次に，『新・経済学入門塾〈V〉論文マスター編』で論文作成能力を向上させます。論文の場合には，自分では良く書けていると思っても，専門家から見ると問題点が多いということがよくありますから，可能な限り資格学校の主催する答案練習会などに参加して，添削をしてもらうことをおすすめします。

　また，近年，出題される論文問題2問中1問は計算問題というパターンが定着しつつあり，経済学で合格者の平均以上を目指そうとする人は，『新・経済学入門塾　〈VI〉計算マスター編』による計算対策も必要となります。

〈合格プラン例〉

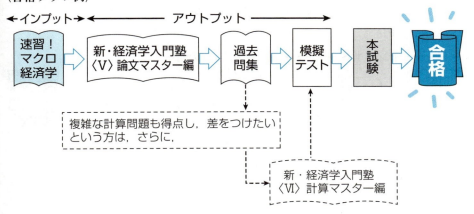

タイプ5◆外務専門職採用試験合格を目指す人

　外務専門職試験は，基本論点だけではなく，上級論点がときどき出題される論文試験ですので，本書で知識を固めて，次に，『新・経済学入門塾　〈V〉論文マスター編』で論文作成能力を向上させます。論文の場合には，自分では良く書けていると思っても，専門家から見ると問題点が多いということがよくありますから，可能な限り資格学校の主催する答案練習会などに参加して，添削をしてもらうことをおすすめします。

　なお，外務専門職採用試験は受験人数が少ないことから，あまり問題集などが出版されていませんので，都庁・国税専門官の専門記述や不動産鑑定士第2次試験の過去問集なども参考にしてみてください。

〈合格プラン例〉

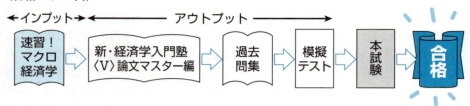

タイプ6 ◆証券アナリスト試験（1次）合格を目指す人

　証券アナリスト試験は出題される論点が決まっています。まずは，過去問をみてから本書を読むと，効率的に勉強できます。この試験は経済統計や金融などについて細かい知識が問われますので，その部分は本書とは別に，協会テキストで補う必要があります。

　なお，2次試験はマクロ経済学の総合力が問われる問題が出題されることが多いので，本書のすべての論点をマスターしておく必要があります。

〈合格プラン例〉

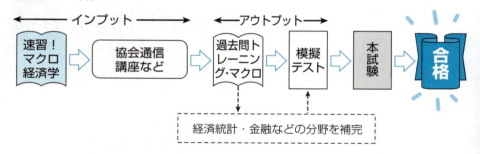

タイプ7 ◆国家公務員総合職（法律区分，行政区分）の試験合格を目指す人

　非常に難易度が高いものが出題されることもありますが，合格レベルを確保するということであれば，タイプ1の人と同じ勉強方法でよいでしょう。

〈合格プラン例—1〉最少の時間で，経済学は合格ラインに届けばよいという人

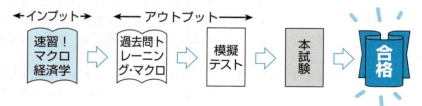

〈合格プラン例—2〉時間をかけて，経済学を得点源にして差をつけたい人

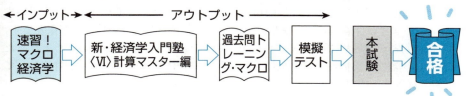

タイプ8 ◆ 公認会計士試験第2次試験の試験合格を目指す人

　　数年前の試験制度改正によって，かなり難易度が低下し受験しやすくなってきました。そうはいっても，他の試験よりは難しく，『新・経済学入門塾 〈Ⅵ〉計算マスター編』による計算問題対策と，『新・経済学入門塾 〈Ⅶ〉難関論点クリア編』によるIAD-IAS分析，経済成長とパレート最適という難関論点の理解が必要です。

〈合格プラン例〉

タイプ9 ◆ 国家公務員総合職（経済区分）を目指す人

　　残念ながら本書だけでは合格レベルの知識を身につけることはできません。本書で合格の基礎作りを行い，過去問を見ると足りない部分がわかります。それがわかってから，試験委員の執筆したテキストなど上級テキストから必要な部分だけ読んでいく方法が効率的です。

〈合格プラン例〉

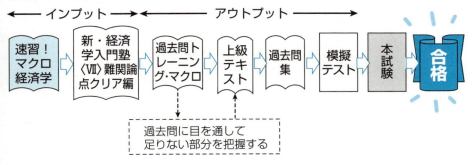

タイプ10 ◆ 学部試験あるいは大学院入試合格を目指す人

　大学によって出題内容も，出題形式（論文式か，計算問題もあるか）も違いますので，まずは，過去の問題を集めて大まかなイメージをつかむことが重要です。

　試験問題が穴埋めや論文式であれば，以下のようなプランがよいでしょう。ただし，複雑な計算問題が多く出題されている場合には，アウトプット対策として『新・経済学入門塾 〈Ⅵ〉計算マスター編』も勉強してください。

〈合格プラン例〉

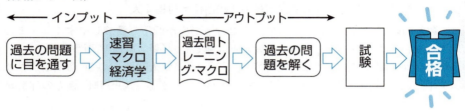

タイプ11 ◆ 教養として経済学を身につけたい人

　本書で，標準的なマクロ経済学の論点は網羅してありますので，短時間でマクロ経済学を身につけることができます。

　なお，経済理論が生まれた背景や経済理論と現実経済との関係などを関連づけてマクロ経済学を理解したいという方には，『新・経済学入門塾 〈Ⅰ〉マクロ編』『新・経済学入門塾 〈Ⅲ〉上級マクロ編』もお読みになることをおすすめします。

＜効率的に勉強するための7つの特徴＞

1　すべての内容を動画で解説し無料公開

2　難解な数式は使わない

3　日常会話でわかりやすく

4　グラフはとことんていねいに

5　人気講師が勉強方法から

6　経済学の思考パターンを最初に

7　合格に必要な部分に絞った『この一冊』

だから，

ゼロから短期合格！

さあ，それでは，一緒にがんばりましょう！

【試験名の表記について】

この本では試験名については次のように表記しています。

国家公務員採用総合職試験（大卒程度）------------------------→ 国家総合職
　国家公務員採用第Ⅰ種試験（現在は総合職試験に制度改定）---→ 国家Ⅰ種
国家公務員採用一般職試験（大卒程度）------------------------→ 国家一般職
　国家公務員採用第Ⅱ種試験（現在は一般職試験に制度改定）---→ 国家Ⅱ種
国税専門官採用試験 --→ 国税専門官
労働基準監督官採用試験--------------------------------------→ 労働基準監督官
裁判所職員採用試験 --→ 裁判所職員
外務省専門職員採用試験--------------------------------------→ 外務専門職
地方上級公務員採用試験--------------------------------------→ 地方上級
市役所職員採用試験（大卒程度）------------------------------→ 市役所
東京都職員採用試験１類Ｂ ------------------------------------→ 東京都庁
特別区職員Ⅰ類採用試験--------------------------------------→ 特別区
中小企業診断士試験 --→ 中小企業診断士
証券アナリスト（CMA®）--------------------------------------→ 証券アナリスト
公認会計士試験（論文式）------------------------------------→ 公認会計士
不動産鑑定士試験（論文式）----------------------------------→ 不動産鑑定士

目　　次

Part 1　経済学の勉強方法と全体像　　　　1

Chapter 1　経済学の思考パターン　7
1. 経済学とは？　8
2. 現実経済を観察する　9
3. 仮定は前置きではなく，最も重要なステップ！　12

Chapter 2　グラフの読み方　13
1. グラフとは？　14
2. グラフを読む5ステップ　15
3. 曲線上の移動と曲線のシフト　18
4. 直線のグラフの書き方　20
5. 限界と平均　22
6. グラフの交点は連立方程式の解　23

Chapter 3　古典派とケインズ派　25
1. 経済学とは？　26
2. 市場経済とは？　27
3. ミクロとマクロ　29
4. 古典派とは？　31
5. 世界大恐慌とケインズの登場　33
6. ケインズの考えを引き継いだケインズ派　36
7. 古典派とケインズ派のどちらが正しいか？　38
8. マネタリストと合理的期待形成学派　39
9. マクロ経済学の全体像　41

Part 2　国民経済計算　　　　43

Chapter 4　GDPと物価　47
1. 広義の国民所得　48
2. 国内総生産　48
3. 国民総生産　55
4. NDPとNNI　56
5. 国民所得　57
6. 国民所得の問題点　58
7. 物価の計算方法　59
8. 名目と実質　62

Chapter 5 三面等価の原則　65
 1.　三面等価の原則　66
 2.　*IS*バランス論　69
Chapter 6 産業連関分析　71
 1.　産業連関表　72
 2.　産業連関表の意義　81

Part 3　財市場　83

Chapter 7 財の需要　87
 1.　財の需要（Y^D）　88
 2.　消費の理論　89
 3.　投　資　93
 4.　政府支出（G）　94
 5.　輸出と輸入　94
 6.　財の需要のパターン　95
Chapter 8 45度線分析　97
 1.　現実経済①　98
 2.　現実経済②　98
 3.　45度線分析　99
 4.　*IS*モデルによる国民所得の決定　102
Chapter 9 インフレ・ギャップとデフレ・ギャップ　109
Chapter 10 投資乗数・政府支出乗数・租税乗数　117
 1.　投資乗数　118
 2.　政府支出乗数　121
 3.　租税乗数　123
 4.　均衡予算乗数　127
 5.　複雑な乗数の計算　128
 6.　ビルトイン・スタビライザー　130

Part 4　資産市場　135

Chapter 11 貨幣と債券　139
 1.　貨幣とは？　140
 2.　債券とは？　144
 3.　ワルラスの法則　148
Chapter 12 貨幣供給　149
 1.　中央銀行とは？　150
 2.　貨幣供給の仕組み　152

3. 貨幣乗数　156

Chapter 13　利子率の決定　161

1. 貨幣需要　162
2. 貨幣供給　165
3. 利子率の決定　166

Chapter 14　投資の限界効率理論　169

1. 投資の限界効率　170
2. アニマル・スピリッツ　176

Chapter 15　金融政策の効果　177

1. 金融政策の手段　178
2. 金融緩和策　181
3. 金融引き締め策　183
4. 金融政策が無効のケース　185

Chapter 16　古典派の利子論・貨幣観　189

1. 古典派の利子論　190
2. 古典派の貨幣市場　191
3. 古典派VSケインズ　192

Part 5　*IS-LM分析*　193

Chapter 17　*IS-LM分析*　197

1. *IS-LM*分析の概要　198
2. *IS*曲線　199
3. *LM*曲線　203
4. *IS-LM*均衡　206

Chapter 18　金融政策の効果　211

1. 金融政策による*LM*曲線のシフト　212
2. 金融緩和策の効果　213
3. 金融引き締め策の効果　215

Chapter 19　財政政策の効果　217

1. 財政政策による*IS*曲線のシフト　218
2. 拡張的財政政策の効果　220
3. 緊縮的財政政策の効果　223

Chapter 20　公債の経済効果　227

1. 公債の市中消化と中央銀行引き受け　228
2. フリードマンの資産効果　230
3. リカード＝バローの中立命題　232

Part 6 AD-AS分析・IAD-IAS分析 233

Chapter 21 労働市場 237
1. 労働需要量の決定【古典派の第一公準】 238
2. 労働供給量の決定【古典派の第二公準】 241
3. 古典派の労働市場についての考え方 244
4. ケインズの労働市場についての考え方 244
5. 古典派とケインズ派のどちらが正しいか？ 245

Chapter 22 AD-AS分析 247
1. 総供給（AS）曲線 248
2. 総需要（AD）曲線 249
3. AD-AS均衡 252
4. 経済政策の効果（ケインズ派の通常のケース） 255
5. 経済政策の効果（古典派のケース） 257

Chapter 23 古典派体系とケインズ派体系 259
1. ケインズ派の体系 260
2. 古典派の体系 263
3. ケインズ派VS古典派 264

Chapter 24 インフレの種類と効果 265
1. インフレーションの定義と種類 266
2. インフレーションの経済効果 266
3. インフレーションの原因 268

Chapter 25 フィリップス曲線 273
1. 失業の種類と経済効果 274
2. フィリップス曲線 275
3. 1960年代のケインズ派の考え 275
4. 自然失業率仮説—マネタリストの考え— 276
5. 合理的期待形成学派の考え 277
6. どの考えが正しいか？ 277

Chapter 26 IAD-IAS曲線 281
1. インフレ需要（IAD）曲線 282
2. インフレ供給（IAS）曲線 284
3. IAD-IAS均衡 286
4. マネタリストの考え 286
5. 合理的期待形成学派の考え 287

Part 7 *IS-LM-BP分析* 289

Chapter 27 国際収支と外国為替レート 293
1. 国際収支 294
2. 外国為替レート 299
3. 外国為替レートと国際収支 305

Chapter 28 *IS-LM-BP分析* 309
1. *IS-LM-BP分析*とは？ 310
2. *IS-LM-BP*均衡 312
3. 経済政策の効果① 315
4. 経済政策の効果② 317

Chapter 29 消 費 323
1. マクロ消費論争—短期と長期では違う!?— 324
2. ライフサイクル仮説 325
3. 恒常所得仮説 328
4. 相対所得仮説 329
5. 三大仮説のどれが正しいか？ 330
6. なぜ日本の貯蓄率は急速に低下しているのか 331
7. バブル崩壊と消費の落ち込み 332

Chapter 30 投 資 333
1. ケインズの投資の限界効率理論（復習） 334
2. 加速度原理 334
3. ストック調整原理 336
4. トービンの *q* 理論 336
5. 新古典派の投資理論 338
6. ジョルゲンソンの投資理論 339
7. 各理論の評価 340

Chapter 31 景気循環 341
1. 景気循環の種類 342
2. ヒックス＝サミュエルソン・モデル（ケインズ派） 342
3. マネタリスト 344
4. リアル・ビジネスサイクル理論（実物的景気循環論） 346

Chapter 32 経済成長 347
1. 用 語 348
2. ハロッド＝ドーマー理論 349
3. 新古典派成長理論 352
4. ハロッド＝ドーマー理論と新古典派成長理論の評価 354

5. ソロー＝スワン・モデル（新古典派成長理論）　356
6. 経済成長の要因（成長会計）　361
7. 内生的成長理論　364

索　引　367

Part 1

Movie 002

　マクロ経済学とは一国経済を分析する学問で,「失業対策として政府はどのような経済政策をすべきか」「日本銀行の金融政策は適切か」など経済ニュースと深い関わりを持ちます。しかし,経済ニュースを見聞きしたり,「日本経済がわかる」風の時事的な本を読んだりするだけではマクロ経済学を十分に理解することはできません。なぜなら,マクロ経済学は経済学という学問の一分野であり,経済学特有の考え方(思考パターン)や説明方法があるからです。

　何事にも効率的に学ぶコツというものがあり,経済学特有の考え方(思考パターン)や説明方法をはじめにマスターすることこそが「経済学を効率的に学ぶコツ」なのです。第1部では,この「コツ」を伝授します。

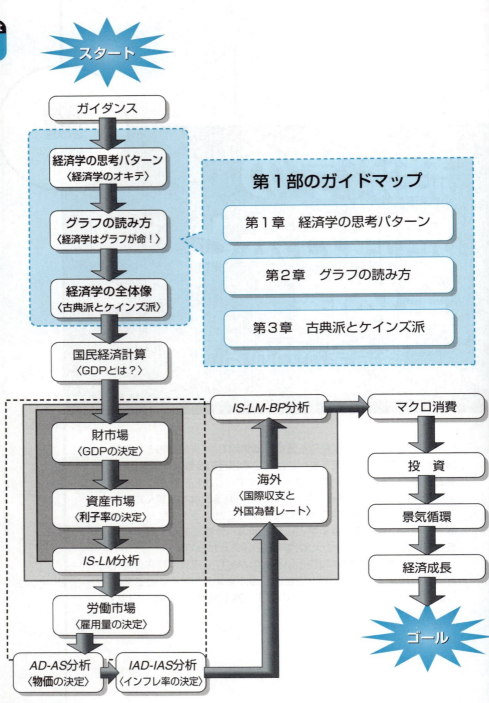

マクロ経済学の舞台・登場人物・ストーリー

現実経済 —財市場・資産市場・労働市場が密接に関わり複雑—

　マクロ経済とは国全体の経済のことを意味します。そして「景気が良い，悪い」とか「経済成長」などの一国の経済（マクロ経済）の状態は，多くの場合，国民所得（GDP）の大きさを基準として議論されます。

　マクロ経済（一国経済全体）では，財市場，資産市場（貨幣市場・債券市場），労働市場，の3つがあります。これらの市場が，お互いに影響を与えながら，さらに海外の経済の影響も受けながら，GDPは決まっていきます。ですから，本当は財市場・資産市場・労働市場の3市場と海外を同時に考えることが望ましいのです。

> **用語**
> GDP（国内総生産）は国民所得とも呼ばれます。詳しくは第4章で学びます。

> **用語**
> 財市場とは，生産物市場とも呼び，財（モノやサービス）の市場，資産市場とは，資産の売買や貸し借りをする市場，労働市場とは，労働サービスを取り扱う市場です。

> **たとえば**
> 資産市場で株価が下落すれば，株で損をした人が財を買わなくなります。財市場で財が売れなくなれば，企業はリストラを行い労働市場では失業が生じます。

舞台（分析対象）—仮定をおいて単純化し舞台を限定する—

　ですが，いきなり3市場と海外を同時分析すると，複雑で大変です。

　そこで，第3部で学ぶ45度線分析では，財市場の分析だけに集中します。

　財市場の分析に集中するために，資産市場で決まる利子率と労働市場との関係で決まる物価を一定と仮定します。もし，資産市場で決まる利子率や労働市場との関係で決まる物価が動いてしまうと，どうして動いたのかと資産市場や労働市場の分析が必要となってしまいます。そこで，資産市場で決まる利子率と労働市場との関係で決まる物価を一定で動かないと仮定することによって，資産市場と労働市場を分析しなくてもよいようにするのです。

　第4部の資産市場では，資産市場の分析に集中するために，財市場で決まる国民所得（GDP）と労働市場で決まる物価を一定と仮定します。また，国内の資産市場だけに集中するために，海外は考えない閉鎖経済を仮定します。

> **Point!**
> 経済学では，ある市場を分析したくないときには，その市場で決まるものを一定で動かないと仮定します。

次ページ図表0－1へ

図表０－１ ● マクロ経済学の舞台（分析対象）の一覧表

だんだんと分析対象が増えて複雑化 →

舞台 (分析対象)	決まるもの	第３部 45度線分析	第４部 資産市場	第５部 IS-LM分析	第６部 AD-AS分析 IAD-IAS分析	第７部 IS-LM-BP分析
財市場	国民所得 （GDP）	○	× 国民所得一定	○	○	○
資産市場	利子率	×	○	○	○	○
労働市場	物価	× 物価一定	× 物価一定	× 物価一定	○	× 物価一定
海外	国際収支	× ○	× 閉鎖経済	× 閉鎖経済	× 閉鎖経済	○

始めは一つの市場だけを分析

第５部の IS-LM 分析では，第３部の財市場と第４部の資産市場を同時に分析します。２つの市場を同時に分析することによって，財市場から資産市場への影響，資産市場から財市場への影響など，より複雑な分析が可能となります。ここでは，財市場と資産市場の分析に集中するために，労働市場で決まる物価を一定と仮定し，また，海外は考えない閉鎖経済を仮定します。

第６部の AD-AS 分析と IAD-IAS 分析では，第５部の IS-LM 分析（財市場，資産市場）に加えて労働市場も分析します。財市場・資産市場・労働市場だけに集中するために，海外は考えない閉鎖経済を仮定します。

第７部の IS-LM-BP 分析では，第５部の IS-LM 分析（財市場，資産市場）に加えて海外も分析します。海外とは，具体的には財市場における輸出入と資産市場における国際資本移動を考慮します。労働市場は考えないので，労働市場との関係で決まる物価は一定と仮定します。

Point!

AD-AS 分析，IAD-IAS 分析，IS-LM-BP 分析ともに，IS-LM 分析を基礎としています。ですから，IS-LM 分析をしっかり理解しておかないと，その後の AD-AS 分析，IAD-IAS 分析，IS-LM-BP 分析がわからなくなります。「IS-LM 分析を制する者はマクロ経済学を制する」といわれるので，ここはしっかり押さえておきましょう。

用語

国際資本移動とは，国境を越えたマネーの移動のことです。

登場人物（経済主体）

　マクロ経済学では，家計，企業，政府，海外，市中銀行，中央銀行，国際投資家などが登場します。

家計：家計とは財の消費を行い，労働の供給を行う経済主体をいい，具体的には「家計簿」といわれるように，みなさんの家庭をイメージすればよいでしょう。なお，マクロ経済学では個々の家計ではなく，国全体での代表的な家計を想定します。

企業：企業とは，労働を需要し，その労働を使って財の生産・供給を行う経済主体をいいます。代表的な企業として会社をイメージするとよいでしょう。なお，マクロ経済学では個々の企業ではなく，国全体での代表的な企業を想定します。

政府：地方政府（都道府県や市町村）と中央政府（国）をひとまとめにして政府といいます。政府は家計や企業から税金を徴収し，それを財源に公共工事などの政府支出という形で財を需要します。また，企業や家計に補助金を支給することもあります。

海外（外国）：海外には，海外の家計，海外の企業，海外の政府があるのですが，それでは面倒なのでひとまとめにして「海外」とします。海外を考えると，財市場において貿易（輸出と輸入）が登場し，資産市場においては国境を越えてマネーを動かす国際投資家が登場します。

中央銀行：現金である紙幣を印刷し供給します。資産市場の一つである貨幣市場における供給者となります。

市中銀行：中央銀行は市中銀行経由で企業や家計に貨幣を供給します。

用 語

　経済学では経済活動を行う人や組織（登場人物）を経済主体と呼びます。

図表０−２● 主な舞台での登場人物の役回り

舞台	需要者	供給者
財市場	家計（消費） 企業（投資） 海外（輸出−輸入）	企業
資産市場	家計 企業	中央銀行 市中銀行
労働市場	企業	家計

用 語

　中央銀行とは現金である紙幣を発行する銀行をいいます。詳しくは第12章で学びます。

用 語

〈市中銀行（しちゅうぎんこう）〉
　中央銀行以外の銀行をいいます。私たち個人が利用している銀行はすべて市中銀行です。

ストーリーの流れ（構成）

経済学には経済学流の考え方（思考パターン）があります。経済学の理論を効率よく理解したいと思ったら，まずは，経済学の思考パターンを理解し，そのパターンに沿って学んでいくことが大切です。まさに「郷に入りては郷に従え」というわけです。そこで，はじめの第1章では「経済学の思考パターン」を学びます。

また，経済学では，グラフを用いて説明することが多いという特徴があります。ですから，グラフの読み方をきちんと身につけておく必要があります。そこで，第2章ではグラフの読み方を徹底的に基本に立ち返って復習します。

第1章で経済学の思考パターン，第2章でグラフの読み方をマスターすれば，マクロ経済学をはじめる準備は整いました。しかし，ここで，いきなり個別の論点にはいってしまうと，全体の中でどこを勉強しているかわからず「木を見て森を見ず」になってしまい，かえって効率が悪くなってしまいます。そこで，第3章では，個別の論点に入る前に経済学の全体像（森の全体的なイメージ）を理解していただきます。具体的には，古典派とケインズ派というマクロ経済学の大きな2つの考え方について大まかなイメージをもっていただきます。

Chapter 1
経済学の思考パターン
―郷に入りては郷に従え！〈経済学のオキテ〉―

Point

1 経済学には「定義→仮定→分析→結論→長所・短所」という思考パターンがある。

2 経済学の思考パターンに沿って勉強すると理解しやすいので，必ず身につけよう。

3 論文試験，専門記述試験などでは，この思考パターンに沿って答案を書く。

Movie 003

難易度　A

出題可能性
試験に直接でませんが，経済学のすべての論点を学ぶ上で必要となります。

　経済学には経済学流の考え方（思考パターン）があります。経済学の理論を効率よく理解したいと思ったら，まずは，経済学の思考パターンを理解し，そのパターンに沿って学んでいくことが大切です。まさに「郷に入りては郷に従え」というわけです。

　また，論文や専門記述の試験についても，この思考パターンに沿って書くことが要求されますから，始めにこの思考パターンに沿って勉強しておくと，論文の作成がしやすくなります。

Part 1　1. 経済学とは？
―経済学には経済学のオキテ「思考パターン」がある―

Movie 004

経済学の勉強方法と全体像

「経済学」とは、現実の経済を分析する学問です。ですから、まず、現実経済を観察し、それがどのような仕組みで動いているのかを分析するのです。

しかし、現実経済は複雑ですから、そのままでは分析できません。そこで、経済学は「定義→仮定→分析→結論→長所・短所」という思考パターンで理論を創り上げているのです。これを「経済学の思考パターン」と呼ぶことにしましょう。

経済学の理論が「経済学の思考パターン」に沿って創られているのですから、私たちは「経済学の思考パターン」をしっかりと理解し、このパターンに沿って経済学を勉強すれば、見違えるほどわかりやすく経済学を理解することができるのです。

ですから、経済学の具体的論点の説明に入る前に、「経済学の思考パターン」について説明することにしましょう。

用語

経済学の定義は学者によって様々ですが、ロビンズが「経済学の本質と意義」で示した「経済学は、諸目的と代替的用途をもつ希少な諸手段に関する人間行動を研究する科学である」が有名です。なんだか難しそうな表現ですが、要するにある目的を達成するためにどの手段を選ぶのかという選択の問題を扱うということです。この定義ですと、労働、生産、所得、消費などの一般に経済問題とされるもの以外にも、結婚、友達づくりなども幅広く経済学の研究対象ということになります。

補足

逆に言えば、長い時間をかけても経済学を理解できないという人の多くは、この「経済学の思考パターン」を身につけず、自己流で勉強しているからわからないのです。

これは、前置きなどではなく、経済学を理解する上では最も大切なことですから、しっかりと読んでくださいね。

8

2. 現実経済を観察する
―経済学の理論を創る上での問題点は何だろう？―

Movie 005

ある経済学者が消費の理論を考えているとしましょう。すると，まず，消費とは何かが問題となりそうです。モノを買えば消費，とは限りません。住宅を買う場合は消費ではなく投資といいます。

また，ひとくちに消費といっても，いろいろな消費パターンがあります。たとえば，150円のペットボトルのお茶を買うのは，お茶に150円以上の価値があるから買うという場合。物を買うのは，支払う以上の満足が得られるからというもっともな動機です。冷静かつ合理的な消費パターンです（パターン1）。

ほかにも，周りの人に対抗して物を買ったり（パターン2），おまけにつられて物を買ったり（パターン3），ブームに乗って買ったり（パターン4）することもあります。つまり，現実経済はとても複雑なのです。

このように複雑な現実経済をどのように分析するかをお話しましょう。

Step 1　定義の明確化

まずは，言葉の意味をはっきりさせる！

「消費とはモノやサービスを買うことでしょ」と思われるかもしれませんが，モノやサービスを買っても消費だけではなく，投資もあるので，その区別が必要となります。

経済学では，消費とは，人々の欲求を満たすために財（モノやサービス）を利用することをいい，投資とは，人々が消費する財を生産・供給するための機械・建物などの設備やお店の在庫品を増加させることをいいます。

図表1-1 ● 現実経済は複雑

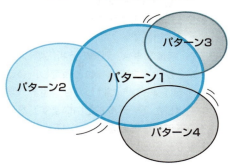

そして，パターン1からパターン4までのそれぞれの消費行動のパターンは，まったく違うものですから，これらすべてを統一的に説明する理論を作ることは不可能なのです。

たとえば

モノを買うといっても，コンビニでおにぎりを買うのは「おにぎりを食べたい！」という欲求を満たすために買うので消費ですが，企業が機械を買うのは投資となるわけです。

なお，住宅の購入は「この家に住みたい！」という欲求を満たすと考えれば消費のように思われますが，住宅投資として投資に分類されます。住宅とは労働者が元気を回復する場所なので，「生産のために必要な建物なのだ」と考えれば，「投資とは，人々が消費する財を生産・供給するための機械・建物などの設備やお店の在庫品を増加させること」という定義とフィットします。

Chapter 1　経済学の思考パターン

9

Part 1 経済学の勉強方法と全体像

Step 2 仮定をおく

現実経済を単純化した模型（モデル）を創る

　現実の消費行動はいろいろなパターンがあり，パターン1からパターン4までのそれぞれの消費行動のパターンは，まったく違うものですから，これらすべてを説明する理論を作ることは不可能です。

　そこで，経済学者は，消費の分析に際して，パターン2から4まではないと仮定し，多いと思われるパターン1だけしかない世界（現実を単純化した「モデル」といいます）を創り，そのモデルを考えるのです。こうすることによって分析しやすくするのです。

> **用語**
>
> 　モデルとはプラモデルのモデルで模型という意味です。理論のために現実を単純化した模型ですので理論モデルとも呼ばれます。

> **Point!**
>
> 　現実経済は複雑なのでそのままでは分析できません。そこで，仮定をおいて単純化したモデルを創り分析するのです。

Step 3 単純化したモデルを分析

　パターン1だけという単純なモデルであれば，頭の良い経済学者は，いろいろと分析をして，理論を作り出すことができるわけです。

Step 4 結論を導く

　モデルの分析により，「消費行動はこのような仕組みで行われるのだ！」という結論が導かれます。

> **補足**
>
> 　これで，1つの理論の誕生です。

Step 5 現実妥当性の確認

　できあがった理論がよい理論かどうかは，現実経済を説明できるかどうかで決まります。どんなにかっこいい理論でも，現実経済を説明できなければ意味がありません。

　もし現実妥当性がない場合は，どうして現実を説明できなくなったのかという見直しを行います。現実妥当性がない原因は，仮定の設定がおかしくて，現実離れしたモデルを創ってしまったか，分析自体がおかしいかのど

> **理由**
>
> 　なぜなら，経済学は，現実経済を分析する学問だからです。

> **用語**
>
> 　理論が現実経済を説明できるか，つまり，現実の世界に通用するかどうかということを，「現実妥当性」といいます。

ちらかです。

試験にでる理論には，分析自体がおかしいという理論はありませんから，**現実妥当性がないのは，仮定の設定に問題がありモデルが現実離れしていることが原因となります。**

この章で具体的に説明した「経済学の思考パターン」を整理すると図表1－2のようになります。

たとえば

もし，おまけで買うというパターン3だけを分析対象とするモデルにすると，分析の結論は，「商品の内容はどうでもよく，おまけが魅力的な商品を買う」ということになります。

このような結論は，パターン3だけを分析対象としているのですから間違ってはいませんが，現実社会のごく一部の人にしか当てはまらず，現実の大半は説明できないので，理論としてはあまり意味のないものとなってしまいます。

図表1－2 ●経済学の思考パターン

1 定義の明確化

2 仮定の設定
- 現実経済─複雑すぎて，このままでは，分析が困難

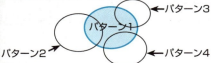

- 仮定を設定し，現実経済を単純化し，分析可能な世界（モデル）を作る

3 単純化されたモデルを分析

パターン1

4 結論を導く 結 論

5 現実妥当性の確認
- 理論で現実を説明できる
  ➡ 評価される（理論の長所）
- 理論で現実を説明できない
  ➡ 評価されない（理論の短所）

(1) 分析がおかしい
(2) 仮定の置き方に問題があり，モデルが現実離れ

原因の追究

Point!

ですから，これからいろいろな理論がでてきますが，どの理論が正しいかは，常に，どの理論が現実経済をうまく説明できるかという視点で考えてください。

Chapter 1 経済学の思考パターン

3. 仮定は前置きではなく，最も重要なステップ！

Movie 006

この思考パターンで最も重要なステップが「仮定」です。**「仮定」をおくことによって，複雑な現実経済を単純化して分析しやすくするのですが，同時に，分析対象である理論モデルが現実離れしてしまうリスクもある**のです。ですから，経済学においては，いかにセンスのいい仮定をおくかが勝負なのです。「長い間，経済学の勉強をしているが苦手だ」という人の中には「経済学は前置きが多く，なかなか本論に入らないから好きになれない」という人がいます。どうも話をきくと「前置き」とは「仮定」のことを意味しているようなのですが，「仮定」を単なる「前置き」としか考えていないことこそ，経済学が苦手になる原因であると思います。

「仮定」とくれば，「前置きではなく，理論の善し悪しを左右する重要なもの」と考え，「この仮定をおくことにより，どのように単純化し，分析しやすくなるだろうか」と考えるのと同時に，「この仮定による単純化で現実離れしてしまわないだろうか」と注意してください！

Chapter 2
グラフの読み方
―経済学はグラフが命！―

Point

1 グラフは「①横軸・縦軸は何か→②曲線が何と何の関係を表すか→③それらはどのような関係か→④どうしてそのような関係になるか→⑤グラフから何がわかるのか」という5ステップでしっかりと読む。

Movie 007

2 曲線上の移動と曲線のシフトを混同しない。
　　曲線上の移動：縦軸（横軸）の変化による
　　　　　　　　横軸（縦軸）の変化
　　曲線のシフト：縦軸（横軸）以外の数量の
　　　　　　　　変化による横軸（縦軸）の変化

難易度　A

出題可能性

国家一般職（旧Ⅱ種）　A
国税専門官　A
地方上級・市役所・特別区　A
国家総合職（旧Ⅰ種）　A
中小企業診断士　A
証券アナリスト　A
公認会計士　A
都庁など専門記述　A
不動産鑑定士　A
外務専門職　A

いろいろな場面で必要となります。

3 直線のグラフ：
　　$y = ax+b$ の a が傾き，b は縦軸切片

4 傾き＝限界＝$\dfrac{縦の変化量}{横の変化量}$

5 平均＝$\dfrac{縦の全体の量}{横の全体の量}$

6 直線の交点の値は連立方程式の解

　この章では，経済学を理解する上でとても重要なグラフの読み方と書き方をマスターします。経済学ができない主な原因の1つに，グラフをきちんと読んでいないことがあげられます。ですから，皆さんは，経済学の内容に入る前に，しっかりとグラフの読み方を理解してください。

13

1. グラフとは？

Movie 008

　表といえば，図表２－１のAのようなものをいい，グラフといえば，図表２－１のBのようなものをいうことはご存じでしょう。

　ちなみに，学部や公務員試験・資格試験レベルでのグラフは，２つの数量の関係が中心で，３つ以上の数量の関係はあまり扱いません。なぜなら，３つ以上の数量を取り扱うと，３つ以上の軸が必要となり，グラフが立体的になり複雑になってしまうからです。みなさんがこれから利用するグラフは２つの数量の関係ですから，縦軸と横軸の２つで足り，平面にきちんと書くことができます。

　次に，２つの数量の関係であるグラフを図表２－１で，具体的に説明しましょう。

　図表２－１のA，Bは，１個100円のキャンディーの個数と支払額の関係を，それぞれ表とグラフで表現したものです。

　　支払額＝個数×100円
の関係であることはいうまでもありません。

　この式は，支払額と個数の「関数」といわれます。

　ここでは，互いに関係のある２つの数量とは，個数と支払額です。この２つの数量を，個数が０から増えていくにつれて，支払額がどうなるかを，整理して配列したのがAの表であり，それを，図で表したのが，Bのグラフです。

　図表２－１のBのグラフでは，横軸に個数，縦軸に支払額を取っています。横軸の個数が０個のときは，支払額も０円，１個のとき100円，２個のとき200円となっていくことを表しています。つまり，グラフとは，横軸の数量と縦軸の数量の関係を表しています。ですから，**グラフを読みとるには，**

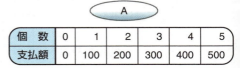

補　足

　表・グラフとは何か正確に述べなさいといわれると困る人も多いのではないでしょうか。表とは，複雑な事柄を，見やすいように組織的に整理・配列して書き表したものです。グラフとは，互いに関係ある２つ以上の数量を直線や曲線などの図で表したものです。

図表２－１ ● 表とグラフ

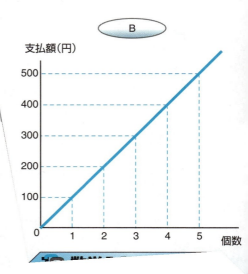

① まず、横軸と縦軸が何の数量なのかを理解し、
② 一方の数量が変化するにつれて、他方の数量がどのように変化するかを理解しなくてはなりません。

それでは、次に、経済学で最も有名な需要と供給のグラフを使って、グラフを正しく読む5つのステップについて説明しましょう。

「そんなことは、中学で習ったから知ってるよ」とおっしゃるかもしれません。しかし、知っていても、実行できなければ、経済学は理解できません。当たり前のことのようですが、その当たり前のことが実行できずに経済学が苦手となる人が多いのです。

経済学は、少なくとも、学部試験、公務員試験や資格試験レベルでは、センスや才能ではなく、当たり前のことをきちんと行う能力が問われていると思って、地道にがんばってください。

2. グラフを読む5ステップ
―ていねいに読むことが成功への道―

図表2-2は、ある商品の需要と供給のグラフです。経済学では、最も有名なグラフですので、ご存じの方も多いかもしれません。

Step 1 横軸、縦軸を確認する

横軸は数量（個数）、縦軸は価格（円）です。

補足

需要と供給の関係は、経済学の基本であると同時に、最も重要なことですので、「知っている」だけではだめで、「完全に理解」してください。

Movie 009

図表2-2 ●需要と供給のグラフ

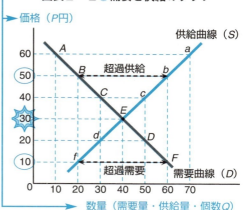

Part 1 経済学の勉強方法と全体像

Step 2 曲線が何と何の関係なのかを確認する

需要曲線（*D*）の場合，横軸の数量は，需要量を意味し，縦軸は価格ですから，需要量と価格の関係を表しています。つまり，需要曲線（*D*）のグラフは，横軸に数量（需要量），縦軸に価格をとって，価格と数量（需要量）という2つの数の関係を表したものです。

供給曲線（*S*）の場合，横軸の数量は，供給量を意味し，縦軸は価格ですから，供給量と価格の関係を表しています。つまり，供給曲線（*S*）のグラフは，横軸に数量（供給量），縦軸に価格をとって，価格と数量（供給量）という2つの数の関係を表したものです。

Step 3 曲線が表す関係とはどのような関係なのかを理解する

需要量と価格の関係を表した曲線である需要曲線（*D*）が右下がりになっています。右下がりということは，（60円→50円→40円→30円と）縦軸の価格が下落するにつれて，（10→20→30→40と）横軸の需要量が増えるという関係にあることがわかります。

また，供給量と価格の関係を表した曲線である供給曲線（*S*）が右上がりになっています。右上がりということは，（10円→20円→30円→40円と）縦軸の価格が上昇するにつれて，（20→30→40→50と）横軸の供給量が増えるという関係にあることがわかります。

用 語

需要量とはある価格の下で買いたい量をいいます。また，需要は英語でDemandなので，需要曲線は*D*と略します。

用 語

供給量とはある価格の下で提供する（＝売りたい）量をいいます。また，供給は英語でSupplyなので供給曲線は*S*と略します。

補 足

需要曲線（*D*），供給曲線（*S*）ともに，直線で描かれていますが，「曲線」と呼んでいます。これは，図表2−2では，たまたま直線に書きましたが，曲がった線になることもあるからです。なお，曲線のカーブがたまたままっすぐな線を直線と呼んでいますので，直線は曲線の特殊なケースであり，まっすぐな直線であっても「曲線」と呼んでもよいのです。

補 足

点*E*の価格30円では需要量と供給量が等しいので，超過供給，超過需要はありません。

Step 4 どうしてStep 3の関係になるのか考える

右下がりの需要曲線は，価格が下がると需要量が増えるということを意味します。大ざっぱに考えれば，価格が下がれば，お買い得になるので需要量が増えるということです。

また，右上がりの供給曲線は，価格が上がると供給量が増えるということを意味します。大ざっぱに考えれば，商品の価格が上がれば企業は今までよりもうかるので，たくさん供給しようとするだろうということです。

Step 5 グラフからわかることを理解する

右下がりの需要曲線と右上がりの供給曲線のグラフ図表2－2から，価格は，需要量と供給量が等しくなる価格，図表2－2でいえば，**需要曲線と供給曲線の交点Eの価格30円に決まる**ことがわかるのです。では，どうして，30円に決まるのかを考えましょう。

図表2－2より，価格が30円の時は，需要量も供給量も40個で等しくなっています。もし，価格が30円よりも高い50円であると，超過供給（供給量が需要量より多い状態）が生じてしまい，**50円のままでは，物が売れ残ってしまいますので，市場では価格は下がっていきます。超過供給（売れ残り，物余り）がある限り価格は下がりますから，結局，点Eの価格30円まで下がります。**

反対に，価格が30円より低い**10円であるときには超過需要（需要量が供給量より多い状態）**となります。このような状態では，市場では価格は上がっていきます。**超過需要（物不足）がある限り，価格は上昇しますので，超過需要がなくなる点Eの価格30円まで上昇する**ことになります。

➕ 補 足

正確にはミクロ経済学の消費の理論と生産の理論の中で説明されます。

略 語

この需要曲線（D）と供給曲線（S）の交点をEと名付けるのが通常です。なぜなら，このEとは，「Equilibrium（均衡）」の"E"で，Equal（イコール，等しい）という意味を含んでおり，この点Eの価格30円では，需要量＝供給量となるからです。

用 語

価格が50円のとき，需要量は点Bの20個に対し，供給量は点bで60個です。供給量が需要量を60－20＝40個超過しています。このように，供給量が需要量を上回ることを超過供給といいます。商品を売りたい人の方が多く，財が売れ残っている状態です。

用 語

価格が10円のとき，需要量は点Fで60個ですが，供給量は点fで20個しかありません。このように需要量が供給量を上回ることを超過需要といいます。商品を欲しい人の方が多く，財が不足している状態です。

👆 Point!

ここでは，「なぜ30円に決まるのか？」という問いに直接答えるのではなく，「30円でない場合には，30円に戻っていく」ことから説明していく方法です。この説明方法は，これからも頻繁に用いられるのでとても重要です。

3. 曲線上の移動と曲線のシフト

Movie 010

グラフを読むときに，間違えやすいのが，曲線上の移動と曲線そのものの移動です。

それでは，先ほどの図表2－2の需要曲線だけを取り出して，図表2－3で，これを説明しましょう。

この需要曲線（D）は，右下がりですから，価格が下落すると需要量が増えるということを表しています。ですから，価格の下落による需要量の増加は，需要曲線が表す関係ですから，点A→B→C→E→D→Fと需要曲線上の移動です。

これに対し，縦軸・横軸とは関係ない数，たとえば，不況で所得が減った場合を考えましょう。所得が減れば，通常は，同じ価格であっても，需要量が減少するでしょう。

いま，所得が減ったことにより，価格60円の時の需要量が30個から10個に減り，価格50円の時の需要量は，40個から20個に減るとします。すると，価格と需要量の関係は，AではなくA′，BではなくB′と左に移動します。同様に，CはC′へ，EはE′へ，DはD′へ，FはF′へと移動します。したがって，所得が減った後の需要曲線，すなわち，価格と需要量の関係は，ABCEDFではなく，A′B′C′E′D′F′となり，需要曲線そのものがDからD′へと左に移動します。これを「左にシフトした」といいます。

このように，**縦軸，横軸以外の数量の変化により，横軸が変化するとき，グラフ（曲線）はシフト**するのです。

> **用語**
> 曲線そのものの移動は，曲線のシフトといいます。

> **Point!**
> グラフとは，縦軸の数量と横軸の数量の関係，すなわち，縦軸の数量の変化によって横軸の数量がどう変化するかを表したものです。ですから，縦軸の価格の変化による横軸の需要量の変化は，曲線そのものです。つまり，曲線上の移動ですから，曲線自体が移動（シフト）することはありません。

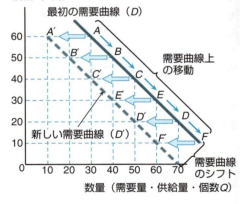

図表2－3 ●曲線上の移動と曲線のシフト

曲線上の移動：縦軸（横軸）の変化による横軸（縦軸）の変化
曲線のシフト：縦軸（横軸）以外の数量の変化による横軸（縦軸）の変化

それでは，曲線のシフトと曲線上の移動に関する問題を解きましょう。

【問題2－1】

需要曲線がシフトする場合（A図）と，シフトせず同一需要曲線上を点が移動する場合（B図）とを区別しなければならない。B図に該当するものを下記の解答群から選べ。

Movie 011

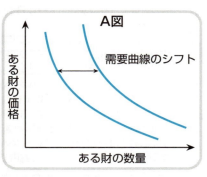

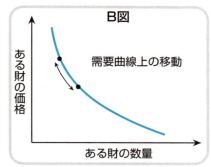

ア　他の財の価格が変化した時　　イ　財に対する好みが変化した時
ウ　所得が増加した時　　　　　　エ　所得が減少した時
オ　その財の価格が変化した時

（中小企業診断士）

（解答・解説）

オの「その財の価格が変化した時」の需要量（数量）の変化は，縦軸である「ある財の価格」と横軸である「ある財の数量（需要量）」の関係です。これはまさに需要曲線が意味することであり，それは需要曲線上の移動（B図）となります。オ以外は，縦軸の「ある財の価格」以外の要因（「他の財の価格」「好み」「所得」）の変化で横軸の「ある財の数量（需要量）」が変化するので，需要曲線のシフト（A図）となります。

正　解　オ

4. 直線のグラフの書き方
—切片と傾きを押さえる—

Movie 012

マクロ経済学で登場するグラフのほとんどは直線です。ですから、ここでは、直線に限定してグラフと数式の関係を学びましょう。

みなさんは、$y=ax+b$（a, bは定数）のグラフは直線になるということを学んでいると思います。

数学では変数をx, yで表すことが多いのですが、経済学では多くの場合、変数の頭文字で表します。たとえば、消費は英語でConsumptionなのでC、所得はYieldなのでYで表します。そして、ケインズという学者は、消費と所得の関係を

$C=a+bY$（a, bは定数）としました。a, bのままだとわかりにくいので、$a=100$, $b=0.7$として、

$$C=100+0.7Y$$

という式を考えましょう。

$Y=0$のとき、$C=100+0.7×0=100$となりますから、縦軸切片は100となります（点A）。

$Y=100$のとき、$C=100+0.7×100=170$（点B）
$Y=200$のとき、$C=100+0.7×200=240$（点C）
$Y=300$のとき、$C=100+0.7×300=310$（点D）

これらの点A, B, C, Dを結ぶと$C=100+0.7Y$のグラフを描くことができます。

また、Yが0→100→200→300と100ずつ増える（横軸のYの変化量$\varDelta Y$は$+100$）につれて、Cは170→240→310と70ずつ増えています（縦軸のCの変化量$\varDelta C$は$+70$）。ということは、横軸のYが1増えると縦軸のCは0.7増えることを意味しており、これは、$C=100+0.7Y$と、Yの前に0.7がついているからに他なりません。

補足

マクロ経済学では1国経済全体を分析するので、消費とは、すべてのモノやサービスへの消費の合計です。ちなみに日本国内の消費は約300兆円です。

補足

マクロ経済学では1国経済全体を分析するので、所得とは、個人の所得ではなく、国内で稼がれた所得の合計です。国民所得とか国内総生産（GDP）と呼ばれます。詳しくは第4章で説明します。ちなみに、日本の国民所得（GDP）は約500兆円です。

図表2−4 ● $C=100+0.7Y$のグラフ

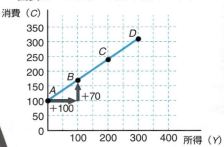

数学入門 Mathematics

縦軸切片とは線が縦軸と交わる点です。図表2−4では点Aが縦軸切片です。

補足

$\varDelta$はデルタと読み、変化量を意味します。Yが200から300へと$+100$だけ変化したときには$\varDelta Y$（Yの変化量）$=+100$と表します。

図表2-5 ● 傾きとは

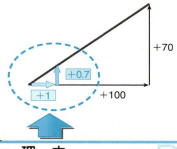

傾き：横に＋1進んだときに
　　　縦にどれだけ変化するか

$$傾き = \frac{+70}{+100} = 0.7$$

そして、経済学では、この「**横に（Yが）＋1進んだときに縦に（Cが）どれだけ変化するか**」を**傾き**と定義します。

$$C = 100 + 0.7Y$$
　　　↑　　　↑
　　縦軸切片　傾き

とわかり、縦軸切片と傾きがわかれば、図表2-6のように直線のグラフを描くことができます。

― 理 由 ―

角度だと45度、90度くらいしかわかりませんが、この方法だと表しやすくなります。たとえば、図表2-4の傾きは角度では表現できませんが、0.7と表すことはできます。

図表2-6 ● 縦軸切片100，
　　　　　 傾き0.7のグラフ

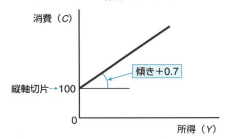

Part 1 経済学の勉強方法と全体像

5. 限界と平均
―変化に注目するか全体（総量）に注目するか―

Movie 013

経済学では傾きを「限界」という言葉で表します。たとえば，**図表２－６**の消費と所得のグラフでは，傾き（横に＋１変化したときの縦の変化）を限界消費性向（所得が1単位増えたときの消費量の増加分）と呼びます。

限界と間違えやすい言葉に「平均」があります。平均とは１単位あたり平均という意味で，**図表２－７**でいうと，所得１単位あたりの平均の消費量で平均消費性向と呼ばれます。たとえば，点Bでは，所得は100で消費は170ですから，所得1単位あたりの消費は消費170を所得100で割ることによって1.7となります。つまり，平均の場合，消費（総量）を所得（総量）で割ればよいのであって，限界（＝傾き）のように「変化量」ではないので注意が必要です。

平均を図形で表現すると点Bと原点を結んだ直線OBの傾きとなります。

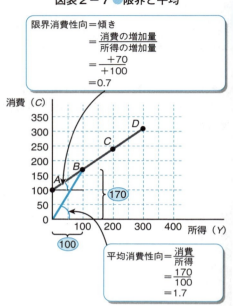

図表２－７ ●限界と平均

$$限界消費性向 = 傾き = \frac{消費の増加量}{所得の増加量} = \frac{+70}{+100} = 0.7$$

$$平均消費性向 = \frac{消費}{所得} = \frac{170}{100} = 1.7$$

$$限界 = 直線の傾き = \frac{縦の変化量}{横の変化量}$$

$$平均 = 原点と直線上の１点とを結んだ直線の傾き = \frac{縦の量（総量）}{横の量（総量）}$$

➕ 補足

＋Qとは（＋１）×Qなので，横軸のQの前にかかっている数は＋１です。ですから，横にQが１増えると縦のPは＋１変化するので傾きは＋１となります。

6. グラフの交点は連立方程式の解
―重要度が高いグラフの交点―

Movie 014

では，この章の最後は，グラフの交点について説明しましょう。

たとえば，価格をP，数量をQとしたときに，

需要関数が$P=100-Q$
供給関数が$P=20+Q$

であったとしましょう。

そして，試験では，「このときの価格と取引量を求めなさい」と問われることがあります。

まず，需要関数より

$P=$ 100 $-$ Q
　　↑　　　↑
　縦軸切片　傾き（−1）

とわかり，需要曲線は図表2−8のDのように描くことができます。

同様に，供給関数より

$P=$ 20 $+$ Q
　　↑　　↑
　縦軸切片　傾き（＋1）

とわかるので，供給曲線は図表2−8のSのように描くことができます。

すると，右下がりの需要曲線と右上がりの供給曲線は一点で交わります。この交点をEとし，点Eの価格をPe，数量をQeと呼ぶことにしましょう。

すでに，価格は需要と供給が等しくなる水準，つまり，図表2−8でいうPeに落ち着くことを知っています。そこで，このPeの値を計算で求めればよいのです。

> **用語**
> 需要量と価格の関係は需要関数と呼ばれます。需要関数をグラフ化すると需要曲線となります。

> **用語**
> 供給量と価格の関係は供給関数と呼ばれます。供給関数をグラフ化すると供給曲線となります。

> **補足**
> $-Q$とは$(-1)×Q$なので，横軸のQの前にかかっている数は−1です。ですから，横にQが1増えると縦のPは−1変化するので傾きは−1となります。

図表2−8 ●直線の交点

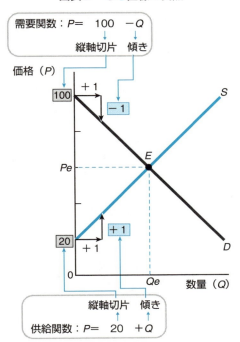

交点Eは需要曲線と供給曲線の両方を通るので，

needs 需要関数$P=100-Q$ ……①

と

供給関数$P=20+Q$ ……②

の両方の式を満たします。

①と②を同時に満たすP，Qを求めればよいので，①，②の連立方程式を解けばよいのです。

①，②より，

$P=100-Q=20+Q$

$100-20=Q-(-Q)$

$80=2Q$

$Q=40$

とQeを求めることができます。

また，①式に$Q=40$を代入して，

$P=100-Q$

$=100-40$

$=60$

とPeも求めることができます。

このように2つの直線の交点の値を求める問題が数多く問われます。

たとえば，

第3部では，財の需要（Y^D）と供給（Y^S）の交点

第4部では，貨幣の需要（L）と供給（$\frac{M}{P}$）の交点

第5部では，IS曲線という直線とLM曲線という直線の交点，

第6部では，AD曲線という直線とAS曲線という直線の交点，

第7部では，IS曲線という直線，LM曲線という直線，とBP曲線という3つの直線の交点，

があります。

すべて，2つの直線の式の連立方程式の解を求めることによって，交点の値を求めることができます。

> **2つの直線の交点の値＝2つの直線の式の連立方程式の解**

Chapter 3
古典派とケインズ派
―まずは経済学の森全体をイメージしよう―

Point

1 経済の基本的問題とは限りある資源を活用していかに人々の欲求に応えるかということ。

2 アダム・スミスにはじまる古典派は，市場に任せておけば，価格メカニズムによって経済問題は解決されると考えた。しかし，それでは，大量失業が続いた世界大恐慌の説明ができなかった。

3 ケインズは「需要の大きさがGDPや雇用量を決める」という有効需要の原理によって世界大恐慌を説明し，恐慌から抜け出す政策を提言した。

4 ミクロ経済学は個別の財や企業・家計に焦点をあて，マクロ経済学は一国経済の需要と供給など集計量を分析する。ミクロ経済学では主に古典派，マクロ経済学では主にケインズ派の考えを学ぶ。

Movie 015

難易度　A

出題可能性

国家一般職（旧Ⅱ種）	C
国税専門官	C
地方上級・市役所・特別区	C
国家総合職（旧Ⅰ種）	C
中小企業診断士	B
証券アナリスト	C
公認会計士	B
都庁など専門記述	B
不動産鑑定士	B
外務専門職	B

いろいろな場面で必要となります。

　さて，いよいよこの章から経済学の内容に入ります。そうはいっても，いきなり個別の論点（経済学の森の1本1本の「木」）に入るわけではありません。なぜなら，はじめに経済学の全体像（森の全体的なイメージ）を理解していないと，全体の中でどこを勉強しているかわからず「木を見て森を見ず」になってしまい，かえって効率が悪くなるからです。ですから，第4章からの個別論点に入る前に，ここで経済学の全体のイメージをつかんでおきましょう。

25

Part 1

1. 経済学とは？
―キーワードは「希少性」―

Movie 016

経済の基本問題とは，
① **何を，どれだけ，**
② **どのような方法で，**
③ **誰のために，**
生産するのか，という問題です。

ではなぜ経済の基本問題が生じるかというと，図表3－1に示したように，無限の欲望があるのに対して，その欲望を満たすための資源が限られているからです。

もし，資源が欲望を満たすだけ，あり余るほど十分にあれば，これらの問題を考える必要はありません。なぜなら，あり余るほど資源があれば，何に使おうが，効率的ではない方法で資源を無駄にしようが問題にはならないからです。

また，誰のためになどと考えなくても，全員が欲しいだけ消費すればよいのです。そのような世界では，経済の基本問題は発生せず，経済学を勉強する必要もないのです。

しかし，現実の世界は違います。欲求に対して資源が少ないという現実の私たちの世界では，経済の基本問題が生まれ，経済学というものを作り出しているのです。

> **用語**
> 経済学は，いろいろな問題を分析しますが，これらの経済の問題を突き詰めると経済の基本問題に行き着くといわれています。

> **用語**
> 欲求に対して，それを満たすための資源が少ないことを「資源の相対的希少性」といいます。「希少性」とは少ないこと，という意味です。

> **用語**
> 資源とは，経済学では生産要素のことを意味します。**生産要素とは，欲望を満たす商品の生産に必要なもので**，資本・労働・土地があります。資本とは，物的生産手段のことで，人間の生産した生産要素，具体的には工場の機械や農具などをイメージしてください。労働は人手で，土地とは，自然から与えられた生産要素を意味します。ですから，経済学で生産要素の土地とは，通常の土地だけではなく，石油や鉄鉱石などの天然資源も含みます。

26

2. 市場経済とは？

Movie 017

「市場」とは商品の取引が行われる場をいいます。そして，**経済の基本的問題の解決を市場にまかせる**ことを**市場経済**といいます。

たとえば，人々が必要としている物は，市場において需要量が多いので，価格が上昇し，価格が上昇することにより，企業はもうかるので，たくさん生産され供給されます。ということは，希少な資源は人々の必要が多い物に多く利用されることになります。

逆に，人々が必要としていない物は，市場において需要量が少ないので，価格が下落し，価格が下落することにより，企業はもうからないので，生産量を減らします。ということは，希少な資源は人々があまり必要としていない物にはあまり利用されないことになります。

補足
市場にまかせるとは，人々の自発的取引を通じて，経済の基本問題を解決するということです。

用語
このようにして，価格をシグナル（信号）として，人々の需要に応じた生産が行われ，需要に応じた供給がなされ，希少な資源は人々が必要な物に多く使われるのです。これを**価格の調整機能**といいます。

図表3－1 ● 市場経済と計画経済

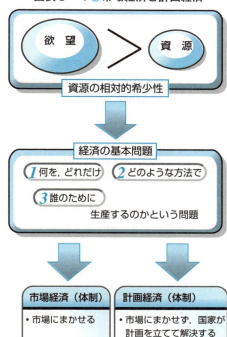

Part 1

経済学の勉強方法と全体像

当初は，市場経済では経済問題は市場の価格の調整機能で解決されるので，政府の役割は，国防・警察・必要最小限の行政に限るべきで，経済問題には介入すべきではないと考えられていました。

ところが，19世紀になり，産業革命によって経済が飛躍的に発展するようになると，労働者は低賃金で長時間働かされ，生活は悲惨なものとなり，また，老人や病人への国家の支援もなく，いわゆる社会的弱者の生活も悲惨な状況でした。それに対して，労働者は待遇改善を求める行動を頻繁に行い，時には暴動も起こし，社会不安が増しました。

このような市場経済の問題点を解決するため，ソ連などの社会主義国では市場経済に変わり計画経済が採用されるようになりました。

もう一方で，市場経済への政府の介入を強めることによって解決しようという考えも生まれました。つまり，**市場経済を中心としつつも，弱者救済などの社会問題を解決するために，政府が経済問題に介入していくべき**だという考えです。経済は民間部門による運営を基本としつつ，部分的に国が介入し，公的部門が運営することになります。このように，**経済に民間部門と公的部門が混在することを混合経済**といいます。

私たちが勉強する経済学は，この混合経済を前提にしています。市場経済を中心としつつも，国家による経済への公的介入がある世界を分析するのです。

次に学ぶ古典派とケインズ派という学派では，古典派は市場を信頼し政府の経済活動への介入は極力行うべきではないと考え，ケインズ派は国家の介入を行うべきと考えます。

用 語

このような考えを「小さな政府」とか，「安価な政府」と呼びます。このように，国家の役割を，国防・警察・必要最小限の行政に限るべきだという考えを「夜警国家観」とも呼びます。これは，政府は，夜警（ガードマン）だけやっていればよく，経済問題に介入すべきではないという意味の言葉です。国家は，経済に介入せず，経済は市場にまかせ，自由に放任しておけばよいという考えにもなりますので，「自由放任主義（レッセ・フェール）」ともいいます。

たとえば

労働者が貢献に見合った所得を得て，生活水準を向上させるために，労働者に団結して企業と交渉する権利を与え，社会的弱者（老人，病人，失業者など）には政府が救済を行うのです。政府が，老人・医療・失業対策などの社会福祉政策を行うことにより，国民の福祉（幸せの度合い）を積極的に向上させるべきと考えるのです。その結果，政府の役割は大きくなり，「小さな政府」ではなくなります。

28

3. ミクロとマクロ

Movie 018

ミクロ経済学とは，細かいことを分析する経済学で，**個々の企業や家計の行動や，ある財・サービスの市場を分析**します。たとえば，自動車とかリンゴといった特定の財の需要量・供給量と価格の関係，ある企業の生産行動，ある家計の消費行動などを分析します。

これに対し，**マクロ経済学**は大きなことを分析する経済学で，**国全体の経済を分析**します。たとえば，一国経済全体の物価・総需要・総供給や国民所得，失業などの関係を考えることになります。ほかにも，テレビのニュースで報道されている「円高・円安の日本経済への影響」「景気対策として経済政策を行うべきかどうか」「日本銀行の金融政策」なども日本経済全体のテーマですからマクロ経済学です。

ミクロ経済学では，ある財の需要量や供給量などを考えますが，その数量の単位は，何台や何個となります。一方，マクロ経済では，一国経済全体の生産量や需要量を考えます。では，その単位はどうなるでしょうか。

たとえば，ある国が自動車1台とリンゴ1000個を生産したとしましょう。この時自動車1台とリンゴ1000個を足した1001を生産したと表現しても意味はありません。むしろ自動車が100万円，リンゴが100円だから，

1台×100万円＋1000個×100円＝110万円

と金額で計算した方が，生産したものの価値がわかります。このように，マクロ経済学では，いろいろなものの数量の単位が違うので，金額に直してから足すことになります。そして生産量を金額に直して合計したものが**国内総生産（GDP）**とか，**国民所得**と呼ばれるものなのです。

> **補　足**
> 「ミクロ」とは，MICROと綴り，マイクロとも呼びます。「細かい」とか「小さい」という意味です。小さいフィルムをマイクロフィルムと呼びます。

> **補　足**
> 「マクロ」とは，「全体的な」「大きい」という意味です。マクロは日常の日本語ではあまり使わないようです。ですが，仕事では，「ミクロの議論ばかりではなく，もっと，マクロに考えてみなさい」といったように使われます。これは，細かいことばかり議論するのではなく，もっと，物事を全体的に広い視野でとらえなさいという意味です。

図表3-2 ●マクロ経済学とミクロ経済学

> **補　足**
> 国内総生産（GDP）や国民所得とは，1年間にある国の国民の作り出した（生産した）ものの金額の合計と理解してください。正確には，「第4章　GDPと物価」でお話しします。

また，価格についても，マクロとミクロでは違います。ミクロ経済学では，自動車の価格は100万円というようにはっきりわかります。しかし，マクロ経済学では，一国経済全体を分析するわけですから，いろいろなものの価格を平均したものを用いなくてはなりません。このように，いろいろな財やサービスの価格の平均値を物価と呼んでいます。

さて，マクロ経済は全体なので，個別のミクロ経済を足し合わせればよいかというと必ずしもそうはなりません。個々のミクロ経済を足し合わせても全体のマクロ経済にはならないという事態が起こりうるのです。このときは，**個々の経済活動（ミクロ経済）の結論が国全体の経済（マクロ経済）での結論にも通用すると考えてしまうと間違いとなる**ので，「**合成の誤謬**」と呼ばれます。

ケインズは，この合成の誤謬の例として「**貯蓄のパラドックス**」をあげます。貯蓄とは毎月の給料（所得）から使わずに残しておいた部分ですから，ある人が貯蓄を増やそうと思えば，消費を減らせばよいのです。ところで，この「消費を減らす（節約）→貯蓄の増加」という結論は，所得が一定であればという暗黙の前提があります。

しかし，ある国の国民全員が消費を減らし（節約し）貯蓄を増やすとすると，その国の消費が落ち込みますから，店では商品が売れなくなり，工場では注文量が減ってしまいます。その結果，その国の経済状態は悪化し，企業の利益は減少，あるいは赤字となり，従業員の給料やボーナスも削減されるでしょう。つまり，所得が減少してしまうのです。こうなると，消費を減らしても所得が減ってしまっては貯蓄が増えるかどうかはわからなくなってしまいます。

補 足

ある特定の物の値段は価格ですが，いろいろな物の平均値は物価といいます。ですから，自動車の「価格」が高いとはいいますが，日本の「いろいろなものの価格が平均」して高いことは，日本の「価格」が高いとはいわずに，日本の「物価」が高いといいます。

補 足

誤謬（ごびゅう）とは「誤り，間違い」という意味です。

補 足

第5節で詳しく説明するマクロ経済学の最重要人物です。

Point!

このように，ミクロの視点では，一個人が貯蓄の増加を目的に消費を減らしても景気は悪くなりませんから，所得は変わらず，貯蓄は増加するでしょうが，マクロの視点で，国民全員が貯蓄の増加を目的に消費を減らすと景気が悪化し所得が減少してしまい，必ずしも貯蓄が増加するかどうかわからなくなります。これは「**貯蓄のパラドックス**」とか「**節約の逆説**」と呼ばれます。

4. 古典派とは？

Movie 019

【1】古典派とは？

アダム・スミスといえば経済学の父としてご存知の方も多いかもしれません。スミスは国の繁栄の基礎は国内の経済活動にあり、その経済活動を活発にするためには自由な経済システムが必要だとしたのです。**自由な経済活動は市場の「見えざる手」によってうまく社会的利益を実現できる**と考えたのです。そして、リカードは、このスミスの考えを発展させ、古典派を完成させました。

このような古典派の理論を引き継ぎ、さらに企業の生産理論や家計の消費行動などのミクロ経済学の分野を中心に、限界費用、限界効用など「限界」という概念を用いて精緻に分析するようになりました。この動きは限界革命と呼ばれますが、古典派の新しいものという意味で新古典派と呼ばれています。需要と供給により価格が決まるという理論は新古典派の考えです。

補足

ケインズは新古典派も含めて古典派と呼びましたので、本書では、古典派と新古典派をまとめて「古典派」と呼ぶことにします。

図表3－3●古典派と新古典派

古典派
スミスに始まり、リカードが完成
自由な価格による市場の調整機能を重視する

新古典派
古典派の考えを継承しつつ、さらに、限界という概念でミクロ経済を精緻に分析

ケインズは両方を含め「古典派」と呼んだ

【2】古典派の基本的な考え

古典派経済学は、主にミクロ経済学を分析し、価格が伸縮的に動くため、需要と供給は一致すると考えました。仮に売れ残り（超過供給）があっても、需要と供給が一致する価格P_Eの水準まで下がるので、売れ残りは解消されると考えます（図表2－2）。

これを、労働市場にあてはめて考えましょう。労働市場で需要量とは、労働を雇いたいという企業の採用数です。これに対し、労働の供給量とは自分の労働力を提供したいという就職希望者数です。労働市場における価格は賃金率です。賃金率とは、時間当たりの賃金のことをいい、時給とか、日給、月給、年

図表2－2（再掲）●需要と供給のグラフ

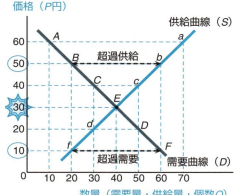

31

収などを指します。

そして，**古典派は，労働市場においても，価格である賃金率の上下により供給量と需要量が等しくなると考えます。**

これは，就職希望者数と採用人数が同じことを意味します。ということは，**景気が悪いことが原因で働きたいのに働けないという失業**（これを「**非自発的失業**」といいます）はありません。この働きたいのに働けないという非自発的失業が存在しない状態を「完全雇用」といいます。

もっとも，古典派も完全雇用だからといって，現実の経済において失業がまったくないといっているわけではありません。自発的失業と摩擦的失業はあると考えました。古典派の失業は，**より良い条件を求めての失業（自発的失業）**や，**新しい職場や産業構造に適応するための準備期間としての失業（摩擦的失業）**であり，非常に前向きな，より良い状態へ到達するための失業といえるでしょう。

以上のように，古典派の考えでは，財が売れ残れば（超過供給），価格が下がり売れ残りはなくなり，労働が売れ残る（超過供給），つまり，非自発的失業があれば，労働の価格である賃金率が，需要と供給が等しくなる，つまり，非自発的失業がなくなるまで低下するはずです。

ですから，**古典派にとっては，財にせよ労働にせよ，経済は価格の調整により常に需要量＝供給量でハッピーな状態である**はずで，ことさら，一国経済全体を考える必要もなかったといえます。

補　足

実は，非自発的失業とは世界大恐慌時に登場するケインズが名付けたものです。ケインズ以前の古典派では非自発的失業はないので，そのような言葉もなかったのです。

補　足

完全雇用とは，**労働市場の需要量と供給量が一致している状態**ですから，働きたい人はすべて働くことができるハッピーな状態です。

用　語

自発的失業とは，現行の労働条件で働く意思がない失業を意味し，もっと良い条件を探している状態です。

用　語

摩擦的失業とは，労働市場の不完全や産業構造の転換などによって一時的に失業している状態です。労働市場の不完全とは，職場をやめて次の職場を探すまでは時間がかかるので失業状態となるということを意味します。産業構造の転換とは，石炭産業が衰退し，代わりにインターネット産業が成長しても，石炭産業の労働者がすぐにインターネットの技術者になれるわけではありませんから，産業の変わり目においてはある程度の失業が生じてしまいます。

補　足

したがって，古典派は「**供給は自ら需要を作り出す**」という「**セイの法則**」を支持しています（セイという経済学者の考えた法則です）。この法則は，供給量と需要量は価格調整により自動的に一致するので，作りさえすれば，売れ残りがつづくことはなく，必ず売れるということです。

5. 世界大恐慌とケインズの登場

Movie 020

【1】古典派の問題点
—ケインズによる指摘

古典派の考えでは，賃金率という価格の調整によって，雇いたいという労働需要量と働きたいという労働供給量は常に等しくなるので，働きたいのに働けないという非自発的失業は存在しませんでした。

しかし，1929年のウォール街の株価の大暴落に端を発した**世界大恐慌**は，アメリカにおいて，国民総生産を1929年より4年連続で大きく減少させ，1929年には3.2％であった失業率を1933年には24.9％にまでしてしまいました。アメリカ以外の資本主義諸国（イギリス，フランス，ドイツ，イタリアなどの欧州諸国や日本）などもアメリカと似た悲惨な経済状態（大量失業，国内総生産激減）に襲われました。失業率24.9％，すなわち，**4人に1人が失業するという悲惨な状態においては，失業とは前向きなものだけで，働きたいのに働けないという非自発的失業は存在しないという古典派の考えは受け入れがたい**ものでした。明らかに，大恐慌という景気の悪化によって，働きたいのに職に就けないという非自発的失業が大量に発生したのです。

ケインズは「非自発的失業」という概念を作ることによって，世界大恐慌がなぜ起こったかを1936年『雇用・利子および貨幣の一般理論』において説明したのです。経済学で『一般理論』といえば，このケインズの著作を意味します。「一般」という言葉に，古典派理論は完全雇用という特殊な状態の経済を分析しているに過ぎず，不況を含めたより包括的な一般理論を構築しようという，ケインズの思いがこめられているのです。

補足
より正確には，古典派には「非自発的失業」という言葉すらなく，「非自発的失業」という言葉は前述のようにケインズが考えたものです。

図表3-4 世界大恐慌時のアメリカ経済

	実質GNP成長率	失業率	消費者物価指数
1929	-9.8%	3.2%	100
1930	-7.6%	8.7%	97.4
1931	-14.7%	15.9%	88.8
1932	-1.8%	23.6%	79.7
1933	9.1%	24.9%	75.6
1934	9.9%	21.7%	78.1
1935	13.9%	20.1%	80.1
1936	5.3%	16.9%	80.9
1937	-5.0%	14.3%	83.8
1938	8.6%	19.0%	83.2
1939	8.5%	17.2%	81.0
1940	16.1%	14.6%	81.8
1941	12.9%	9.9%	85.9
1942	13.2%	4.7%	95.1

出所：アメリカ合衆国商務省長期統計

景気が悪化するとき，生産の減少（実質GNPの成長率がマイナス）が起こり，続いて失業率の上昇，物価の下落が起こっていることがわかります

＊注1：このデータを覚える必要はありません。
＊注2：GNPとは国民総生産のことで，ここでは，一国全体の生産量でありGDPと似た指標です。詳しくは第4章で説明します。

キーパーソン

ジョン・メイナード・ケインズ
（1883～1946）

1936年に『雇用・利子および貨幣の一般理論』を発表し，マクロ経済の基礎を創り上げました。本書の内容の8割はケインズの理論，あるいはケインズの考えを他の学者がわかりやすく説明するために考案した枠組み（フレームワーク）です。ケインズの考え方については本文でじっくり説明します。

Part 1
【2】ケインズ理論
① なぜ大恐慌は起こったのか？

経済学の勉強方法と全体像

ケインズは，有効需要の減少によって世界大恐慌は引き起こされたと考えます。つまり，**企業の生産する財への注文（有効需要）が減少したから，企業は生産量を減らさざるを得ない状況となり，企業の労働需要（雇いたいという人数）が減少する結果，今までの従業員の一部を解雇することとなり，大量失業が生じてしまったと考えた**のです。

ケインズは，有効需要として消費と投資があると考えました。特に，世界大恐慌においては，1929年のニューヨークの株価の大暴落以来，人々の世界経済の先行きへの不安感が増大し，企業が将来の生産力増強のための設備投資を控えるようになったことにより有効需要（企業の生産する財，ここでは設備への注文量）を減少させる結果，国内総生産（企業の生産量）を減少させたと考えました。国内総生産が少なければ労働者を雇う必要はありませんから，労働需要量は減少し，労働者の一部は解雇され，大量の失業が発生するのです。

以上のように「有効需要」の視点から世界大恐慌を考えましたが，これだけでは十分ではありません。なぜなら，仮に有効需要が減少し，それに伴い労働市場において労働需要量が減少して超過供給（失業）が生じたとしても，**労働市場における価格である賃金率が下落すれば超過供給（失業）は解消するはず**です。しかし，そうはならず大量失業が起こったのです。そこで，**ケインズは，貨幣（名目）賃金率が現実には，下落しにくい（下方硬直的である）という前提**に立ちます。たしかに名目賃金率が下方硬直的で下がらないのであれば，**労働市場における超過供給（失業）は解消せず，継続する**ことを説明できます。

🖐 用 語

有効需要とは，財（モノとサービス）への貨幣的裏づけのある需要のことをいいます。「貨幣的裏づけがある」とは，単に，「買えたらいいなあ」という願望ではなく，実際に「買いたいと思ったら買うだけの貨幣を持っている」ということです。

☝ Point!

有効需要の大きさが生産水準（GDP）を決め，雇用量を決めるというケインズの考えを「**有効需要の原理**」といいます。これは，「供給は自ら需要を作り出す」という古典派のセイの法則とはまったく反対の考えです。

図表3-5 ● 世界大恐慌の説明（ケインズ）

株価大暴落	期待が経済に与える影響を重視した
将来への先行き不安	
企業が設備投資を控える	
投資の減少	有効需要には投資と消費があるが，特に投資は変動が大きく，投資の減少が大恐慌の原因であると考えた
有効需要の減少	
国内総生産の減少	
労働需要量の減少	
労働の超過供給＝失業	名目賃金率の下方硬直性の仮定があるので，古典派のように失業が解消しない
失業の継続	

➕ 補 足

これは図表2-2で説明した古典派の考えです。古典派の世界では価格（労働市場では賃金率）が動くことによって需要と供給は等しくハッピーな状態となります。

🖐 用 語

貨幣（名目）賃金率の貨幣（名目）とは金額で表示したという意味です。たとえば，時給1000円は名目賃金率です。名目については第4章（p.62）で詳しく説明しますが，ここでは金額そのものと考えておいてください。

② 世界大恐慌への対策とは？

　ケインズは，有効需要の減少が大恐慌の原因であるのだから，有効需要を増加させれば大恐慌から脱出できると考えました。そうはいっても，大恐慌時には企業は投資を控えますし，個人だって消費を増やしたりはしないでしょう。つまり，有効需要を構成する投資と消費は簡単には増えそうもありません。そこで，ケインズは投資，消費に続く，第3の有効需要として政府支出に注目します。モノやサービスへの需要という意味では，企業にしてみればお客が民間であろうが政府であろうが関係ありません。モノやサービスをそれなりの価格で購入しお金を払ってくれればよいのです。

　そこでケインズは，公共工事などの政府支出の増加によって，有効需要（モノ・サービスへの需要）が増加し，企業の生産量が増加する結果，国内総生産が増加し，労働需要が増加するので失業を減少させることができると考えました。

　しかし，不況時には企業の利益は減り，個人の所得も減りますから，企業の利益や個人の所得から税金を得て収入としている政府の収入は減少しているはずです。それにもかかわらずケインズが主張するように政府支出を増加させれば財政赤字（政府支出が政府収入を上回ってしまうこと）が発生します。財政赤字が続けば政府は借金だらけになって困難な状況に陥るはずなのですが，ケインズはその心配はないと考えます。なぜなら，不況期に財政赤字になっても反対に好況期には財政黒字になるので，長い眼で見れば財政収支は均衡すると考えたからです。

図表3－6 ● 世界大恐慌への対策

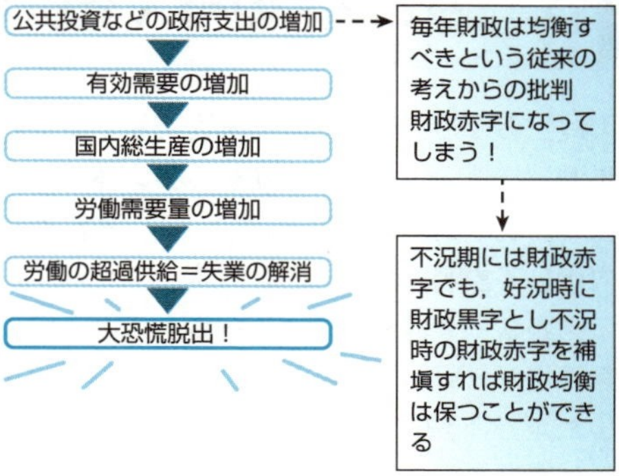

公共投資などの政府支出の増加 ---→ 毎年財政は均衡すべきという従来の考えからの批判 財政赤字になってしまう！

↓

有効需要の増加

↓

国内総生産の増加

↓

労働需要量の増加

↓

労働の超過供給＝失業の解消

↓

大恐慌脱出！

不況期には財政赤字でも，好況時に財政黒字とし不況時の財政赤字を補塡すれば財政均衡は保つことができる

用語

　好況期には景気対策として政府支出を増やす必要はありませんから政府支出は少なく，好況で企業の利益や個人の所得は大きいので税収は多くなる結果，財政黒字となるというわけです。

用語

　ケインズ以前の経済学者や政策担当者は「毎年財政は均衡させるべきだ」という財政均衡主義が主流でしたから，当時としては画期的な意見でした。この意見は「一部のエリートが国家利益を考えて国を導くことができる」という前提（ケインズの生家の面する通りにちなみ「ハーベイ・ロードの前提」といいます）があります。つまり，エリートなら，不況期に財政赤字であっても，好況期に黒字に転換させることができるので，長期的には財政をバランスするとケインズは考えたのです。ところが，実際には，第2次世界大戦後ケインズ政策を採用した国々の政治家（エリート!?）は，好況期も選挙民の歓心をかうために政府支出は削減せず，財政赤字をどんどん増やしてしまいました。現実には「ハーベイ・ロードの前提」は通用しなかったのです。

6. ケインズの考えを引き継いだケインズ派

Movie 021

以上のようなケインズの考えを引き継いだ学派（学者のグループ）をケインズ派と呼びます。ケインズ派の考えについて，古典派と対比して説明しましょう。

図表3-7はある国が，好況期には，財の需要量が100あり供給量とバランスしていましたが，不況になって，需要量が80に減少した状況を示しています。このとき，売りたいという供給量は100で変わりません。すると，財の供給量100に対し，財の需要量は80に減少しているので，このままでは，20だけ超過供給（売れ残り）が生じます。この調整方法が古典派とケインズ派では違うのです。

補足

第3部で勉強する45度線分析，第5部の*IS-LM*分析はケインズ派（ケインズ自身ではありません）の理論の代表的なもので，物価一定という仮定をおきます。ケインズは名目賃金率を一定と仮定したのですが，ケインズ派は物価を一定と仮定しているという違いがあります。

理由

なぜならば，好況時の総供給量が100であったので，この国の企業は100生産するだけの資本（工場）や労働力を抱えているからです。

図表3-7● 古典派とケインズ派

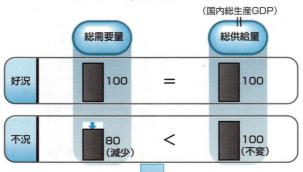

選択A
物価が下落し総需要量が増加し，超過供給（売れ残り）を解消
➡ 最終的に総需要量＝総供給量
➡「供給は自ら需要を創り出す」（セイの法則）成立

〈古典派の世界〉

選択B
物価は下落しない（物価の下方硬直性）
➡ 超過供給（売れ残り）は解消しない
➡ 超過供給（売れ残り）があるので，生産量を，泣く泣く減らす結果，総供給量（GDP）は減少
➡ リストラ（工場閉鎖，雇用削減による失業の発生）

〈ケインズ派の世界〉

① 古典派のケース

すべての財の市場において超過供給（売れ残り）がなくなるまで価格が下がります。その結果，価格の平均値である物価が下落し，総需要量が80から増加して超過供給（売れ残り）が解消します。

② ケインズ派のケース

企業は価格は引き下げず，価格の平均である物価も下がりません（下方硬直的）。**物価が下落しないので，総需要は80から増加せず，超過供給（売れ残り）は解消しません。**

経済全体では，本当は100供給したいのですが，**100生産してしまうと20だけ売れ残るので，泣く泣く生産量を80に減産します。**本来，経済全体で100生産するだけの資本（工場）や労働力を抱えていたのに，80しか生産しないということになると，当然，工場閉鎖，雇用削減などのリストラが起こります。**その結果，失業が発生します**。これが，ケインズ派による不況の分析です。

そして，ケインズ派は，そもそも不況は総供給に対して総需要が不足していることが原因なので，政府が総需要が不足している分だけ総需要を増やすことにより，総需要と総供給を一致させ，経済を安定化させるべきだと主張しました。

図表3－7（ケインズ派の世界）の場合，総需要は100から80に落ち込んだときにも，物価は下方硬直的で下落しないので，総需要量は80に落ち込んだままで，総供給量100に対し20不足しています。そこで，**政府の経済対策で20だけ総需要を増やしてやれば，総需要は100に戻り，総需要と総供給は一致し，好況に回復する**という主張です。

Point!

ケインズ派の考えによると，総需要が減少すれば，少ない総需要量に合わせて総供給量も減少します。その結果，失業などの問題が生じます。これは，「需要の大きさが生産水準を決め，雇用量を決める」というケインズの有効需要の原理をうまく説明できています。

補足

日本に限らず，どこの国でも，不況期になると政府が景気対策として政府支出を増やしたりしますが，これは，不況期には総需要が不足しているので，政府自らの需要を増やすことにより総需要不足を解消し，国内総生産（GDP）を増やそうというケインズ経済学を基礎とする考えです。

7. 古典派とケインズ派のどちらが正しいか？

Movie 022

① 「経済政策論争」とは？

古典派の立場に立てば，価格は上下に動き伸縮的であり，需要と供給の不一致は，速やかな価格の上下により解消されます。これは，国全体で見たマクロ経済でも，物価の調整によって総需要と総供給は一致しており，失業もないと考えます。ですから，政府の経済安定化策は不要ということになります。

これに対し，ケインズ派は，不況期には，価格（マクロでは物価）は硬直的で下落せず，超過供給（過少需要）は解消されないと考えます。したがって，超過供給（過少需要）を解消すべく政府が支出を行い，総需要を拡大させるべきだと主張します。

> **用語**
> 「古典派とケインズ派のどちらが正しいか？」という問題は，「政府は，経済安定化策を行うべきか？」というところに行き着くので，「古典派とケインズ派の経済政策論争」といわれます。

② 評価の視点──現実妥当性

経済学とは，現実の経済の仕組みを明らかにする学問ですから，どの学説が正しいかは，どの学説が現実経済をより説得的に説明しうるかという視点で，評価すべきです。

③ 評　価

それでは，現実の経済をどちらが説明しうるかという視点で考えてみましょう。

〈現実の経済が不況期のとき〉

不況のときには，物が売れなくなり，失業が発生します。古典派がいうように，物が売れなくなり，売れ残り（超過供給＝過少需要）が発生しても，売れ残りがなくなるまで，価格が下がるということは，あまりみられません。企業は，むしろ，値崩れをおそれ，価格を維持するために，生産量を減らします。不況時に，新聞を見ると，「○○企業，××工場閉鎖し生産調整」「△△業界は本格的な生産量削減で価格維持に乗り出す」など，価格は下げずに，生産量を減らして，売れ残り

現実の経済は，刻一刻と変わっているということが重要です。たとえば，バブル景気の絶頂期と，バブル崩壊による平成不況をみれば，その違いは一目瞭然です。

> **補足**
> 古典派の世界が現実であれば，新聞には，「○○企業，大量売れ残りに対し，値下げ。工場はフル稼働を維持」という記事があふれるはずです。

(超過供給)をなくそうという企業の記事が目につきます。これは、ケインズ派の考えた世界です。したがって、経済が不況時には、ケインズ経済学の方が説得力があります。

〈経済が好況期のとき〉

経済が好況とは、多くの企業へのお客さんの注文(＝需要)が多く、生産量も多く、多くの労働を雇用している状況です。ですから、働きたいのに働くことができないという非自発的失業は存在しませんし、財を作りさえすれば売れるので「供給は自ら需要を作り出す」というセイの法則が成り立つ古典派の世界です。

④ 新古典派総合

このように、不況期にはケインズ派の理論、好況期には古典派の理論があてはまるので、**サミュエルソンは「不況期はケインズ派、好況期は古典派」と使い分けるべきだと考えました**(新古典派総合)。

補足

これは、当然といえば当然の帰結です。なぜなら、ケインズ経済学は、大恐慌の大量失業・大量売れ残り(超過供給＝過少需要)を説明できない古典派を打ち破る学説として登場したからです。

キーパーソン key person

ポール・サミュエルソン(1915〜)

経済学の多方面で活躍したアメリカの経済学者。1970年にノーベル経済学賞受賞。不況期はケインズ派の理論、好況期には古典派の理論と使い分ける新古典派総合という考えを創始。ケインズ理論をわかりやすく説明するため45度線分析を考案し(本書の第8章にて学習します)、また、物価が硬直的という前提の下での景気循環論を考えだしました(第31章のヒックス＝サミュエルソンの景気循環論として学習します)。

サミュエルソンは新古典派総合という学派ですが、不況期にはケインズ派理論を採用しているので**ケインズ派**と考えてよいでしょう。

---

8. マネタリストと合理的期待形成学派
—古典派の復活!?—

Movie 023

1970年代になると、アメリカでは財政赤字が慢性化し、財政支出を増加させても国内総生産増加や失業減少の効果がない、つまり、ケインズの理論が妥当ではないのではないかと思われる状況になってきました。こうなると、マクロ経済学においても古典派に近い考え方をする**マネタリストや合理的期待形成学派**というグループが形成されケインズ派への攻撃をはじめました。

マネタリストや合理的期待形成学派は古典派同様に、価格や物価による調整によっ

補足

マネタリストや合理的期待形成学派については、「第25章 フィリップス曲線」、「第26章 IAD-IAS曲線」や「第31章 景気循環」で詳しく学習します。

て経済が安定する力を持っており，政府が経済安定化のために介入すべきではないと考えます。ですから，「新しい古典派」と呼ばれます。

この「新しい古典派経済学」とケインズ派の論争は，「経済安定のための政策を行うべきかどうか」という点をめぐるものですので「経済政策論争」と呼ばれます。この時期にはケインズ派の旗色が悪く，「新しい古典派」の勢いが盛んでした。それは，本来，ケインズ理論は世界大恐慌，つまり，国内総生産大幅減少，大量失業，物価下落，という状況下で作られたもので，1970年，80年はアメリカ経済はそこまで深刻な不況ではなかったからです。

落とし穴
「新古典派」と「新しい古典派」??

「新古典派」は，1870年代に，限界という概念を用いることによって，古典派経済学をミクロ経済学を中心に，より精緻な理論へと発展させていきました（p.31）。これに対し，「新しい古典派経済学」はマネタリストや合理的期待形成学派などを指し，価格（物価）の調整機能を重視した新古典派のミクロ経済理論をマクロ経済学に発展させ，1970年代にケインズ派のマクロ経済理論を批判し論争を展開しました。似たような名前ですが，内容は違いますので，違いと共通点を整理しておきましょう。

	新古典派 (neo-classical school)	新しい古典派経済学 (new classical economics)
共通点	価格（物価）の調整により経済は安定化する 政府による経済安定のための介入は不要	
違い	主にミクロ経済 1870年代 （ケインズ以前）	主にマクロ経済 1970年代 （ケインズ以降）

なお，新しい古典派経済学も新古典派と呼ぶ経済学者もいますので注意が必要です。その場合には，文脈から，ケインズ以前か以降か，ミクロかマクロかなどから判断するしかありません。

図表3－8 ● 1970～85年のアメリカ経済

		実質GNP成長率	物価上昇率*1	失業率	
	1970	0.2%	5.3%	4.9%	継続的な物価上昇（インフレーション）
	1971	3.4%	0.5%	5.9%	
	1972	5.3%	4.3%	5.6%	
第一次オイルショック→	1973	5.8%	5.6%	4.9%	
	1974	−0.5%	9.0%	5.6%	
	1975	−0.2%	9.5%	8.5%	
	1976	5.3%	5.8%	7.7%	
	1977	4.6%	6.4%	7.1%	
	1978	5.6%	7.0%	6.1%	
第二次オイルショック→	1979	3.2%	8.3%	5.8%	高いとはいえ，世界大恐慌時（20%台）ほど高くない失業率
	1980	−0.2%	9.1%	7.2%	
	1981	2.5%	9.4%	7.7%	
	1982	−1.9%	6.1%	9.7%	
	1983	4.5%	3.9%	9.6%	
	1984	7.2%	3.8%	7.5%	
	1985	4.1%	3.0%	7.2%	

*注1：GNPデフレータという物価指数の上昇率
*注2：GNPとは国民総生産のことで，一国全体の生産量であるGDPと似た指標です。詳しくは第4章で説明します。
*注3：このデータを覚える必要はありません。

出所：アメリカ合衆国商務省長期統計

【問題3－1】次の組み合わせのうち，誤っている組み合わせはどれか。
1．古典派―セイの法則
2．ケインズ―有効需要の原理
3．アダム・スミス―見えざる手
4．サミュエルソン―マネタリスト
5．古典派―価格メカニズム
（市役所類題）

Movie 024

（解答・解説）4のサミュエルソンは新古典派総合であるので誤り。　　　正解　4

9. マクロ経済学の全体像
―この本のガイドマップ―

Movie 025

それでは，この章の最後に，経済学の全体像とこれから本書で勉強する具体的項目の関係をお話しします。マクロ経済学では，一国経済全体を分析したケインズおよびケインズ派の考えを中心に，それと対立する古典派と古典派に近いマネタリスト・合理的期待形成学派についても学びます。

第2部　国民経済計算

マクロ経済学では，一国経済全体を分析するのですから，生産量などの数量をどのように足し合わせるのか，また，個々の財の価格を平均して物価を計算する際に，どのように平均するのかという問題があります。このような「合計」や「平均」のルールを「第2部　国民経済計算」で勉強します。この部の勉強で，私たちは，国内総生産（GDP）の正確な意味を理解します。「景気が良い，悪い」とか「経済成長」などの一国の経済（マクロ経済学）は，国内総生産（GDP）の大きさを基準として議論されるので，この国内総生産（GDP）の意味を正確に理解することはとても重要です。

第3部　財市場

ここでは財市場にだけ注目して，どのように国内総生産（GDP）が決まるのかを考えます。

第4部　資産市場

ここでは，資産市場，特に貨幣市場に注目し，どのように利子率（金利）が決まるのか，それが国内総生産（GDP）にどのように影響するのかを考えます。日本銀行の金融政策についても考えます。

第5部　IS-LM分析（財市場と資産市場の同時分析）

「第3部　財市場」では財市場のみを分析し，「第4部　資産市場」では，資産市場のみを分析します。そして，この「第5部　IS-LM分析」において，財市場と資産市場を同時に分析し，お互いの市場がどのように影響を及ぼし合うかについても考えます。ちなみに，IS-LM分析とは，財市場の均衡を表すIS曲線と，貨幣市場の均衡を表すLM曲線を用いて財市場と貨幣市場を同時分析する方法です。

第6部　AD-AS分析・IAD-IAS分析（財市場，資産市場，労働市場の同時分析）

第6部では，財市場と資産市場を同時に分析するIS-LM分析をさらに発展させて，労働市場をも考慮する分析方法をAD-AS分析（総需要－総供給分析）とIAD-IAS分析を学びます。この部では，ケインズ派と古典派の対立が重要ポイントとなります。

第7部　IS-LM-BP分析（財市場，資産市場，海外の同時分析）

第7部では，財市場と資産市場を同時に分析するIS-LM分析をさらに発展させて，海外をも考慮する分析方法であるIS-LM-BP分析を学びます。なお，その前提知識として，外国為替レートの決定，円高，円安の日本経済への影響，国際収支なども学習します。

また，短期的な不況や好況などの景気変動がどうして起こるのかという景気循環理論と，長期的に経済が成長するのはなぜかという経済成長論も学びます。そして，最後に，ケイン

ズ以外の消費理論と投資理論を学びます。ここでも,ケインズ派と古典派の考え方の違いが,景気循環・経済成長・消費・投資の理論に現れてきます。

それでは,最後に,この本の流れ(構成)をチャートに整理しておきましょう。

図表3-9 ● この本の流れ(本書の構成)

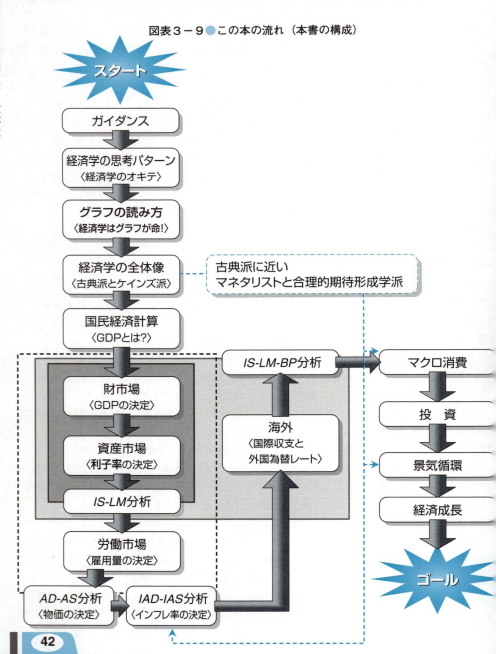

Part 2

Movie 026

　日本は経済大国だといわれますが,経済の大きさをどのようにはかるのでしょうか。また,物価が上がったとか下がったとかいいますが,物価はどのように計算されるのでしょうか。この部では,このような一国経済(マクロ経済)に関する統計の計算ルールについて学び,経済統計から何がわかるのかを理解します。

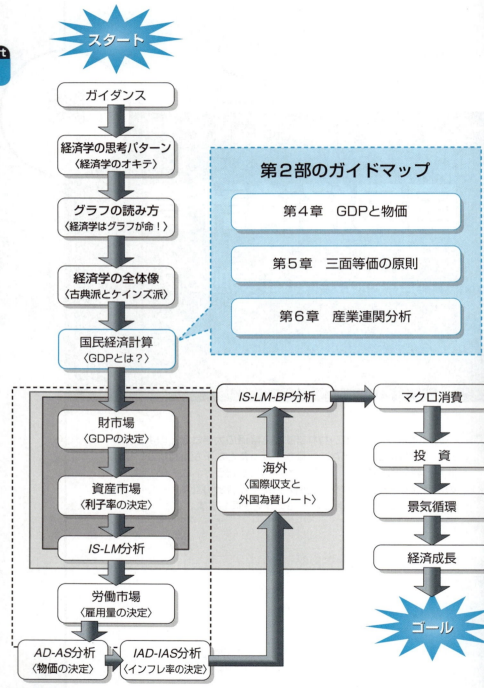

第2部の登場人物とストーリー

舞台（分析対象）―財市場に焦点を当てて計算―

　マクロ経済（一国経済全体）では，市場は，財市場，資産市場（貨幣市場・債券市場），労働市場，の3つがあります。この部では，特に財市場に焦点を当てて，一国経済をどのように計算するのかを学びます。

用語

　財市場とは，生産物市場とも呼び，財（モノやサービス）の市場，資産市場とは，資産の売買や貸し借りをする市場，労働市場とは，労働サービスを取り扱う市場です。

用語

　一国経済の計算には体系的なルールがあり，国民経済計算体系（SNA：System of National Account）と呼びます。

登場人物（経済主体）

　財市場とは財の取引を行う市場です。財とは財貨（形が残るモノ）と形が残らないサービスの合計です。生産した価値なので，生産物と呼ばれることもあります。ですから，財市場は生産物市場とも呼ばれます。

　財市場では家計・企業・政府・海外の4つが登場します。

家計：消費と住宅投資という形で財を需要します。

企業：投資という形で財を需要するとともに，財の供給を行います。

政府：政府支出という形で財を需要します。

海外（外国）：輸出と輸入という形で財の需要に関係してきます。

用語

　経済での登場人物は経済主体と呼ばれます。

用語

　家計とは財の消費を行い，労働の供給を行う経済主体をいい，具体的には「家計簿」といわれるように，みなさんの家庭をイメージすればよいでしょう。

用語

　企業とは，労働を需要し，その労働を使って財の生産・供給を行う経済主体をいいます。代表的な企業として会社をイメージするとよいでしょう。

用語

　海外には，実は，海外の家計，海外の企業，海外の政府があるのですが，それでは面倒なのでひとまとめにして「海外」とします。

45

ストーリーの流れ（構成）

「第4章 GDPと物価」では、まず、GDP、GNIなど経済規模を表す統計の計算ルールと物価の計算ルールについて学びます。

次に、「第5章 三面等価の原則」では、三面等価の原則という統計上の法則を学び、その原則から貿易黒字の原因を考える*IS*バランス論という考えを理解します。

そして、「第6章 産業連関分析」では、産業間相互の経済効果を考慮した分析方法を学びます。この産業連関分析は、オリンピックの経済効果や新幹線開通の経済効果などを計算する際に使われる方法です。

第2部のガイドマップ

第4章 GDPと物価

第5章 三面等価の原則

第6章 産業連関分析

Chapter 4
GDPと物価
―日本経済をどう測る？―

Point

1 国内総生産（GDP）などの国民所得は国の経済状況を判断する基準として利用される。

2 国内総生産（GDP）とは，①一定期間に，②国内で ③生産された ④固定資本減耗（減価償却）を差し引いていない（＝含んでいる）⑤原則として市場価格で表示した，⑥付加価値の合計。

3 フローとは一定期間における変化，ストックはある時点での存在量（残高）。

4 国民総所得（GNI）≡ GDP ＋ 海外からの要素所得受取 － 海外への要素所得支払い

5 国内総生産（GDP）などの国民所得は客観的に計算できるものしか計算しない。これは強みでもあり，弱みでもある。

Movie 027

難易度　A

出題可能性

国家一般職（旧Ⅱ種）	B
国税専門官	C
地方上級・市役所・特別区	B
国家総合職（旧Ⅰ種）	A
中小企業診断士	B
証券アナリスト	A
公認会計士	A
都庁など専門記述	C
不動産鑑定士	C
外務専門職	C

直接問われるだけではなく，45度線分析やIS-LM分析の問題を解く前提として理解が必要となる論点です。

　「景気が良い，悪い」とか「経済が成長する」などの一国の経済（マクロ経済）は，多くの場合，GDPの大きさを基準として議論されます。一方，「GDPでは本当の幸せを測ることはできない！」という批判があるのも事実です。

　ですから，GDPがどのように計算され，どのような特徴を持ち，どのような問題点を持っているかを理解することはマクロ経済学においては非常に重要なのです。

1. 広義の国民所得
―1年間に国全体でどれだけ稼いだか―

Movie 028

試験対策

論文試験であれば，フローとストック，GDPとGNI（GNP），GDPの問題点を押さえておきましょう。択一試験では，GDP，GNI，NIの相互の関係の計算問題も出題されるので，これらの関係式を暗記する必要があります。

広い意味での国民所得とは，大ざっぱに言えば，「ある国の国民が1年間に得る所得の合計」です。ですから，国民所得が多い方が豊かだということができ，国民所得は，国民の豊かさをはかる指標として注目されます。

ところで，所得を得ることができるのはなぜでしょうか。それは，その分の価値を生み出したからです。たとえば，100万円の所得を得ることができるのは，100万円分の価値を生産したからに他なりません。ですから，これから説明する国内総生産（GDP），国民総生産（GNP）や国民総所得（GNI）も広い意味での国民所得と呼ばれるのです。

用語

広い意味での国民所得を「広義の国民所得」といいます。これに対して，狭い意味での国民所得（狭義の国民所得）は，後ほど説明する「国民所得（NI:National Income）」という特定の経済指標を意味します。

補足

生産と所得の関係を考えるときに「付加価値」という概念がキーとなりますが，「付加価値」については後ほど説明します。

2. 国内総生産
（GDP：Gross Domestic Product）

Movie 029

一国の経済活動の規模を表す指標としてもっとも有名なものがGDPです。

国内総生産（GDP）を正確に定義すれば，
① 一定期間に
② 国内で
③ 生産された
④ 固定資本減耗（減価償却）を差し引いていない（＝含んでいる）
⑤ 原則として市場価格で表示した
⑥ 付加価値の合計

と定義できます。①から⑥は，国内総生産を計算する上で重要な意味がありますので，順に説明していきましょう。

略語

GDPとは，Gross Domestic Product の略で，国内総生産と呼ばれます。Grossは「総」，Domestic は「国内」，Product は「生産」を意味します。

【1】「一定期間に」

通常は1年間です。「1年間にどれだけ生産したか」というのは，フローの概念であることを意味します。

○フローとストック

フローとは**一定期間における変化量**を意味します。

これに対する概念は，ストックという概念です。ストックとは，「貯める，蓄積」という意味です。**ストック**とは，**ある時点における存在量**を意味します。図表4－1の水道の例でいえば，水道から一定期間流れる水の量は，一定期間における変化量ですからフローです。これに対し，水がたまった量は，ある一時点での存在量ですから，ストックになります。

貯蓄の例で考えてみましょう。たとえば，今月1万円貯蓄したというのは，フローです（図表4－2）。なぜなら，今月はじめの貯蓄残高10万円に比べ，今月末で貯蓄残高が11万円と1万円増えている，つまり変化しているからです。

これに対し，今月はじめの貯蓄残高や今月末の貯蓄残高というのは，ストックの概念です。なぜなら，今月はじめとか今月末という時点での貯蓄の存在量を意味するからです。

このことから，一定期間の変化であるフローとは，ある期間の終わりの時点（期末といいます）のストックとその期間の始まりの時点（期首といいます）のストックとの差であることがわかります。

> **補 足**
> フローは，英語ではFLOWと書き「流れ」という意味です。フローチャート（流れ図）のフローです。

> **補 足**
> ストックとは英語でSTOCKと書き，「貯める，蓄積」という意味です。

図表4－1 ●フローとストック

図表4－2 ●貯蓄と貯蓄残高

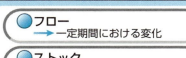

○ フロー
→ 一定期間における変化

○ ストック
→ ある時点での存在量（残高）

【2】「国内で」——Domesticの意味

文字通り，国内で生産されたものを計算します。日本人が生産したものであっても，日本国外で生産したならば計算に入れません。

【3】「生産された」——Productの意味

GDPは生産されたものを合計するので，生産によらない儲けはGDPには含みません。

① 株や土地などの資産価格の変化

バブル期には，**株や土地の値上がりで大儲けした人がたくさんいました。しかし，この儲け自体は，生産によるものではありませんのでGDPには計算されません**。

② 中古市場の取引

中古市場での取引も，過去の生産されたものの所有者が変わるだけであり，**新しく生産したわけではありませんので，GDPの計算には入れません**。

【4】「固定資本減耗を差し引いていない（含んでいる）」—— Grossの意味

GDPのGは，Grossで，「総」とか，「粗」という意味です。これは，あるものを差し引いていないということを意味します。

➕ 補 足 `:∴□:∴`

この点が後ほど説明するGNP（国民総生産），GNI（国民総所得）との違いとなります。

➕ 補 足 `:∴□:∴`

ただし，株や土地の値上がりで大儲けした人が，高級車や洋服などを消費すると，自動車メーカーや洋服メーカーはたくさん生産するようになりますので，その時点で，GDPは増加することになります。

➕ 補 足 `:∴□:∴`

株や土地の取引の仲介手数料は仲介サービスという付加価値を生産しているので，GDPの計算に加えます。

➕ 補 足 `:∴□:∴`

なお，中古市場の取引の仲介手数料は仲介サービスという付加価値を生産しているので，GDPの計算に加えます。

➕ 補 足 `:∴□:∴`

反対に，あるもの（不純物）を差し引いたものはNetで「純」という意味です。

たとえば

消費税込みで，105円のものは，消費税抜きの価格は，100円です。このとき，消費税込みをグロス価格105円，消費税抜き（消費税を差し引いてある）価格をネット価格100円ということができます。また，貿易などで，手数料込みの価格をグロス価格，手数料を差し引いた価格をネット価格などといいます。

さて，GDPは何を差し引いていないかというと，固定資本減耗を差し引いていないのです。固定資本とは，機械などのことをいいます。減耗とは，すり減ってしまうことをいいます。したがって，**固定資本減耗**とは，生産により，機械などがすり減って，**機械などの価値が減少すること**をいいます。

たとえば，100万円の機械で，1年間に50万円の価値を生産した結果，機械がすり減り5万円価値が減少し，95万円の価値しかなくなったとしましょう。この場合の，1年間での価値は，50万円生産していますが，機械の価値が5万円下がっていますので，豊かさという意味では，50万円－5万円＝45万円分しか豊かになっていないはずです。しかし，**GDPの計算ではこの機械の価値の減少，すなわち，固定資本減耗は差し引いていない**のです。

【5】「原則として市場価格で表示した」

GDPは市場で取引されるものの計算を行い，市場価格表示（生産された財の価値を市場価格で評価する）を原則とします。なぜなら，ものの価値は人によってさまざまですが，とりあえず，ある市場価格で売買されていれば，その価格の価値があると考えることに誰も反対しないからです。つまり，**市場価格には，客観性，納得性がある**のです。

したがって，原則として，市場で取引されないもの（公害や主婦の家事労働など）の価値は計算に入れません。

➕ 補 足

固定資本減耗は，会計学では減価償却とも呼ばれます。

➕ 補 足

ちなみに，GDPから，この固定資本減耗を差し引いたものを国内純生産（NDP）といいます。これについてはp.56で説明します。

➕ 補 足

公害は，国民の福祉（幸せの度合い，豊かさ）を低下させますが，通常，市場で取引されませんので，GDPには計算されません。しかし，国民の豊かさということから考えれば，公害の被害の分だけ豊かさが減って不幸せになっている（＝損失を被っている）のですから，差し引く必要があると考えられます。

➕ 補 足

主婦の家事労働は，家事サービスを生産しており家族を豊かにするものですが，市場で取引されませんので，GDPには計算されません。しかし，家政婦さんが家事を行うと，市場で取引されるので，GDPに計算します。

しかし，例外として市場価格がなくても GDPの計算に加えるものもあります。

例外1　帰属家賃

持ち家を持っている人は大家も借り主も自分ですから，わざわざ自分に家賃を支払ったりしません。しかし，月10万円の持ち家に住んでいる人は，毎月10万円の幸せがあります。この幸せをGDPに反映させるため，持ち家を持っている人は，借り主であるその人が，大家でもあるその人自身に家賃を支払ったと考えて，この仮の家賃をGDPの計算に加えます。このように，持ち家に住んでいる人が，あたかも自分で自分に家賃を支払っているかのように考えることを，帰属家賃といいます。

> **補足**
> 家は居住空間という価値を生産し続けていると考えるので，国内総生産に加えるのです。

例外2　農家の自家消費

農家が自分の田畑で作ったものを消費することを農家の自家消費といいます。この場合は，自分で作ったものを，わざわざ，自分自身に売って，お金をもらうなどということはしません。したがって，市場取引は行われません。

しかし，自分で作って食べる米や野菜も価値として生産されており，この価値の生産をGDPに反映させるため，農家の自家消費については，農家は自分の作ったものを自分に売ったと考えて，GDPの計算に加えます。

> **補足**
> 帰属家賃と農家の自家消費の場合には，似た物件の家賃や販売した農産物価格など似たような市場価格を参考に計算することができます。

例外3　公共サービス

警察，消防，行政などの公共サービスは，その費用は税金で負担され，価格は無料で，市場取引が行われないものがほとんどです。しかし，公共サービスも価値を生産し，国民の幸せに貢献しています。

この公共サービスは，国民生活に与える影響も大きく，GDPの計算に例外的に加えて計算します。

> **たとえば**
> 警察官のいない世の中を考えてみてください。夜は怖くて歩けなくなり，犯罪者を捕まえる人がいなくなるので，犯罪も激増し，国民は不幸になるでしょう。

Point!
公共サービスの場合，市場で取引されていないので市場価格がないだけではなく，似たような価格もありません。そこで，要素費用表示，つまり，公共サービスの提供にかかった費用で計算して，GDPに計算します。

【6】「付加価値の合計」

GDPは原則として市場価格表示の価値を足し合わせたものですが、売上げを合計するわけではありません。

日本経済が、トヨタ自動車、日本製鐵（旧新日鐵）、日本板硝子、ブリヂストンの4社しかなく、1年間に200万円のプリウス1台を生産したという単純な世界を考えてください（図表4-3）。各社の売上げを単純に足すと、20+10+10+200=240万円となります。しかし、この1年間には、200万円のプリウス1台しか生産していないのですから、国内総生産は、200万円のはずです。240万円と200万円の差は、どこから生じるのでしょうか。

それは、鉄（20万円）、ガラス（10万円）、タイヤ（10万円）の金額の合計です。これらは、自動車の原材料ですが、すでに原材料メーカーの売上げで計算されているのに、トヨタ自動車の売上げにも計算され、2回計算されてしまっているのです（二重計算）。

つまり、売上げを単純に合計してしまうと、中間生産物（原材料）は、二重計算されてしまうという問題が生じます。

そこで、付加価値というものを使います。付加価値で考えると、トヨタ自動車は、200万円のプリウスを作ったのですが、実は、40万円分の鉄・タイヤ・ガラスは、原材料メーカーが作ったものです。したがって、トヨタ自動車は、40万円の原材料を200万円のプリウスにしたのですから、200-40=160万円の価値を生産したことになります。

ですから、トヨタ自動車の生産した付加価値は160万円です。これに、原材料メーカーの生産した付加価値40万円を足すと、160+40=200万円となり、この経済がプリウス1台生産したという事実を表します。

補足 産出額、生産額ともいわれます。

補足 これは、経済大国日本が1年間にプリウス1台しか生産しないという非現実的な仮定ですが、話を単純にして、わかりやすくするためにご容赦ください。

図表4-3 ●売上げと付加価値

- 日本製鐵：鉄……20万円
- 日本板硝子：ガラス……10万円
- トヨタ自動車
- プリウス1台200万円で売れた！
- ブリヂストン：タイヤ……10万円

用語 タイヤや鉄などの原材料のように、生産したものが、何かの生産のために使われるものを中間生産物といい、自動車のように、生産したものがそのまま使われるものを最終生産物といいます。

用語 付加価値とは、その企業が生み出した（付け加えた）価値のことです。

Point!
GDPは、中間生産物（原材料）の二重計算を避けるため付加価値を合計して計算。

付加価値＝売上げ－原材料費

それでは，GDPの計算方法に関する問題を解いてみましょう。

【問題4－1】（過去トレ・マクロ p.16 問題1－1より）
次のうち，GDPに含まれるもののみをすべて挙げているのはどれか。

ア　製造業企業が支払った電力料金
イ　日本国内で労働する外国人労働者の賃金
ウ　値上がりした土地の売却益
エ　農家が自家消費した米の代金
オ　持家の家賃相当分

Movie 030

1　ア，イ
2　イ，ウ
3　イ，エ，オ
4　ウ，エ
5　エ，オ

（地方上級）

（解答・解説）

ア．△　製造業企業が支払った電力料金は中間生産物なので，製造業企業の付加価値にはなりません。ただし，電力料金は電力を生産した電力会社の付加価値になります。したがって，国内で生産された付加価値としてGDPに含まれるという解釈もできます。△としておきます。

イ．○　外国人であっても国内で生産した付加価値（賃金）はGDPに含まれます。

ウ．×　土地の値上がりによる利益は「生産」によるものではないのでGDPには含みません。

エ．○　農家の自家消費は市場価格がありませんが，GDPの計算に加える例外です。

オ．○　持家の家賃も市場価格はありませんが，帰属家賃として，例外的にGDPに加えます。

　ここで，アは△なので，アイエオとイエオの2つが正解の候補となり，アイエオはないので3の**イエオ**が正解となります。

正　解　3

3. 国民総生産
(GNP：Gross National Product)

Movie 031

　GDP（国内総生産）が日本国という場所に着目したのに対し，GNP（国民総生産）は，日本国民という人に着目します。つまり，**GNP（国民総生産）は日本国民が生産した付加価値を合計**するのです。なお，法律上，国民とは，その国の国籍を有する人を意味しますが，この国民経済計算では，1年以上居住する人を国民とします。

　これを，日本人タレントの北京コンサートで考えてみましょう。このコンサートが1億円の付加価値を生み出したとします。日本人タレントは1年以上日本に居住するので，日本国民となり，日本の**国民総生産（GNP）**に計算されます。しかし，日本国外の北京すなわち中国国内で生産されたものですから，中国の国内総生産（GDP）に計算され，日本の国内総生産（GDP）には計算されません。

　反対に，アメリカ人の劇団の日本公演の付加価値が2億円としましょう。アメリカ人劇団はアメリカに1年以上居住しているのでGNPの計算でアメリカ国民となるので，アメリカのGNPに計算され，日本のGNPには計算されません。しかし，日本国内で行われたので日本の**国内総生産（GDP）**には計算されます。

> **Point！**
> 日本の景気を見るには，日本国内でどれだけの生産があったかを知るのが重要であり，国内総生産（GDP）の方が適しています。ですから，かつては国民総生産（GNP）を使っていましたが，今では，国内総生産（GDP）の方を頻繁に使います。

> **Point！**
> 2000年よりGNP（国民総生産）の代わりにGNI（Gross National Income：国民総所得）という統計が使われるようになりました。GNIはGNPと細かな違いはあるのですが，数値自体は同じものです。

用語

　要素所得とは，労働や資本などの生産要素が受け取る所得です。ですから，「海外からの要素所得の受取」とは，日本国民が海外で生産要素として生産に貢献したので受け取る所得をいい，先ほどの例では，日本人タレントが北京コンサートで受け取る所得を指します。これに対し，「海外への要素所得の支払い」とは，外国人が日本国内で生産要素として生産に貢献したので，日本から海外に支払う所得をいい，先ほどの例では，アメリカ人劇団の日本公演で稼いだ所得を指します。

GNP（GNI） ＝ GDP ＋ 海外からの要素所得の受取 － 海外への要素所得の支払い
　　　　　　　　　　　　　　↑　　　　　　　　　　　　　↑
　　　　　　　　　　　日本人タレントの北京コンサート　アメリカ人劇団の日本公演

【問題4-2】

以下のうち，日本の国内総生産（GDP）に含まれるものはどれか。

Movie 032

A 米国資本の企業が日本国内で生産した付加価値
B 日本資本の企業が米国国内で生産した付加価値
C 日本資本の企業が米国国内で生産した利益のうち，日本国内に送金したもの
D 中国資本の企業が米国国内で生産した利益のうち，日本国内に送金したもの

（証券アナリスト類題）

（解答・解説）

　国内総生産（GDP）は「誰が生産したか」ではなく，国内という場所に着目するので，Aだけが日本国内で生産されたものであり，日本のGDPに含まれます。

正　解　A

4. NDPとNNI
―GDP，GNIから固定資本減耗を差し引くと―

Movie 033

　すでにお話ししたように，GDPは「④固定資本減耗（減価償却）を差し引いていない（含んでいる）」ものでした。ところが，たとえば，100万円の機械で，1年間に50万円の付加価値を生産した結果，機械がすり減り5万円価値が減少し，95万円の価値しかなくなったとしましょう。この場合の，1年間で生み出した価値は，50万円生産していますが，機械の価値が5万円下がっていますので，豊かさという意味では，50万円－5万円＝45万円分しか豊かになっていないはずです。

　そこで，この機械の価値の減少，すなわち，固定資本減耗をGDPから差し引いたものが国内純生産（NDP：Net Domestic Product）です。

　同様に，国民総所得（GNI）（＝ GNP）か

図表4-4　NDPとNNI

	国　民 （1年以上居住：National）	国　内 （Domestic）
固定資本減耗を引いていない（GROSS）	GNP（国民総生産） ⬇ GNI（国民総所得）へ	GDP （国内総生産）
固定資本減耗を引いた（NET）	NNP（国民純生産） ⬇ NNI（国民純所得）へ	NDP （国内純生産）

補　足

　豊かさをはかるという意味では，固定資本減耗を差し引いたNDPやNNIの方がよいのですが，通常は，NDPやNNIはあまり用いられず，GDPやGNPの方がよく使われます。なぜなら，固定資本減耗とは，機械などの価値の減少であり，これを正確に把握することが困難なので，正確なNDPやNNIを計算できないからなのです。

ら固定資本減耗を差し引いたものが国民純所得（NNI：Net National Income）（= NNI）です。

　国内純生産（NDP）≡国内総生産（GDP）
　　　　　　　　　　　　－固定資本減耗
　国民純所得（NNI）≡国民総所得（GNI）
　　　　　　　　　　　　－固定資本減耗

という関係になります。

> **テクニック** Technique
> GDP, GNI, GNP, NDP, NNI, NNPと出てきて混乱しそうです。これら6つは丸暗記ではなく、理解して、図表4-4のように整理して覚えましょう。

5. 国民所得
(NI：National Income)

Movie 034

　国民所得とは、広義では、GDP, NDP, GNI, NNI, GNP, NNPなどの総称として用いられます。しかし、狭い意味では、NI（National Income）を指します。ここでは、狭い意味の国民所得、NI（National Income）の説明を行います。

　GDPやGNPが付加価値（新たに生み出した（付け加えた）価値）の生産面に注目したのに対し、このNIは分配面に注目します。生産した付加価値は生産に貢献した人に分けられるはずですから、この国民に分配された所得を合計しようというわけです。

　それでは、国内総生産（GDP）からこの国民所得（NI）を計算する方法を説明します。

　まずは国内総生産（GDP）に海外からの所得の受取を加え海外への所得の支払いを差し引いて、国民総所得（GNI）を求めます。

　このGNIには資本の価値が減って損した分の固定資本減耗が含まれていますが、この分は分けられませんので差し引きます。GNIから固定資本減耗を差し引くと国民純所得（NNI）となります。この国民純所得（NNI）にはお客さんから預かった消費税のような間接税が含まれており、この間接税は企業関係者で分けてはならず、税務署に納めなくては

> **補足**
> 国内で生産した付加価値は、労働者と資本家（株主）に分配されます。ですから、労働者への所得である雇用者報酬と企業（株主）の所得である営業余剰を合計すると国内所得（DI：Domestic Income）となります。これは付加価値の生産に貢献した生産要素（労働者と株主）への分配（支払い）に当たるので、「要素費用表示の国内所得」とも呼ばれます。この国内所得（DI）に海外からの要素取得の受取を足し、海外からの要素所得の支払いを差し引くと国民所得（NI）になります。

> **Point!**
> 国民所得（NI）は「国民」の「分け前」だという点を思い出してください。

> **用語**
> 間接税とは、税金を税務署に納める人（納税者といいます）と税金を負担する人（担税者といいます）が異なる税金をいいます。消費税は消費者の負担を予定していますが、税務署に支払うのはお店で異なります。

なりません。ですから，国民純所得（NNI）から間接税を差し引きます。

「これで国民の分け前がわかった！」かというとそうではありません。なぜなら，国から補助金をもらっていれば，その分は分け前が増えているからです。ですから，国民純所得（NNI）から間接税を差し引いたものに，補助金を足します。

結局，図表4－5のような関係となります。

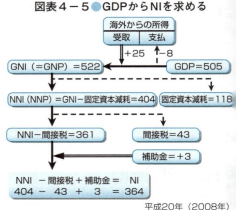

図表4－5 ● GDPからNIを求める

平成20年（2008年）
単位：兆円

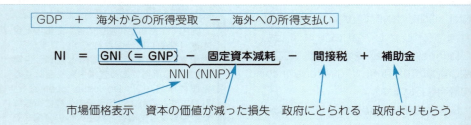

6. 国民所得の問題点
―真の豊かさをどう測るか？―

Movie 035

GDP，GNIなどの広義の国民所得は，市場で取引されないものは原則として計算しません。ですから，自然環境破壊や長時間労働などによって国民の幸せが減少しても，その分を差し引くということはありません。

私たちは，そのような問題点はあるものの，客観的に計算できるGDPやGNI（GNP）を使って経済の議論をするのです。

> **補足**
>
> トービンとノードハウスのMEW（Measure of Economic Welfare：国民福祉指標）や日本の国民純福祉などの指標が開発されました。しかし，これらの指標は，環境破壊，通勤時間，家事労働，余暇時間などを金額に換算しますが，前提条件のおき方によって金額が大きく変わってしまい客観的ではありませんので，あまり用いられてはいません。

7. 物価の計算方法

Movie 036

物価とは,「個々の財の価格の平均値」です。しかし,単純に平均するのではなく,経済に占める割合の大きい財の価格は大きく反映され,経済に占める割合の小さい財の価格は少ししか反映されないように重要性を考えて平均します。

では,図表4-6を使って,その平均の仕方を説明しましょう。時間の経過とともに,自動車産業は数量,価格ともに2倍ですが,りんご産業は価格,数量ともに不変です。その結果,2000年では,GDP300万円のうち200万円と66％はりんご産業が占めますが,2010年にはGDP600万円のうち400万円と66％は自動車産業が占めています。つまり,産業の主役がりんご産業から自動車産業に変わったのです。

> **用語**
> 物価は,具体的に1万5,000円というような数字は示さずに,ある基準の年の物価を100として,その基準に対し199と表示します。このような表示方法を指数といいます。ですから,物価は,物価指数と呼ばれます。

> **用語**
> このように重みを加えて平均することを加重平均といいます。

図表4-6 ● 物価の計算

	2000年(基準年)	2010年(比較年)	比較(10年を00年と比較)
自動車産業	1台 100万円/台	2台 200万円/台	数量2倍 価格2倍
＋ りんご産業	200箱 1万円/箱	200箱 1万円/箱	数量不変 価格不変
＝ 国内総生産(GDP)	1台×100万円 ＋200箱×1万円 ＝300万円	2台×200万円 ＋200箱×1万円 ＝600万円	数量 自動車2倍, りんご不変 価格 自動車2倍, りんご不変

さて，物価の計算方法にはラスパイレス指数（Pr）とパーシェ指数（Pp）の2つがあるのですが，まずは，ラスパイレス指数から説明しましょう。**ラスパイレス指数（方式）**とは「**基準年（古い年）の数量を基準として物価を計算する方法**」です。つまり，基準年である2000年の数量（自動車1台，りんご200箱）を2000年の価格で買うときに比べて，2010年の価格で買うと何倍の金額となるかということです。

次に，パーシェ指数について説明しましょう。**パーシェ指数（方式）**とは「**比較年（新しい年）の数量を基準として物価を計算する方法**」です。つまり，比較年である2010年の数量（自動車2台，りんご200箱）を2000年の価格で買うときに比べて，2010年の価格で買うと何倍の金額となるかということです。

図表4－6のケースは，基準年の2000年を100とすると，ラスパイレス指数では133で33％物価が上昇したことになりますが，パーシェ指数では150と50％も物価が上昇したことになります。これは，ラスパイレス指数では自動車の生産量は1台ですが，パーシェ指数では自動車の生産量は2台と2倍になっているため，パーシェ指数の方が自動車の価格が2倍になった影響を大きく計算しているためです。このように計算方法の違いによって，物価の変化率が変わってしまうということに注意する必要があります。

➕ 補 足

ラスパイレス，パーシェは指数を考案した学者の名前です。

たとえば

図表4－6の例では，数量は基準年（古い年）ですから2000年の数量（自動車1台，りんご200箱）です。その数量を2000年の価格（自動車100万円，りんご1箱1万円）で買うと，1台×100万円＋200箱×1万円＝300万円必要です。ところが，同じ数量を2010年の価格（自動車200万円，りんご1箱1万円）で買うと，1台×200万円＋200箱×1万円＝400万円必要です。つまり，同じ数量のモノを買うのに2000年であれば300万円あればよかったのに2010年は400万円と1.33倍になったのです。この場合，「ラスパイレス指数では，2000年に比べ2010年の物価水準は133と33％上昇した」といいます。

たとえば

図表4－6の例では，数量は比較年（新しい年）ですから2010年の数量（自動車2台，りんご200箱）です。その数量を2000年の価格（自動車100万円，りんご1箱1万円）で買うと，2台×100万円＋200箱×1万円＝400万円必要です。ところが，同じ数量を2010年の価格（自動車200万円，りんご1万円）で買うと，2台×200万円＋200箱×1万円＝600万円必要です。つまり，同じ数量のモノを買うのに2000年であれば400万円あればよかったのに2010年は600万円と1.5倍になったのです。この場合，「パーシェ指数では，2000年に対して2010年の物価水準は150（1.5）と50％上昇した」といいます。

たとえば

消費者物価指数はラスパイレス指数ですが，次ページで説明する**GDPデフレータはパーシェ指数**です。

【問題 4-3】

X財, Y財のみを生産し消費する経済を考える。表は, 各時点における両財の価格と生産(消費)を示したものである。2000年を1とするとき, 2005年時点でのGDPデフレーターと消費者物価指数の組合せとして正しいのはどれか。

なお, 両財は家計によりすべて消費されるものとする。

Movie 037

	2000年	2005年
X財の価格	60,000	50,000
X財の生産(消費)数量	1,000	2,000
Y財の価格	2,000	4,000
Y財の生産(消費)数量	5,000	2,500

	GDPデフレーター	消費者物価指数
1.	0.88	0.8
2.	0.88	1
3.	1.04	1
4.	1.04	1.2
5.	1.12	0.8

(国家Ⅰ種)

(解答・解説)

Step 1 2000年を基準年(古い年), 2005年を比較年(新しい年)とします。また, 数量と価格の混乱を防ぐため, 数量には個, 価格には円という単位をつけることにします。

Step 2 GDPデフレータの計算

比較年(2005年)の価格 ／ 基準年(2000年)の価格, 比較年(新しい年, 2005年)の数量

$$\text{GDPデフレータ}(=\text{パーシェ指数}) = \frac{50{,}000\text{円} \times 2{,}000\text{個} + 4{,}000\text{円} \times 2{,}500\text{個}}{60{,}000\text{円} \times 2{,}000\text{個} + 2{,}000\text{円} \times 2{,}500\text{個}}$$

$$= \frac{50{,}000\text{円} \times 2{,}000\text{個} + 4{,}000\text{円} \times 2{,}500\text{個}}{60{,}000\text{円} \times 2{,}000\text{個} + 2{,}000\text{円} \times 2{,}500\text{個}} = \frac{100{,}000\text{円} + 10{,}000\text{円}}{120{,}000\text{円} + 5{,}000\text{円}}$$

$$= \frac{110{,}000\text{円}}{125{,}000\text{円}} = \frac{110}{125} = \frac{22}{25} = \frac{22 \times 4}{25 \times 4} = \frac{88}{100} = 0.88$$

分子, 分母に4をかける

Step 3 消費者物価指数の計算

比較年(2005年)の価格 ／ 基準年(2000年)の価格, 基準年(古い年, 2000年)の数量

$$\text{消費者物価指数}(=\text{ラスパイレス指数}) = \frac{50{,}000\text{円} \times 1{,}000\text{個} + 4{,}000\text{円} \times 5{,}000\text{個}}{60{,}000\text{円} \times 1{,}000\text{個} + 2{,}000\text{円} \times 5{,}000\text{個}}$$

$$= \frac{50{,}000\text{円} \times 1{,}000\text{個} + 4{,}000\text{円} \times 5{,}000\text{個}}{60{,}000\text{円} \times 1{,}000\text{個} + 2{,}000\text{円} \times 5{,}000\text{個}} = \frac{50{,}000\text{円} + 20{,}000\text{円}}{60{,}000\text{円} + 10{,}000\text{円}} = \frac{70{,}000\text{円}}{70{,}000\text{円}} = 1$$

Step 4 GDPデフレーター=0.88, 消費者物価指数=1 より
正しい選択肢は2。

正解 2

8. 名目と実質

Movie 038

図表4－6よりも単純な図表4－7を考えましょう。図表4－7では，2000年と2010年の自動車とリンゴの生産量は自動車1台，りんご1箱と同じです。

しかし，金額を単純に足し合わせたGDPは，101万円から201万円と1.99倍（約2倍）になっています。

しかし，生産量は，自動車1台とリンゴ1箱と何も変わらず，豊かさは変わっていないはずです。これは，数量は変わらなくも，物価が1.99と2倍近くになったことによります。これでは，GDPを豊かさや価値の生産量の指標とすることはできません。

そこで，GDPを物価の変化による影響を取り除いて，数量で把握する実質GDPを用いることで，本当に生産した価値を計ることができます。

補足

基準年の数量と比較年の数量が同じなので，基準年の数量で計算したラスパイレス指数と比較年の数量で計算したパーシェ指数は同じとなります。どちらも，

$$\frac{1台 \times 200万円 + 1箱 \times 1万円}{1台 \times 100万円 + 1箱 \times 1万円} \times 100$$

＝201万円101万円×100＝199

と物価は1.99倍上昇したことがわかります。

用語

金額を単純に足し合わせたGDPを名目GDPといいます。

図表4－7 ● 名目と実質

	2000年	2010年	比較（2000年を2010年と比較）
自動車産業	1台100万円	1台200万円	数量不変 価格2倍
＋ リンゴ産業	1箱(100個)1万円	1箱(100個)1万円	数量不変 価格不変
＝ 国内総生産（GDP）	1×100万円＋1×1万円＝101万円	1×200万円＋1×1万円＝201万円	自動車，リンゴの数量は不変 GDPは約2倍？

1.99倍

図表４－７の例では，2010年の名目GDPは201万円ですが，物価が1.99倍となっていますので，実質GDPは201万円÷1.99＝101万円となり，2000年と同じとなります。これは，生産量が変わっていないことを正確に表しています。

もっとわかりやすい例でいえば，昨年に比べ，数量（生産量）は変わらないけれど，すべての価格が２倍になるケースを考えてください。すべての価格が２倍になっていますから，物価も２倍です。名目GDPも２倍になっています。実質GDPは，名目GDP２倍÷物価２倍＝１となり，数量は変わらないという事実を正確に表しています。

ですから，通常，GDPやGNPが前年よりプラスで増加したとか，減少したという場合には，実質GDPや実質GNPで比較して考えています。

GDPの計算の際の物価指数をGDPデフレータと呼んでいます。

実質＝名目／物価　という関係になります。

私たちにとっては，表面的な金額ではなく，財を何個分生産するか，所得を得られるのか，消費をするのかの方が重要なのです。これは，月給が１億円であっても，物価が上昇し電車の初乗り料金が１億円だったら，初乗り料金分の給料しかもらっていないので，生活は極めて苦しく，実質的な月給はきわめて低いということです。

ワンポイントアドバイス

「実質○○」とは「モノ何個分の○○」と考えるとわかりやすくなります。

MEMO

Chapter 5
三面等価の原則
―経済統計から何がわかる？―

Point

1 生産面の国民所得，分配面の国民所得，支出面の国民所得は，統計上は常に等しい（三面等価の原則）。

2 三面等価の原則は常に成り立つ統計上の原則であり，現実経済の需要と供給が等しいかどうかということとは関係ない。

3 純輸出＝国内貯蓄超過＋財政収支
$EX - IM = (S - I) + (T - G)$

Movie 039

難易度　A

出題可能性

国家一般職（旧Ⅱ種）	C
国税専門官	C
地方上級・市役所・特別区	C
国家総合職（旧Ⅰ種）	C
中小企業診断士	C
証券アナリスト	B
公認会計士	A
都庁など専門記述	B
不動産鑑定士	C
外務専門職	B

　　三面等価の原則は統計上の操作を行うことによって常に成立する統計上の原則にすぎません。しかし，この原則より，現実経済の需要と供給も等しいと勘ちがいする人が多いので気をつけましょう。

1. 三面等価の原則
—生産した分だけ注文があり，そして所得となる—

Movie 040

【1】三面等価の原則を一言でいうと…

日本の国内総生産（GDP）は約500兆円です【生産面の国民所得】。その約500兆円は誰かの所得として分けられるので，国内の所得の合計【分配面の国民所得】と同じになります。また，なぜ約500兆円もの付加価値を生産したかというと，お客さんの注文があったからです【支出面の国民所得】。

「500兆円生産したからといって，お客さんの注文もちょうど500兆円とはかぎらないのではないか」という疑問がでてきそうです。これは重要ポイントなので，後ほど詳しく説明します。

【2】生産面の国民所得

生産面の国民所得は1年間に生産された付加価値の総計である**国内総生産（GDP）**です。

【3】分配面の国民所得

生産された付加価値は，生産に貢献した生産要素を提供した人に分配されます。**分配面の国民所得**とは，この**分配された所得を足し合わせたもの**になります。

具体的には，生産された付加価値は，労働を提供した労働者と資本を提供した資本家に分配されます。この分配面からの指標が，NI（狭義の国民所得）です。しかし，生産面の国民所得（GDP）と分配面の国民所得を等しくするには，NIのままではなく若干の調整が必要です。

補足

GNI＝GDP＋海外からの所得受取－海外への所得支払い　ですから，
GDP＝GNI－海外からの所得受取＋海外への所得支払い……①となります。また，
NI＝GNI－固定資本減耗－間接税＋補助金ですから，
GNI＝NI＋固定資本減耗＋間接税－補助金……②となり，これを①のGNIに入れると，
GDP＝NI＋固定資本減耗＋間接税－補助金－海外からの所得受取＋海外への所得支払い　となります。
　　　　　　　　　　　↑
　　　　　　　　NIを調整した部分です

GDP ＝ NI＋固定資本減耗＋間接税－補助金－海外からの所得受取＋海外への所得支払い
↑
生産面の国民所得　　　　　　　　分配面の国民所得

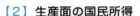

【4】 支出面の国民所得

支出面の国民所得とは，国内で支出した金額の合計ではなく，**国内で生産した付加価値への支出を合計**した指標で，国内総支出ともいわれます。国内で生産した付加価値への支出の合計である国内総支出には，まず，民間消費，民間投資，政府支出があります。

国内総支出＝民間消費＋民間投資＋政府支出

これら民間消費，民間投資，政府支出のうち，外国製品を買う（輸入する）場合には，国内で生産する価値への支出にはなりませんので，差し引く必要があります。また，外国人がその国内で生産する価値への支出をする場合は足す必要があります。

そこで，海外も考えると，

国内総支出＝民間消費＋民間投資
　　　　　　＋政府支出＋輸出－輸入

現実には，国内で生産する価値への支出はこれだけのはずです。ですから，国内総生産より，国内総支出が小さい場合，生産した分より支出が少ないので，ものが売れ残り，倉庫に売れ残り品が増えます。ところが，**統計上は，この売れ残った分は，その作った企業が支出したと考え，在庫品増加という項目にして国内総支出に加える**のです。

国内総支出＝民間消費＋民間投資
　　　　　　＋政府支出＋輸出－輸入＋在庫品増加

このように考えれば，統計上は，支出面の国民所得（国内総支出）と生産面の国民所得（国内総生産）とは常に等しくなります。

▶▶ 徹底解説 ◀◀

なぜなら，国内で生産した国内総生産（GDP）と等しくなるのは，その生産したものへの支出の合計だからです。たとえば，ある国の国内の支出が100兆円であっても，外国製品ばかり買っていてはその国の企業への注文は0円となり，その国の経済活動は活発にはなりません。

略　語

国内総支出は英語でGross Domestic ExpenditureなのでGDEと略されることもあります。

✚　補　足

輸出という形で統計に表れます。

━ たとえば

国内総生産（＝生産面の国民所得）が500兆円のとき，生産した価値への支出（需要）が490兆円しかなかったとしましょう。このとき10兆円だけ売れ残りが出るのですが，統計上は，その10兆円は生産した企業が支出したとみなし，国内総支出に加えます。その結果，国内総支出（支出面の国民所得）は490＋10＝500となり，国内総生産（生産面の国民所得）と常に等しくなるのです。

👆 Point!

しかし，これは，統計上は，売れ残った分は作った企業が支出して買ったことにしてしまうので，等しくなるというだけで，現実の生産量と需要量（支出額）が等しく売れ残りがないということではありません。

【5】三面等価の原則

このようにして，**統計上は，生産面の国民所得（国内総生産），分配面の国民所得，支出面の国民所得（国内総支出）は常に等しくなります**。これが，**三面等価の原則**です。

それでは，現実の日本経済のデータを使って三面等価の原則を確認しておきましょう（図表5−1）。

なお，図表5−1の国内総生産（支出面）は国内総支出のことなのですが国内総生産（支出面）を見ると，民間最終消費支出，政府最終消費支出，国内総固定資本形成など新しい用語がでてきています。

> **用語**
> 統計とは国の会計なので「会計上は」といわれることもあります。また，結果として出てきた売れ残りを在庫品増加として作った企業が支出したとするので，「事後的には」といわれることもあります。

> **用語**
> 民間最終消費支出は民間消費と同じです。次に，政府支出は，図表5−1では政府最終消費支出と政府投資に分けられ，民間投資と政府投資を合計したものを（国内）総固定資本形成と呼んでいます。これは，民間，政府を問わず，国内において将来に残る固定資本（工場の機械や道路など）をどれだけ生産したかということで，「総」は固定資本減耗，つまり，今年摩耗した分は差し引いていないということです。

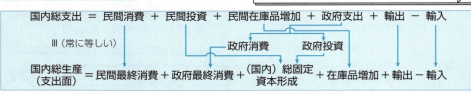

図表5−1 ● 日本のGDPの三面等価（平成28年）

国内総生産（支出面）	
民間最終消費支出	300
政府最終消費支出	106
総固定資本形成	127
在庫品増加	0
財貨・サービスの輸出	87
（控除）財貨・サービスの輸入	−82
国内総生産（支出面）	**538**

国内総生産（分配面*）	
雇用者報酬（国内）	268
営業余剰・混合所得（国内）	105
固定資本減耗	119
生産・輸入品に課される税	45
補助金（控除）	−3
統計上の不突合***	2
国内総生産（分配面*）	**538** **

国内総生産（生産面）	
農林水産業	6
鉱業	0
製造業	113
電気・ガス・水道・廃棄物処理業	14
建設業	3
卸売・小売業	7
運輸・郵便業	3
宿泊・飲食サービス業	1
情報通信業	3
金融・保険業	2
不動産業	6
〜	〜
公 務	3
教 育	2
保健衛生・社会事業	4
統計上の不突合**	3
国内総生産	**538**

生産面 ≡ 支出面 ≡ 分配面 となっている

*内閣府統計では生産面となっていますが，内容は雇用者や企業，企業以外の自営業者への所得の分配ですので，ここでは，分配面での国民所得と考えます。

**小数の関係で合計した536とちがい538となっています。

***生産面，支出面，分配面はそれぞれ計算の方法が違うので，実際には差が出てきてしまいます。この差を統計上の不突合といいます。

出所：内閣府「平成28年度国民経済計算」の数字を基に筆者作成

2. ISバランス論
―貿易黒字の原因は？―

Movie 041

三面等価の原則より，統計上は，生産面の国民所得，分配面の国民所得，支出面の国民所得は常に等しくなります。この三面等価の原則を活用して，純輸出（$EX-IM$）について考えるのがISバランス論です。

支出面の国民所得（GDE）＝消費（C）＋投資（I）＋政府支出（G）＋輸出（EX）－輸入（IM）です。ここでは，在庫品増加が消えていますが，投資（I）に含めています。支出面の国内総生産（国民所得）と国内総支出は同じ意味ですが，このときに在庫品増加の項目がなければ投資（I）に含めているというルールがあるので注意しましょう。

次に，分配面の国民所得という視点からは，国民所得（Y）＝消費（C）＋貯蓄（S）＋租税（T）と表すことができます。

そして，三面等価の原則より，

支出面の国民所得＝分配面での国民所得
　　　↓　　　　　　　↓
$C+I+G+EX-IM=C+S+T$となり，これを変形し，

$EX-IM=C+S+T-(C+I+G)$
　　　　$=S-I+T-G$　となり，

$EX-IM=(S-I)+(T-G)$
純輸出　国内貯蓄超過　財政収支

これは公式として覚えてしまいましょう。

が導かれます。

なお，この公式から，かつて日本の貿易黒字が大きかったのは，日本の国内貯蓄超過が大きかったからであり，アメリカの貿易赤字が大きいのは国内貯蓄超過がマイナスだったからだと説明できます。

> **用語**
> EX（輸出）から輸入（IM）を差し引いたものを純輸出といいます。経常収支，貿易収支といわれることもあります。

> **用語**
> 在庫品増加を投資に含める場合は，「意図せざる（在庫）投資」と呼ばれることがあります。

> **補足**
> 分配された国民所得を別の側面から捉えると，所得（Y）は一部を税金（T）として徴収され，税引き後の所得（可処分所得：$Y-T$）から消費を行い，残りが貯蓄（S）です。式で書けば，$S=Y-T-C$となります。これを変形し，$Y=C+S+T$つまり，消費した金額と残った貯蓄と払った税金を合計すれば元の所得となるというわけです。

> **用語**
> $EX-IM$は純輸出，$S-I$は国内の貯蓄（S）が投資（I）に対してどれだけ超過しているかを表し「国内貯蓄超過」と呼びますが，これがISバランス論の名前の由来です。T（租税）$-G$（政府支出）は租税（T）が政府の収入ですから$T-G$は財政収支を意味します。

> **補足**
> | $EX-IM$ | ＝ $(S-I)$ | ＋ $(T-G)$ |
> |---|---|---|
> | 日本　（＋） | （＋＋） | （－） |
> | アメリカ（－－） | （－） | （－） |

【問題5-1】(過去トレ・マクロ p.24 問題1-16より)
国民経済計算(SNA)を前提として,政府支出が105兆円,租税が80兆円,経常収支黒字が20兆円とする。このとき民間部門における投資と貯蓄の関係について,最も適当なのはどれか。

Movie 042

1　貯蓄が投資を45兆円上回る。
2　貯蓄が投資を5兆円上回る。
3　投資と貯蓄は等しい。
4　投資が貯蓄を5兆円上回る。
5　投資が貯蓄を45兆円上回る。

(裁判所職員)

戦略

三面等価の原則から導かれる次の公式を用います。

鉄則1-7(過去トレ・マクロ p.24より)　*IS*バランス式
輸出(EX)－輸入(IM)＝貯蓄(S)－投資(I)＋租税(T)－政府支出(G)
　経常収支(貿易収支)　　　　国内貯蓄超過　　　　　　財政収支

計算

問題文の値を**鉄則1-7**の式にあてはめると
経常収支(20) ＝ 貯蓄－投資 ＋ 租税(80) －政府支出(105)
　　貯蓄－投資 ＝ 20－80 ＋ 105 ＝ 45
貯蓄が投資より45多いので1が正解。

正解　1

Chapter 6
産業連関分析
―オリンピックの経済効果は？―

Point

1 各産業は中間生産物を通じて深く影響し合っており，その産業の相互関係を分析するのが産業連関表である。

2 産業連関表は，ヨコは売り先（産出），タテが何を使ったか（投入）を意味し，ヨコの合計（販売額）は縦の合計（生産額）と等しい。

3 1単位生産に必要な中間生産物を投入係数という。

Movie 043

難易度　C

出題可能性

国家一般職（旧Ⅱ種）	C
国税専門官	C
地方上級・市役所・特別区	C
国家総合職（旧Ⅰ種）	B
中小企業診断士	B
証券アナリスト	C
公認会計士	B
都庁など専門記述	C
不動産鑑定士	C
外務専門職	C

　産業連関分析とは産業間の波及効果も含めて経済効果を分析する方法です。計算方法が複雑なので慣れるのに時間がかかるかもしれませんが，計算問題では定番となっているので，がんばりましょう。

　なお，産業連関分析は他の章との関連性はうすいので，読んでも良くわからないという人は，とりあえずスキップして先に進んでも問題ありません。

1. 産業連関表
―産業の相互関係を分析―

Movie 044

産業連関表とは，一定期間に行われた中間生産物を含んだ財の産業間取引を一つの表にしたものです。産業連関表は投入産出表とも呼ばれます。図表6－1は2011年の日本の産業連関表です。この表は，GDPのように付加価値だけではなく，中間生産物についても考慮することによって，産業間の関係を把握します（詳しくは後ほど問題の解説で説明します）。

タテ方向は，その産業が何を使って（＝投入して）生産したということを表します。たとえば，製造業をタテに読むと，農林水産業から779百億円，同じ製造業から12,880百億円……と原材料などの中間生産物を購入し投入していることがわかります。

図表6－1 ●全国産業連関表（2011年）

タテは何を投入したか【投入】
ヨコは誰に販売したか【産出】

		農林水産業	製造業	建設業	電力・ガス	商業・運輸・郵便	サービス
中間投入	農 林 水 産 業	146	779	6	0	1	136
	製 造 業	264	12,880	1,443	227	1,013	2,869
	建 設 業	7	134	7	118	133	129
	電 力 ・ ガ ス	13	543	28	287	278	465
	商業・運輸・郵便	128	2,395	595	130	1,365	1,434
	サ ー ビ ス	32	1,817	549	312	1,345	2,127
	そ の 他	30	2,184	253	806	1,217	1,392
	計	620	20,734	2,880	1,880	5,352	8,552
粗付加価値	家計外消費支出	8	332	97	30	294	349
	雇 用 者 所 得	135	4,327	1,841	250	5,112	9,252
	営 業 余 剰	286	789	103	-239	1,727	1,389
	資本減耗引当	172	1,779	165	567	1,184	2,180
	間 接 税	52	1,049	195	114	548	671
	（控除）補助金	-70	-19	-30	-27	-28	-98
	計	584	8,257	2,371	696	8,837	13,743
国 内 生 産 額		1,204	28,990	5,251	2,575	14,189	22,296

⇒総務省「平成23年（2011年）産業関連表」により作成

ヨコ方向は，その産業の財を誰に販売したか（誰に需要されたか）を表します（産出）。たとえば，製造業をヨコに読むと，農林水産業に264百億円，同じ製造業に12,880百億円……と販売していることがわかります。

　では，試験問題のシンプルな産業連関表を使って産業連関表の仕組みを説明することにしましょう。

Chapter
6

産業連関分析

> 「複雑で大変そうだ〜」と思われるかもしれませんが，試験問題では，産業が2つだけのようにシンプルな表となりますので，あまり心配せず，読み進めてください。

(単位：百億円)

| その他 | 計 | 最終需要 | | | | 需要合計 | (控除)輸入 | 国内生産額 |
		消費	投資	輸出	計			
0	1,068	345	42	5	392	1,460	-256	1,204
663	19,359	5,706	3,163	5,444	14,468	33,827	-4,836	28,990
448	977	0	4,274	0	4,274	5,251	0	5,251
163	1,777	795	0	4	798	2,576	0	2,575
599	6,646	5,929	724	1,335	7,988	14,634	-445	14,189
1,845	8,027	14,142	219	188	14,549	22,576	-281	22,296
2,540	8,422	12,602	816	119	13,537	21,959	-2,497	19,462
6,259	46,277	39,519	9,236	7,094	56,006	102,283	-8,316	93,967
254	1,363							
3,926	24,842							
4,626	8,681							
3,923	9,971							
564	3,193							
-89	-360							
13,203	47,691							
19,462	93,967							

(注)「最終需要計」には「調整項」の額を含む。

【問題6-1】

次の表は，封鎖経済の下で，すべての国内産業がP, Q及びRの三つの産業部門に分割されているとした場合の産業連関表であるが，表中のア～カに該当する数字の組合せとして，妥当なのはどれか。

Movie 045

投入＼産出	中間需要 P産業	中間需要 Q産業	中間需要 R産業	最終需要	総産出額
中間投入 P産業	10	30	ア	100	190
中間投入 Q産業	20	80	60	イ	ウ
中間投入 R産業	40	90	90	170	390
付加価値	エ	110	190		
総投入額	オ	310	カ		

	ア	イ	ウ	エ	オ	カ
1	50	150	310	120	190	390
2	50	150	320	120	190	390
3	60	160	310	120	140	390
4	60	160	320	70	140	400
5	60	160	310	70	140	400

（特別区）

計算に必要な知識

付加価値　p.53
産業連関表　**鉄則1**

鉄則1　産業連関表の読み方

産業連関表は，
横に進むと産出（売り先）がわかり，
縦に進むと投入（何を使って生産したか）がわかる。

戦　略

鉄則1にそって計算します。

Step 1　横の計算
Step 2　縦の計算
Step 3　横の合計＝縦の合計
→ **Step 4**　計算

計　算

Step 1　横の計算（産出）

　P産業はP産業（同じ産業の他企業）に10，Q産業に30，R産業にア販売し，最終需要 つまり消費者に100売っており，それらを合計した総産出額は190という意味です。

→10＋30＋ア＋100＝190…①

　同様にしてQ産業の横を計算すると

→20＋80＋60＋イ＝ウ…②

　ちなみにR産業の横も

→40＋90＋90＋170＝390が成立しています。

産出 投入	中間需要			最終需要	総産出額
	P産業	Q産業	R産業		
中間投入 P産業	10 ＋	30 ＋	ア ＋	100 ＝	190
Q産業	20 ＋	80 ＋	60 ＋	イ ＝	ウ
R産業	40 ＋	90 ＋	90 ＋	170 ＝	390
付加価値	エ	110	190		
総投入額	オ	310	カ		

Chapter 6　産業連関分析

Step 2　縦の計算（投入）

　縦は何を投入したかを表しておりP産業の縦に注目すると，P産業はP産業（同業）から10原材料を買い投入し，Q産業からは20買い，R産業から40買い投入し，それらの原材料に付加価値エを加え総投入額はオとなります。

産出 投入	中間需要			最終需要	総産出額
	P産業	Q産業	R産業		
中間投入 P産業	10	30	ア	100	190
Q産業	20	80	60	イ	ウ
R産業	40	90	90	170	390
付加価値	エ	110	190		
総投入額	オ	310	カ		

→10＋20＋40＋エ＝オ…③

　Q産業も同様に縦を足すと，

30＋80＋90＋110＝310が成立しています。

　R産業の縦を足すと

ア＋60＋90＋190＝カ…④

Step 3　横の合計＝縦の合計

産出 投入	中間需要			最終需要	総産出額
	P産業	Q産業	R産業		
中間投入 P産業	10	30	ア	100	190
Q産業	20	80	60	イ	ウ
R産業	40	90	90	170	390
付加価値	エ	110	190		
総投入額	オ	310	カ		

総産出額

　縦の合計の総投入額は中間投入＋付加価値なので生産額（総産出額）を意味し，横軸の合計と同じになります。

　したがって，

オ＝190…⑤

310＝ウ…⑥

カ＝390…⑦

となります。

補　足

付加価値とは原材料などの中間投入額に付け加えた価値なので，付加価値＝総産出額（売上げ）－中間投入額（原材料費）となることを思い出してください（p.53）。

Step 4　計算

①より，ア＝190－10－30－100＝50

②，⑥より，イ＝ウ－20－80－60＝310－20－80－60＝150

③，⑤より，エ＝オ－10－20－40＝190－10－20－40＝120

④，⑦より，ア＝カ－60－90－190＝390－60－90－190＝50

正　解　1

【問題6-2】

表は、2つの産業から構成されている産業連関表を表している。今、第1部門の最終需要が10だけ増加したとき、経済全体の雇用量はどれだけ変化するか。次の1～5より、正しいものを選べ。

Movie 046

	第1部門	第2部門	最終需要	産出量
第1部門	75	30	45	150
第2部門	60	90	50	200
雇用量	60	105	ー	ー

1. 10
2. 20
3. 30
4. 40
5. 50

（国家Ⅰ種）

計算に必要な知識
産業連関表 →鉄則1, →鉄則2

戦 略

まず、**鉄則1**にしたがって表を読み、次に、**鉄則2**に沿って、変化量の方程式を立てて解きます。

では、まず、**鉄則1**にしたがって問題の産業連関表を読んでみましょう。

問題文より、経済には、2つの産業しかないので、第1部門の売り先は、同じ第1部門の会社、第2部門への会社、最終消費者の3つしかありません。第1部門、第2部門とは、産業ですから、たとえば、第1部門を農業、第2部門を工業のように考えるとイメージしやすいでしょう。

① 横に読む＝産出（売り先）

問題の表について、第1部門を横に読むと、第1部門、つまり、同じ部門のほかの会社に75売り、第2部門の会社に30売り、最終需要、これは企業に原材料として売ったのではなく、消費者に45だけ売ったことを意味します。なお、同じ部門の他の会社に売るとは、シャープが同じ家電メーカーである東芝に液晶部品を売るようなケースです。

ですから、産出量（生産量）は、それらの合計、つまり、75＋30＋45＝150となります。

同様に第2部門を横に読むと、第2部門は、第1部門へ60、第2部門へ90、消費者に50売っているので、合計60＋90＋50＝200売り、産出量（生産量）は200とわかります。

② 縦に読む＝投入（何を使ったか）

第1部門を縦に読むと、同じ第1部門から75だけ原材料を買って投入し、第2部門からは60だけ原材料を買って投入し、雇用量60より労働を60投入したことがわかります。

同様に、第2部門を縦に読むと、第1部門から30、第2部門から90だけ原材料を買って投入し、雇用量105より労働を105投入したことがわかります。

Point!
今度は同じ産業関連表の問題でも、先の問題6-1とは全く別のパターンの問題です。

この問題では，第1部門の最終需要が10だけ変化したときの雇用量の変化が問われています。すると，第1部門の最終需要が10増えれば当然第1部門の産出量（生産量）は10増え，第1部門の雇用量も増えます。

しかし，そこで話は終わりではありません。第1部門を縦にみると，第2部門から60だけ原材料を買っています。ということは，第1部門の最終需要増加→第1部門の産出量の増加→第1部門が第2部門から買う原材料も増加，となります。すると，今度は第2部門が第1部門への原材料の生産を増やしますので，第2部門の産出量も増加します。

第2部門を縦にみると，第1部門から30だけ原材料を買っていますから，第2部門の産出量の増加→第2部門が第1部門から買う原材料も増加→第1部門の第2部門への原材料の生産増加となり，第1部門の産出量はさらに増加します。すると，第1部門は第2部門からの原材料の購入を増やし，第2部門の産出量はさらに増加し……と続きます。

これを図で書くと図表6-2のようになります。

図表からわかることは，第1部門と第2部門の産出量は密接に関わり合っていて，非常にややこしいということです。このように相互に影響を及ぼし合う関係は，連立方程式を作り，それを解くことによって求めることができます。具体的には，以下の**鉄則2**のパターンで解きます。

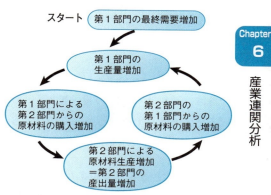

図表6-2 ●産業関連

では，具体的に問題を解きながら，**鉄則2**の説明をしましょう。

Step 1 投入係数を求める

まず，**産出量1単位あたりの投入量（投入係数**といいます）を求めます。

第1部門を縦に読むと，第1部門から75，第2部門から60だけ原材料を買って投入し，労働を60投入しています。そしてこれは，第1部門の横の1番右より産出量150のときの投入とわかります。ですから，図表6-3の第1部門の縦の雇用量の下に産出量150を書き込みます。

次に，産出量1単位あたりの投入量（投入係数）を求めます。第1部門は第1部門から75だけ原材料を買って投入していますが，これは，産出量が150のときですから，産出量1単位あたりの投入量は，投入量÷産出量 $=\dfrac{75}{150}=0.5$ とわかります。同様に産出量1

鉄則2　産業連関による産出量の変化の計算

産業連関表での各産業の産出量の変化は，
1　まず，産出量1単位あたりの投入量（投入係数）を求め，
2　次に，各産業の産出量の変化量の産業連関表を作成し，
3　各産業の横から産出量の合計の式をつくり，連立方程式を解く。

単位あたりで第1部門が第2部門から買って投入する原材料は$\frac{60}{150}=0.4$となり，産出量1単位あたりの雇用量（労働）は，$\frac{60}{150}=0.4$となります。

同じように，第2部門の1単位あたりの投入量は，それぞれの縦の投入量30，90，105を産出量200で割った$\frac{30}{200}=0.15$，$\frac{90}{200}=0.45$，$\frac{105}{200}=0.525$となります。

以上求めた産出量1単位あたりの投入量（投入係数）を表に書き込みます（図表6－3）。

Step 2　変化量だけの産業関連表の作成

次に，第1部門の産出量の変化をΔX_1，第2部門の産出量の変化をΔX_2としましょう。そして，表をすべて変化量だけで考えてみましょう（図表6－4）。

(1)　まず，産出量の変化量はΔX_1，ΔX_2です。

(2)　最終需要の変化量は問題文より，第1部門は＋10ですが，第2部門の最終需要の変化は書いていないので，変化はない，

つまり，変化量は0です。

(3)　次に第1部門の産出量はΔX_1だけ増えるので，原材料や雇用量などを増加させる量は，産出量1単位あたりの投入量（投入係数）に，産出量の増加分（ΔX_1）をかけたものになります。

Aは図表6－4より産出量1単位あたり0.5だけ投入するので，ΔX_1だけ産出量が変化したときの投入量の変化は$0.5\Delta X_1$です。

Bは図表6－4より産出量1単位あたり0.4だけ投入するので，ΔX_1だけ産出量が変化したときの投入量の変化は$0.4\Delta X_1$です。

Cは図表6－4より産出量1単位あたり0.4だけ投入するので，ΔX_1だけ産出量が変化したときの投入量の変化は$0.4\Delta X_1$となります。

(4)　今度は第2部門の縦（投入）を考えます。第2部門の産出量の変化はΔX_2ですから，図表6－4より第2部門の産出量1単位あたりの投入量にΔX_2をかけたものが投入量の変化となります。したがって，$D=0.15\Delta X_2$

図表6－3 ● 投入係数表

第1部門の最終需要が10増加したことがはじまり

	第1部門		第2部門		最終需要	産出量
第1部門	$\left(\frac{75}{150}=0.5\right)$	75	$\left(\frac{30}{200}=0.15\right)$	30	+10　45	150
第2部門	$\left(\frac{60}{150}=0.4\right)$	60	$\left(\frac{90}{200}=0.45\right)$	90	50	200
雇用量	$\left(\frac{60}{150}=0.4\right)$	60	$\left(\frac{105}{200}=0.525\right)$	105		
産出量	150		200			

$E = 0.45 \triangle X_2$

$F = 0.525 \triangle X_2$

となります。

以上で，変化量だけの産業連関表（図表6－4）が完成しました。

Step 3 横の関係から方程式を作る

変化量だけの産業連関表（図表6－4）の横（産出量，売り先）に注目しましょう。

まず，第1部門の販売（売り先）をみると，第1部門（同業他社）への（原材料の）販売量は$0.5 \triangle X_1$増え，第2部門への原材料の販売量は$0.15 \triangle X_2$増え，消費者への販売（最終需要）は10増えているので，販売量は合計で$0.5 \triangle X_1 + 0.15 \triangle X_2 + 10$だけ増えています。これが産出量の変化$\triangle X_1$と等しいはずですから，$0.5 \triangle X_1 + 0.15 \triangle X_2 + 10 = \triangle X_1$となります。

小数があると計算が面倒なので100倍すると，

$50 \triangle X_1 + 15 \triangle X_2 + 1000 = 100 \triangle X_1 \cdots\cdots$①

となります。

次に，図表6－4より，第2部門の横（産出量，売り先）に注目しましょう。これも，第1部門同様に考え，第1部門への販売は$0.4 \triangle X_1$増え，第2部門への販売は$0.45 \triangle X_2$増え，消費者への販売の増加はありませんので，販売量は合計で，$0.4 \triangle X_1 + 0.45 \triangle X_2 + 0$となり，これが産出量の増加$\triangle X_2$と等しくなるので，$0.4 \triangle X_1 + 0.45 \triangle X_2 + 0 = \triangle X_2$となります。

これも小数があると計算が面倒なので100倍すると，

$40 \triangle X_1 + 45 \triangle X_2 + 0 = 100 \triangle X_2 \cdots\cdots$②

となります。

Step 4 連立方程式による産出量の増加量の計算

そして，①，②の連立方程式を解いて，$\triangle X_1$，$\triangle X_2$を求めます。

Step 5 雇用量の計算

次に，$\triangle X_1$，$\triangle X_2$が求まれば，雇用量は図表6－4より，$0.4 \triangle X_1$，$0.525 \triangle X_2$と求めることができます。

図表6－4 ●変化量の産業関連表

	第1部門	第2部門	最終需要	産出量
第1部門	A $0.5 \triangle X_1$	D $0.15 \triangle X_2$	+10	$\triangle X_1$
第2部門	B $0.4 \triangle X_1$	E $0.45 \triangle X_2$	0	$\triangle X_2$
雇用量	C $0.4 \triangle X_1$	F $0.525 \triangle X_2$		
産出量	$\triangle X_1$	$\triangle X_2$		

計 算

Step 1 Step 2 Step 3 Step 4 Step 5

②式より

$$40 \Delta X_1 = 100 \Delta X_2 - 45 \Delta X_2$$
$$= 55 \Delta X_2$$
$$\Delta X_2 = \boxed{\frac{40}{55} \Delta X_1} \quad \cdots\cdots ②'$$

これを①に代入すると

$$50 \Delta X_1 + 15 \times \left[\underline{\frac{40}{55} \Delta X_1} \right] + 1,000 =$$
$$100 \Delta X_1$$

$$\left[100 - 50 - 15 \times \frac{40}{55} \right] \Delta X_1 = 1,000$$

$$\frac{100 \times 55 - 50 \times 55 - 15 \times 40}{55} \Delta X_1 = 1,000$$

$$\frac{2,150}{55} \Delta X_1 = 1,000$$

よって,

$$\Delta X_1 = 1,000 \times \frac{55}{2,150} = \frac{1,100}{43}$$

②' より,

$$\Delta X_2 = \frac{40}{55} \Delta X_1 = \frac{40}{55} \times \frac{1,100}{43} = \frac{800}{43}$$

第1部門の雇用量は**図表6－4**より産出1
単位あたり0.4なので

$$雇用量の増加 = 0.4 \Delta X_1 = \boxed{0.4 \times \frac{1,100}{43}}$$

第2部門の雇用量は**図表6－4**より産出量
1単位あたり0.525なので,

$$雇用量の増加 = \boxed{0.525 \times \frac{800}{43}}$$

よって,
経済全体の雇用量の増加
＝第1部門の雇用量の増加
　＋第2部門の雇用量の増加

$$= \boxed{0.4 \times \frac{1,100}{43}} + \boxed{0.525 \times \frac{800}{43}}$$
$$= \frac{440}{43} + \frac{420}{43}$$
$$= \frac{440 + 420}{43}$$
$$= \frac{860}{43} = 20$$

正　解　2

2. 産業連関表の意義

Movie 047

　ある産業の最終需要が増加すると中間生産物の需要増加という形で他の産業へも波及効果があります。産業連関表を使うことによって【問題6-2】のように全産業の生産額の増加や雇用量の増加も計算することができるのです。

　実は，オリンピックやワールドカップが開催されたときの経済効果の予測も産業連関表を使って行われているのです。イベントが開催され皆がビールを飲むと，ビール会社だけではなく，缶メーカー，缶の素材であるアルミや鉄のメーカー，ビールの材料である小麦農家の生産額も増加します。これらの関係を，【問題6-2】と同じように連立方程式で表して，その解を解くことによって各産業の生産額の増加を計算し，経済全体への効果を予測するのです。

　なお，産業連関表は全国だけではなく，地方や都道府県のものもあります。空港が開港したときの県の経済への波及効果などの計算の際には，県の産業連関表が活用されます。

MEMO

Part 3

Movie 048

財市場

─GDPはどう決まる？─

　マクロ経済（一国経済全体）では，市場は，財市場，資産市場，労働市場，の3つがあります。これらの市場が，お互いに影響を与えながら，経済は，刻一刻と変わっていきます。

　これら3市場の同時検討が望ましいのですが，いきなり3市場を同時分析すると，複雑で大変です。そこで，第3部では，財市場の分析だけに集中します。

　そして，「45度線分析」という手法を使って，財市場の需要と供給が等しくなるように国民所得（GDP）が決まることを学び，需要が国民所得の大きさを決めるというケインズの有効需要の原理への理解を深めます。

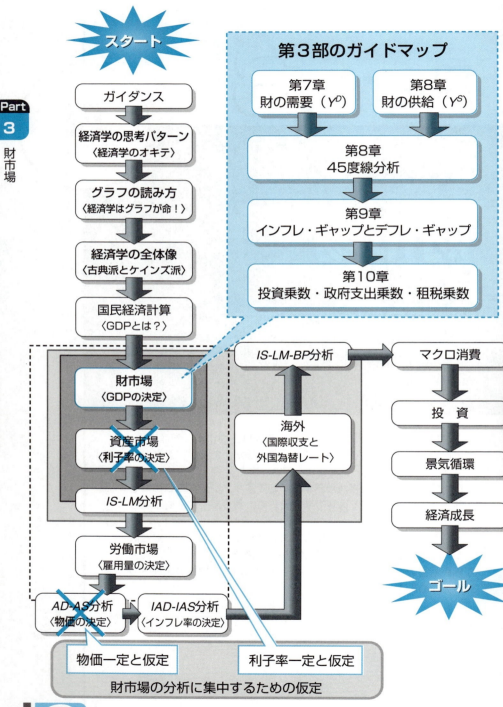

第3部の登場人物とストーリー

現実経済　財市場・資産市場・労働市場が密接に関わり複雑

　マクロ経済（一国経済全体）では，市場は，財市場，資産市場，労働市場，の3つがあります。これらの市場が，お互いに影響を与えながら，経済は，刻一刻と変わっていきます。ですから，本当は財市場・資産市場・労働市場の3市場を同時に検討することが望ましいのです。

> **用語**
>
> 　財市場とは，生産物市場とも呼び，財（モノやサービス）の市場，資産市場とは，資産の売買や貸し借りをする市場，労働市場とは，労働サービスを取り扱う市場です。

> **たとえば**
>
> 　資産市場で株価が下落すれば，株で損をした人が財を買わなくなります。財市場で財が売れなくなれば，企業はリストラを行い労働市場では失業が生じます。

舞台（分析対象）―仮定をおいて単純化し財市場に限定―

　ですが，いきなり3市場を同時分析すると，複雑で大変です。そこで，この部では，財市場の分析だけに集中します。

　財市場の分析に集中するために，資産市場で決まる利子率と労働市場との関係で決まる物価を一定と仮定します。もし，資産市場で決まる利子率や労働市場との関係で決まる物価が動いてしまうと，どうして動いたのかと資産市場や労働市場の分析が必要となってしまいます。そこで，資産市場で決まる利子率と労働市場との関係で決まる物価を一定で動かないと仮定することによって，資産市場と労働市場を分析しなくてもよいようにするのです。

> 　経済学では，ある市場を分析したくないときには，その市場で決まるものを一定で動かないと仮定します。第4部では資産市場だけに集中するために，財市場で決まる国民所得（GDP）と労働市場との関係で決まる物価は一定と仮定します。

登場人物（経済主体）

　財市場とは財の取引を行う市場です。財とは財貨（形が残るモノ）と形が残らないサービスの合計です。生産した価値なので，生産物と呼ばれることもあります。ですから，財市場は生産物市場とも呼ばれます。

　財市場では家計・企業・政府・海外の４つが登場します。

- 家計：消費と住宅投資という形で財を需要します。
- 企業：投資という形で財を需要するとともに，財の供給を行います。
- 政府：政府支出という形で財を需要します。
- 海外：輸出と輸入という形で財の需要に関係してきます。

> **用 語**
> 経済での登場人物は経済主体と呼ばれます。

> **用 語**
> 家計とは財の消費を行い，労働の供給を行う経済主体をいい，具体的には「家計簿」といわれるように，みなさんの家庭をイメージすればよいでしょう。

> **用 語**
> 企業とは，労働を需要し，その労働を使って財の生産・供給を行う経済主体をいいます。代表的な企業として会社をイメージするとよいでしょう。

> **用 語**
> 海外には，実は，海外の家計，海外の企業，海外の政府があるのですが，それでは面倒なのでひとまとめにして「海外」とします。

ストーリーの流れ（構成）

　「第7章　財の需要」では企業への注文には何があるか，そして，どのような要因で企業への注文は増えたり減ったりするのかを学びます。

　「第8章　45度線分析」では，財の供給について説明し，国民所得は財の需要と供給が等しくなる大きさに決まるという45度線分析を学びます。

　しかし，財の需要と供給が等しくなる国民所得（GDP）が望ましい経済状態とは限らず，国民所得（GDP）が少なく失業が発生したり，逆に需要が多すぎてインフレになってしまったりすることもあります。このような経済状態について「第9章　インフレ・ギャップとデフレ・ギャップ」では45度線分析を使って理解します。そして，「第10章　投資乗数・政府支出乗数・租税乗数」では，失業やインフレを解消し望ましい経済にするための経済政策の効果について考えます。

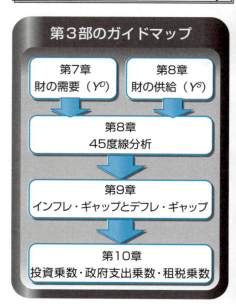

Chapter 7
財の需要
― 企業への注文にもいろいろある!? ―

Point

1 需要が国民所得（GDP）の大きさを決め，雇用量を決めるという有効需要の原理においては，需要量がどのように決まるかということが決定的に重要。

2 財の需要（Y^D）＝消費（C）＋投資（I）＋政府支出（G）＋輸出（EX）－輸入（IM）

3 ケインズは消費（C）は可処分所得（$Y-T$）によって決まるとした。$C=a+b(Y-T)$

Movie 049

難易度　A

出題可能性

国家一般職（旧Ⅱ種）	C
国税専門官	C
地方上級・市役所・特別区	C
国家総合職（旧Ⅰ種）	C
中小企業診断士	B
証券アナリスト	B
公認会計士	C
都庁など専門記述	C
不動産鑑定士	C
外務専門職	C

財の需要は，この後でてくる45度線分析，*IS-LM*分析，*AD-AS*分析，*IS-LM-BP*分析などほとんどの分析方法の基礎となるものなので，とても重要です。しっかりマスターしましょう。

直接問われることは少ないのですが，45度線分析や*IS-LM*分析の問題の中で出てきます。

1. 財の需要（Y^D）
―企業への注文はなにかあるか？―

Movie 050

【1】ケインズ派では，財の需要の大きさがとても重要

財の需要の大きさが国民所得（GDP）の大きさを決め，雇用量を決めるという有効需要の原理を支持するケインズ派にとっては，財の需要量がどのように決まるかということは決定的に重要です。

略　語

- Y^D 財の総需要（一国の財市場での需要量の合計）
- C （Consumption）消費
- I （Investment）投資
- G （Governmental Expenditure）政府支出
- EX （Export）輸出
- IM （Import）輸入

【2】財の需要には何がある？

財の需要とは，**その国で生産された価値への需要**です。この点が，貿易を考える際に非常に重要になってきます。

① 国内での注文

まず，個人や企業などの民間に注目すると，民間の消費（C）と民間の投資（I）があります。さらに政府が企業に注文を出すので加える必要があります。これが政府支出（G）です。したがって，国内だけを考えると，財の需要 $Y^D = C + I + G$ となります。

② 海外からの注文，海外への注文

国内の注文（$C + I + G$）以外にも，外国からの注文もあります。たとえば，日本で生産した自動車は外国人も注文を出します。これらは日本から外国への輸出（EX）になり，国内の注文（$C + I + G$）に加えます。

また，国内の注文「$C + I + G$」の中には，外国の財を買っている（輸入している）場合もあります。輸入は国内で生産した財への注文ではないので，国内の注文「$C + I + G$」から差し引くが必要があります。

このように，国内の注文「$C + I + G$」に輸出（EX）を足し，輸入（IM）を差し引くことによって，貿易も考慮した日本国内で生産した財の需要を求めることができます。

落とし穴

財の需要を，その国に住む人々が需要した量と勘違いする人が多いのですが，そうではなく，その国で生産された価値への需要です。この点が，輸出入をどう扱うかという問題につながります。

補　足

政府消費と政府投資があるのですが，通常，両方をまとめて政府支出といいます。

用　語

消費とは，民間の消費の合計です。政府による消費はこの後で説明する「政府支出（G）」に含まれ，ここでいう消費には含みません。

テクニック Technique

国民所得とは広義の国民所得なのでGDPです。ここでは，GDPという「生産」よりも国民所得の「所得」というイメージでとらえるとわかりやすくなります。

なお、**財の需要**（$Y^D = C + I + G + EX - IM$）は、外見上は第5章の三面等価の原則で出てきた「国内総支出」と似ていますが、**国内総支出のように、売れ残りによる在庫品増加を生産した企業が買ったのだというインチキをしません**。財の需要（Y^D）では売れ残りの在庫品は買い手がいないため需要には含まないので、売りたいという供給量の合計であるY^Sと、買いたいという量の合計であるY^Dは常に等しくなるとは限りません。

> 🕳 **落とし穴**
> 財の需要を国内総支出（支出面の国民所得）と同じだと思ってしまう人が多いのですが、売れ残りの扱いが違います!!

この第7章からは、統計上の話ではなく、現実経済を分析しますので、供給量と需要量が違うこともあり得るのです。三面等価の原則はあくまでも統計上の原則であることに注意しましょう！

財の需要（Y^D）＝ 消費（C）＋投資（I）＋政府支出（G）＋輸出（EX）－輸入（IM）

↑　　　　　　　　　　　　　　　　　　　　↑　　　　　　↑
国内で生産した　　　国内での支出（注文）　　国内で生産した　　国内での支出（$C+I+G$）のうち、外国で生産した財への注文
財への注文　　　　　　　　　　　　　　　　財への外国からの注文

それでは、次に、消費、投資、政府支出、輸出、輸入がどのように決まるのかを考えましょう。

2. 消費の理論
―ケインズ型消費関数―

Movie 051

【1】ケインズ型消費関数

「消費関数」とは、消費量と何かの数量の関係のことですが、ケインズは、消費量（C）は国民所得（GDP：Y）との間に関係があると考えました。個人で考えてみても、所得が増えれば通常、消費も増えるでしょうから、経済全体の消費も、経済全体の国民所得と関係があるだろうと考えたわけです。

> ➕ **補足**
> この（民間）消費は、現在の日本の総需要約500兆円のうち約300兆円とその6割を占めます。それだけでなく、第10章において、政府支出や租税政策の効果を知る上でも、消費の分析は重要なのです。

これを数式で表現すると，

〈ケインズ型消費関数〉
$C = a + bY$ （C：消費量，Y：国民所得，$a > 0$，$0 < b < 1$，a，b は定数）

こう書くと難しそうですから，具体例で考えてみましょう。

$C = a + bY$ の定数 a，b に具体的な数字を入れて考えましょう。（$a > 0$ なのでaを100，$0 < b < 1$ なのでbを0.7としましょう。すると，

$C = 100 + 0.7Y$

となります。これを**図表7-1**を使って考えます。まず，記号の説明ですが，ΔY や ΔC の「Δ」はデルタと読み，変化量を意味します。ですから，ΔY は国民所得（GDP：Y）の変化量，ΔC は消費量の変化量を意味します。国民所得は0，100，200 と100ずつ増やしていますので，ΔY（Yの増加量）は100です。

図表7-1では，$Y = 0$ のとき，$C = 100$ となっています。この消費量100は，**所得がゼロでも，消費しなくてはならない量**，すなわち，生きていくために必要不可欠な消費と考えることができますから，「**基礎消費**」と呼ばれます。$C = a + bY$ でいえば，a が基礎消費です。

図表7-1 ● $C = 100 + 0.7Y$ の表

0	100	無限大	+100	+70	0.7
100	170	1.70	+100	+70	0.7
200	240	1.20	+100	+70	0.7
300	310	1.03	+100	+70	0.7
400	380	0.95	+100	+70	0.7
500	450	0.90	+100	+70	0.7
600	520	0.87	+100	+70	0.7
700	590	0.84	+100	+70	0.7
800	660	0.83	+100	+70	0.7
900	730	0.81	+100	+70	0.7
1000	800	0.80	+100	+70	0.7

↑図表7-2の横軸　↑図表7-2の縦軸

図表7-2 ● $C = 100 + 0.7Y$ のグラフ

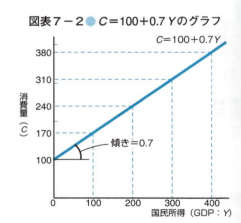

また，$Y=100$ だと $C=170$，$Y=200$ だと $C=240$，$Y=300$ だと $C=310$ と，Y が100増えるにつれて，C は70ずつ増えています（C の変化量 ΔC は $+70$）。ということは，Y が1増えると C は0.7 増えることを意味しており，これは，$C=100+0.7Y$ と，Y の前に0.7がついているからに他なりません。そして，この0.7は，$C=100+0.7Y$ をグラフにした図表7－2の傾きとなります。この0.7のように，**国民所得（Y）が1単位増加したときの消費の増加分を限界消費性向**といいます。$C=a+bY$ でいうと，b が限界消費性向に当たります。

【2】 平均消費性向

平均消費性向とは，国民所得総額（Y）に対する消費総額（C）の割合です。これは，図表7－1の左から第3列の $\frac{C}{Y}$ です。Y が小さいうちは，この平均消費性向（$\frac{C}{Y}$）は大きいのですが，Y が大きくなるにつれて，平均消費性向は小さくなってゆき，限界消費性向0.7に近づいていきます。図表7－1では $Y=1{,}000$ のとき，$\frac{C}{Y}=0.80$ までしか書かれていませんが，$Y=100$万のように大きくなると，$C=100+0.7\times100$万 $=700{,}100$ となり，

$$\frac{C}{Y}=\frac{700{,}100}{1{,}000{,}000}\fallingdotseq0.7$$

とほとんど0.7に近くなります。

【3】 税金による消費関数の修正

ここで，税金を考えることにより，消費関数は，$C=a+bY$ ではなく，$C=a+b(Y-T)$ となります。これは，所得 Y から税金に T だけとられて，残った（$Y-T$）が処分可能な所得であることを意味し，$Y-T$ を可処

---

73 数学入門 Mathematics

さて，ここでグラフの傾きについて第2章の復習をしておきましょう。傾きとは通常30度とか90度と表しますが，経済学では傾きを角度ではなく「横に $+1$ 進んだときに縦にどれだけ変化するか」という値で表すことが多くあります。たとえば，図表7－2では横に国民所得が100増えるごとに縦の消費量は70増えています。ということは，横に $+1$ 進んだときには縦の消費量は $+0.7$ 変化するとわかるので，傾きは $+0.7$ となります。

たとえば

こういうと，難しいのですが，要は，所得が $+1$ の時，$+1$ のうち0.7，つまり7割だけ消費に回すということです。

今後への影響

これから勉強する45度線分析，*IS-LM* 分析は，ケインズ型消費関数を前提としていますので，しっかり理解してください。

💀 落とし穴 ✖

平均消費性向と限界消費性向を取り違える人が多いので気をつけましょう。

平均消費性向	限界消費性向
国民所得総額（Y）に対する消費総額（C）の割合	国民所得（Y）が1単位増加したときの消費量の増加分
$\dfrac{C}{Y}$	$\dfrac{\Delta C}{\Delta Y}$

➕ 補 足

「$\fallingdotseq$」記号は，「$=$」のように「等しい」ではなく，「ほぼ等しい」という意味です。

略 語

d は disposal「処分が可能な」という意味です。

分所得（Yd）といいます。そして，消費は，可処分所得のうちbだけ行われるので，

$$C = a + b(Y-T)$$

となるのです。ここで，税金（T）は一定額T_0で一定と仮定します。

> **用語**
> このように，国民所得（Y）の大きさに関わらず一定額T_0と決まっている税金を**定額税**といいます。

定額税以外にも，国民所得Yに一定の比率で税金を徴収する税金もあり，数式では，

$$T = tY \text{（Tは税額, tは税率で$0<t<1$）}$$

と表現されます。

> **用語**
> このように国民所得Yに一定の比率で税金を徴収する税金を**比例税**といいます。

このような税額（租税）と国民所得との関係を租税関数といいます。ほかに，比例税と固定税の両方を併用する租税関数は，

$$T = \underset{\text{定額税部分}}{T_0} + \underset{\text{比例税部分}}{tY}$$

と表現されます。

> **補足**
> 現実の所得税は単純な比例税ではなく，累進課税と呼ばれるものです。比例税では一定である税率が，累進課税では，所得の増加に伴い税率tが増加します。ただし，数式化が難しいので試験には出ません。

〈ケインズ型消費関数〉　$C = a + b(Y-T)$

消費量　基礎消費（$a>0$）　限界消費性向（$0<b<1$）　可処分所得

【4】ケインズ型貯蓄関数

ところで貯蓄（S：Savings）とは，所得（Y）から消費（C）を引いた残りです。ですから，消費を$C = a + bY$とすれば，

貯蓄 $S = Y - C$
　　　$= Y - (a + bY)$
　　　$= -a + (1-b)Y$　……①

となり，ケインズ型貯蓄関数を求めることもできます。

ここで，$1 - b = s$とすると，①式は，

$$S = -a + sY \quad (s = 1 - b)$$

と貯蓄関数が求まります。これは，$-a$は$Y = 0$の時の貯蓄です。$Y = 0$のとき，$C = a$でしたから，$S = Y - C = 0 - a = -a$となり貯蓄はマイナスとなります。また，s（$= 1 - b$）は，限界貯蓄性向といわれます

> **グラフ化** graph
> $S = -a + (1-b)Y$より，横軸が国民所得（Y），縦軸が貯蓄（S）のグラフでは，縦軸切片が$-a$，傾きが$1-b$の右上がりの直線となります（図表7－3）。

図表7－3●ケインズ型貯蓄関数のグラフ

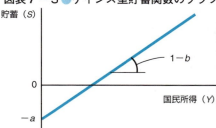

が，これは，Yが＋1のとき，どれだけ貯蓄に回るかを意味します。

> **補足**
> Yが＋1増えたとき，bだけ消費に回るのですから，貯蓄には1からbを引いた残りの1－bが回ることになります。

3. 投資
―とりあえず一定とする―

Movie 052

【1】株式投資は投資ではない！？

何が投資かという点は間違えやすいので，まず，投資とは何かから説明しましょう。

日常生活では，投資とは「将来の利益や満足を得るための支出」という意味なので，株式やその他の金融商品を購入する場合にも投資という言葉を用います。これは，現在株式を購入し，将来値上がりから利益を得ようとする行動ですから，「将来の利益を目的に現在金銭を支出すること」という通常の投資の意味にあてはまります。しかし，**経済学でいう投資は「人々が消費する財を生産・供給するための機械・建物などの設備やお店の在庫品を増加させること」という意味なので，株式などの金融資産の購入は，経済学では投資には当てはまりません**ので注意が必要です。

ここは間違えやすいので別の説明もしておきましょう。経済学の投資は，財の需要（Y^D），すなわち企業への注文となる投資です。たとえば，日立の株式を購入しても，それは日立という会社の生産する財への注文（Y^D）にはならないのです。これに対しトヨタが日立の機械設備を購入する場合は，日立への注文となり，日立の生産が増加するので，財の需要（Y^D）としての注文です。

【2】投資はとりあえず一定

ケインズは投資量は利子率によって変化すると考えますが，この部では利子率は一定と仮定するので，投資量は一定で変化しないとして分析を進めることになります。

> **落とし穴**
> 経済学では，株式など金融資産の購入は投資ではありません！ 経済学における，人々が消費する財を生産・供給するための機械・設備やお店の在庫品を増加させることという投資にあてはまるのは，設備投資・住宅投資・在庫投資と3つだけです。設備投資とは工場の機械やお店の設備などの購入，住宅投資は新たな住宅の購入，在庫投資とは，販売に備えてお店や工場が陳列棚や倉庫に備えておく商品の購入（商品在庫）や生産に備えて原材料を購入し倉庫に保管しておくこと（原材料在庫）などをいいます。
>
> 経済学での投資――設備投資
> 　　　　　　　　　――住宅投資
> 　　　　　　　　　――在庫投資

> **▶▶徹底解説◀◀**
> 利子率は，次の第4部で説明する資産市場で決定されます。今の時点では，財市場のみの分析に専念していますので，資産市場で決まる利子率は分析しません。ですから，利子率は一定と仮定していたことを思い出してください。

> **補足**
> このケインズの投資理論（投資の限界効率理論）については第14章で説明します。

4. 政府支出（G）
—とりあえず一定—

Movie 053

政府支出は政府が人為的に決定しますので，政府が一定量にコントロールしている，すなわち，一定と仮定します。

> **補足**
> 政府支出には，民間同様に政府消費と政府投資があります。しかし，いずれも，政府の政策により人為的にその大きさを決められるので，特に政府消費と政府投資を分けずに，まとめて政府支出として扱います。

5. 輸出と輸入

Movie 054

輸出とは，外国の人が自国の国内で生産した財を買ってくれることですが，この輸出量は，何で決まるのでしょうか。まず，外国人が買ってくれるのですから，外国（輸入国）の所得（Y^* とします）によって決まるでしょう。また，外国為替レートの影響も受けるでしょう。このように，現実の輸出量は，いろいろな要因により決定されます。

> **補足**
> 買うのは外国ですから輸出国の所得（Y）は輸出量には余り影響しないと考えます。

しかし，それでは，あまりにも複雑になってしまうので，この部で扱う45度線分析では，輸出量（EX）は一定と仮定します。

次に，輸入とは，その国の人が外国の財を買うことですが，この輸入量は，何で決まるのでしょうか。まず，その国の国民が買うのですから，その国の所得（Y）に左右されます。また，外国為替レートの影響も受けるでしょう。このように，現実の輸入量もいろいろな要因により決定されますが，それでは複雑となってしまうので，輸入量（IM）はその国の国民所得（Y）が増えるにつれて増加すると仮定します。

$$IM = mY \quad (0 < m < 1)$$

で m を限界輸入性向といいます。これは国民所得（Y）が1円増えたときに，そのうち m の割合で輸入するということです。

> **▶▶ 徹底解説 ◀◀**
> 輸出量を一定と仮定するとは，外国の国民所得（Y^*）や外国為替レートなどの要因は一定で動かないと仮定していることになります。こうすることで，私たちは，外国の国民所得（Y^*）や外国為替レートなどの要因を同時に考える必要がなくなり，国内の財市場の分析に専念できるのです。

> **たとえば**
> $m = 0.1$ とは，Y が $+1$ のとき，そのうち0.1の割合つまり1割を輸入に充てるということです。$0 < m < 1$ とは，通常は，国民所得（Y）が増えれば，それに伴い，輸入量（IM）も増加する，しかし，Y が $+1$ なのに，その全部を輸入に回すということもなく，通常は，Y の一部分を輸入に回すということです。

6. 財の需要のパターン

Movie 055

【1】政府と海外を考え，定額税の場合

すでにお話ししたように，政府と海外を考えた財の需要は，$Y^D = C + I + G + EX - IM$ です。ここで，$T = T_0$（一定，定額税），$I = I_0$（一定），$G = G_0$（一定），$EX = EX_0$（一定），$IM = mY$ とすると，

$$Y^D = \boxed{C} + I + G + EX - IM$$
$$= \boxed{a + b(Y - T)} + I_0 + G_0 + EX_0 - mY$$
$$= a + bY - bT_0 + I_0 + G_0 + EX_0 - mY$$
$$= bY - mY + a - bT_0 + I_0 + G_0 + EX_0$$
$$= \underbrace{(b - m)}_{傾き} Y + \underbrace{a - bT_0 + I_0 + G_0 + EX_0}_{縦軸切片}$$

となります。

グラフ化 graph

横軸に国民所得，縦軸に財の需要をとると，縦軸切片が $a - bT_0 + I_0 + G_0 + EX_0$，傾きが $b - m$ の直線となり，図表7−4のように描くことができます。

図表7−4 ● $Y^D = C + I + G + EX - IM$

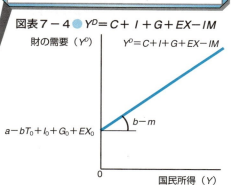

【2】政府は考えるが海外は考えない定額税の場合

海外を考えないので $EX - IM$ がなくなり，

$$Y^D = \boxed{C} + I + G$$
$$= \boxed{a + b(Y - T)} + I_0 + G_0$$
$$= a + bY - bT_0 + I_0 + G_0$$
$$= \underbrace{b}_{傾き} Y + \underbrace{a - bT_0 + I_0 + G_0}_{縦軸切片}$$

となります。これを図示すると図表7−5のようになり，$C = a + b(Y - T_0)$ のグラフに，一定である $I_0 + G_0$ だけグラフを平行に上にシフトさせたものとなります。

グラフ化 graph

横軸に国民所得，縦軸に財の需要をとると，縦軸切片が $a - bT_0 + I_0 + G_0$，傾きが b の直線となり，図表7−5のように描くことができます。

図表7−5 ● $Y^D = C + I + G$

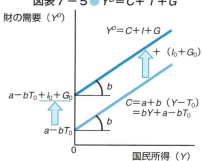

【3】政府も海外も考えない場合

海外を考えないので $EX - IM$ がなくなり，政府を考えないので，G も T もありません。

ですから,
$$Y^D = \boxed{C} + I$$
$$= \boxed{a + bY} + I_0$$
$$= a + bY + I_0$$
$$= \underset{\text{傾き}}{b}Y + \underset{\text{縦軸切片}}{a + I_0}$$

となります。

【問題7−1】

消費関数が $C=10+0.9Y$ であるとき,$Y=100$ のときの限界消費性向,基礎消費,平均消費性向のただしい組み合わせは次のうちどれか。

Movie 056

	限界消費性向	基礎消費	平均消費性向
1.	1	10	0.9
2.	1	100	0.9
3.	0.9	100	1
4.	0.9	10	1
5.	10	0.9	9

(市役所類題)

(解答・解説)

限界消費性向とは,Y が1単位増加したときの C の増加分であり,

$C=10+0.9Y$ の Y の前の0.9です。基礎消費とは $Y=0$ のときの消費(C)なので10です。

$$C = \underset{\text{基礎消費}}{10} + \underset{\text{限界消費性向}}{0.9}Y$$

$Y=100$ のとき,$C=10+0.9\times 100=100$ となるので,

平均消費性向 $= \dfrac{C}{Y} = \dfrac{100}{100} = 1$ となります。

正 解 4

それでは,次の第8章では,財の供給の説明をした後で,この章で学んだ財の需要と供給によってどのように国民所得の大きさが決まるのかを考えることとしましょう。

Chapter 8
45度線分析
―GDPはどう決まる？―

Point

1 財の供給（Y^S）＝国民所得（GDP: Y）

2 財の需要（Y^D）と供給が等しくなる水準に国民所得（GDP: Y）の大きさが決まる。

3 「需要の大きさが国民所得の大きさを決める」という有効需要の原理をサミュエルソンは45度線分析を用いて説明した。

Movie 057

難易度　A

出題可能性

国家一般職（旧Ⅱ種）　**B**
国税専門官　**B**
地方上級・市役所・特別区　**B**
国家総合職（旧Ⅰ種）　**C**
中小企業診断士　**A**
証券アナリスト　**A**
公認会計士　**C**
都庁など専門記述　**B**
不動産鑑定士　**C**
外務専門職　**B**

直接問われない場合でも，頻出の*IS-LM*分析の問題の中で出てきます。

第3章の経済学の全体像で説明したケインズの有効需要の原理を図でわかりやすく説明したのが45度線分析です。これは頻出の*IS-LM*分析の基礎となる考え方なのでしっかりとマスターしてください。

1. 現実経済①
―日常会話―

Movie 058

　好景気のときには，人々がたくさん財（＝モノやサービス）を消費し，財が売れるので企業は生産力を増やすために新たな機械を買います。すると，消費財や機械を生産する企業への注文は増加し，その企業は生産量を増やします。生産量を増やすには労働者が必要ですから企業の求人も多く，失業者は少なくなります。

　これに対し，不景気のときには，人々が消費を控えるので，財が売れず企業の生産設備は余ってしまうので機械を買う必要はありません。すると，消費財や機械を生産する企業への注文は減少し，その企業は生産量を減らします。生産量を減らすと労働者も不要となりリストラが行われ，失業者が多くなります。

2. 現実経済②
―マクロ経済での表現―

Movie 059

　好景気のときには，消費が増加し，それにともない投資も増加します。消費や投資が増加すれば財の需要が増加し，国民所得（GDP）が増加します。国民所得（GDP）の増加にともない労働需要（労働者を雇いたいという量）も増加し，失業者は減少します。

　これに対し，不景気のときには，消費が減少し，それにともない投資も減少するので，財の需要が減少し，国民所得（GDP）が減少します。国民所得（GDP）の減少にともない労働需要も減少し，失業者が増加します。

この章でのポイントです。

財の需要の大きさによって
国民所得の大きさも決まる
〈有効需要の原理〉

この「有効需要の原理」を説明するためにサミュエルソンが「45度線分析」を考案しました。

　この章では，まず，財の供給と国民所得（GDP）の関係を学び，次に，財の需要と供給が等しくなる水準に国民所得（GDP）が決まるという45度線分析について理解します。

3. 45度線分析

Movie 060

「45度線分析」はケインズの「有効需要の原理」を説明するためにサミュエルソンが考案したものです。

【1】財の供給（Y^S）

財の供給とは，**一国経済全体での財（財貨・サービス）の供給量の合計**です。この財の供給をY^Sとし，国民所得（GDP）をYとします。ここで，国民所得（GDP）が500兆円のとき，生産した500兆円が供給に回るはずですから総供給も500兆円です。**企業は供給するために生産するので，国民所得（GDP：Y）と総供給（Y^S）は常に等しくなります。**

> 財の供給（Y^S）＝国民所得（GDP：Y）

【2】財の需要（Y^D）—第7章の復習—

財の需要とは，その国で生産された価値への需要です。ここで，政府部門は考えるが海外は考えないケース，つまり，

財の需要（Y^D）＝消費（C）＋投資（I）
　　　　　　　　　＋政府支出（G）

となります。

ケインズ型消費関数$C = a + b(Y - T)$を前提とすると消費（C）は図表7－5では右上がりの直線となります。また，投資量はI_0で一定，政府支出もG_0とすると，**財の需要（Y^D）は，右上がりの消費線（C）に投資（I_0）と政府支出（G_0）の分だけ上にシフトした直線となります**（図表7－5）。

テクニック Technique

国民所得とは広義の国民所得なのでGDPです。ここでは，国民所得の「所得」よりもGDPという「生産」のイメージでとらえるとわかりやすくなります。

グラフ化 graph

ですから，横軸に国民所得（Y），縦軸に総供給（Y^S）をとると，図表8－1のような45度の直線になります。

図表8－1 ●財の供給（Y^S）

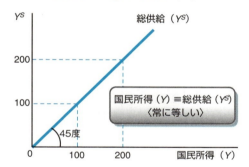

図表7－5（再掲）● $Y^D = C + I + G$

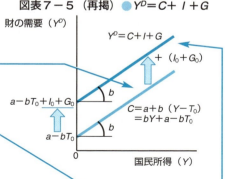

【3】国民所得（GDP：Y）の決定
〈45度線分析〉

横軸を国民所得（GDP：Y），縦軸を需要（Y^D）とした図表8－2に図表8－1の財の供給（Y^S）と図表7－5の財の需要のグラフを同時に書き込みます。そして，横軸の国民所得がY_Eのときに，縦軸の財の需要（Y^D）は直線Y^DよりECの高さです。このとき，縦軸の財の供給（Y^S）も45度の直線Y^SよりECとなり，財の需要（Y^D）と財の供給（Y^S）は等しくなります。このY_Eのように，需要（Y^D）と供給（Y^S）が等しくなる国民所得（GDP）を均衡国民所得（GDP）といいます。

> **用 語**
>
> 財市場の需要（Y^D）と供給（Y^S）が等しくなることを「均衡」といいます。

① **現実の国民所得がY_1と均衡国民所得Y_Eより大きい場合**

図表8－2で$Y=Y_1$のとき，$Y^S=Y_1$（Aの高さ），$Y^D=Y_2$（Bの高さ）となり，$Y^S=Y_1 > Y^D=Y_2$でABだけ超過供給になり，物が売れ残ります。今，物価一定を仮定しているので，超過供給は，解消せず，売れ残りが継続します。企業は，売れ残り（超過供給）をなくすため，生産量を削減し，国民所得（国内総生産：GDP）はY_1から減少し，$Y^S=Y^D$となり超過供給がなくなるY_Eまで減少します。

② **現実の国民所得がY_0で均衡国民所得Y_Eより小さい場合**

図表8－2で$Y=Y_0$のとき，$Y^S=Y_0$（Gの高さ），$Y^D=Y_3$（Fの高さ）となり，FGだけ超過需要となり，企業は増産すれば売れるので増産します。増産により，国民所得（国内総生産：GDP）は，Y_0から増加し，Y_Eへと向かいます。

図表8－2 ● 45度線分析による国民所得の決定

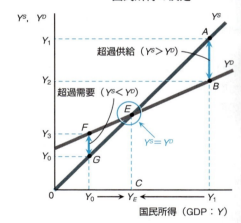

> **補 足**
>
> ケインズとケインズ派は不況を前提にしているので，機械や労働者は余っています。ですから，いつでも生産量の増加を行うことができるのです。

③ 均衡の安定性

このように，物価一定という仮定の下では，物価による調整機能は働かず，物価により自動的に超過需要，超過供給が解消することによって需要と供給が等しくなるということはありません。そこで，**超過需要や超過供給は企業の生産量の調整により，現実の需要量に合わせて，生産量（供給量）が調整される**ことになります。そして，**需要量＝供給量となる国民所得Y_Eに落ち着きます**。

> **用 語**
> このようにある国民所得Y_Eに落ち着くことを，「安定している」といいます。

④ 45度線分析で有効需要の原理を説明する

それでは，次に，45度線分析によって，どのようにケインズの有効需要の原理が説明できるかを図表8-3で確認しましょう。

財市場における総需要が増加し，総需要線Y^Dが$Y^D→Y^{D'}→Y^{D''}$と上方にシフトしたとします。すると，国民所得（GDP：Y）は，総需要（Y^D）と，総供給（Y^S）の等しくなる交点に決まりますから，$Y_0→Y_1→Y_2$と増加します。つまり，需要量が増えれば，国民所得（GDP：Y）も増えます。

また，反対に，景気が悪くなり，財市場における総需要が減少し総需要線Y^Dが$Y^{D''}→Y^{D'}→Y^D$と下方にシフトすると，国民所得（GDP：Y）は$Y_2→Y_1→Y_0$と減少します。

このように，**国民所得（GDP：Y）の大きさを決めているのは，需要量の大きさ（図ではY^Dの高さ）**であり，**有効需要の原理**が説明できるのです。

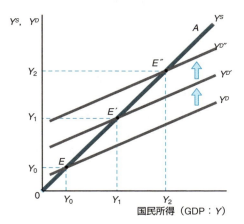

図表8-3 ● 有効需要の原理（45度線分析）

4. *IS*モデルによる国民所得の決定

今度は、45度線分析を変形した*IS*モデルについて説明します。45度線分析は、財市場において供給（Y^S）と需要（Y^D）が等しくなる水準に国民所得が決まると考えましたが、*IS*モデルは、貯蓄（S）と投資（I）が等しくなるように国民所得が決まると考えます。それでは、*IS*モデルについて、45度線分析と比較しながら説明していきましょう。

まず、*IS*モデルも45度線分析と同じく財市場だけを分析し、資産市場と労働市場は分析しません。ですから、資産市場で決まる利子率は一定と仮定し、労働市場との関係で決まる物価も一定と仮定します。

――― *IS*モデルの仮定 ―――
財市場だけを分析⇒①利子率（r）は一定
　　　　　　　　　②物価（P）は一定

財市場では、$Y^S = Y^D$ となるように国民所得（Y）が決まります。

いま、$Y^S = Y$、$Y^D = C + I$（政府を考えない経済）とすると、

　$Y^S = Y^D$ ……①
　$Y = C + I$ ……②

となります。ここで、国民所得（Y）は消費（C）か貯蓄（S）となるので

　$Y = C + S$ ……③

②の財市場の均衡条件は③を用いて、

　$C + S = C + I$ ……④　と書き換えることができ、両辺からCを差し引くと、

　$\cancel{C} + S - \cancel{C} = \cancel{C} + I - \cancel{C}$　と　両辺のCが消えて、

　$S = I$ ……⑤　となります。

Y^SはSへ、Y^DはIへと変形したのですから、$S > I$であれば、$Y^S > Y^D$となり、逆に$S < I$

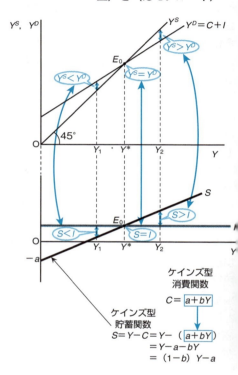

図表8－4 ●財市場の均衡（45度線モデル：上）と（*IS*モデル：下）

ケインズ型
消費関数
$C = \boxed{a + bY}$

ケインズ型
貯蓄関数
$S = Y - C = Y - (\boxed{a + bY})$
　　　　　 $= Y - a - bY$
　　　　　 $= (1 - b)Y - a$

であれば$Y^S < Y^D$となります。これを図で書くと図表8－4のようになります。

図表8-5●財市場の均衡（45度線モデルとISモデル，政府あり：上）と財市場の均衡（ISモデル，政府あり：下）

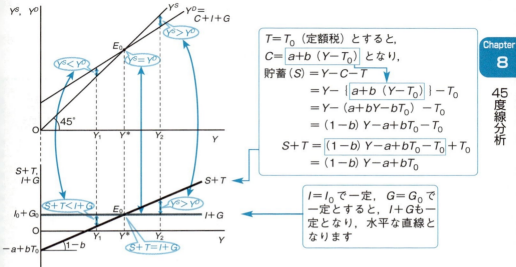

次に，政府（政府支出Gと租税T）を考慮するモデルで考えましょう。今度は，$Y^D=C+I+G$ですから，

$Y^S=Y^D$ ……①

$Y=C+I+G$ ……②′

となります。ここで，国民所得は，租税（T）として政府に納めるか，消費（C）するか，残りの貯蓄（S）なので，

$Y=C+S+T$ ……③′

②′の均衡条件は③′を用いて

$C+S+T=C+I+G$ と書き換えることができ，両辺からCを差し引くと，

$\cancel{C}+S+T-\cancel{C}=\cancel{C}+I+G-\cancel{C}$ と両辺のCが消えて，

$S+T=I+G$ ……⑤′ となります。

$Y^S=C+S+T$は$S+T$に，$Y^D=C+I+G$は$I+G$に変形したのですから，$S+T>I+G$であれば，$Y^S>Y^D$となり，逆に$S+T<I+G$であれば$Y^S<Y^D$となります。これを図示すると図表8-5のようになります。

以上を整理すると，次のようになります。

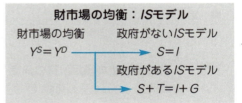

補足

今度は政府部門があるので$C+S$ではなく$C+S+T$となります。

この章では，45度線分析によって，財の需要（Y^D）と供給（Y^S）が等しくなるように国民所得の大きさが決まると学びましたが，このことを利用した計算問題が多く出題されています。そこで，この章の最後に，財の需要（Y^D）＝財の供給（Y^S）という式を活用した計算問題の解き方を説明しましょう。

まず，**問題8−1**では，国民所得（Y）の大きさを計算する素朴な問題を解き，次に，税率（t）を計算する応用問題（**問題8−2と問題8−3**）を解きましょう。

【問題8−1】

消費関数が，
$C=0.8Y+500$
$I=1,000$　　　C：消費，Y：均衡国民所得，I：投資

で示されるとする。投資を200増加させた場合の均衡国民所得として正しいものは，次のうちどれか。ただし，政府部門および海外との取引は無視するものとする。

Movie 062

1　8,000
2　8,500
3　9,000
4　9,500
5　10,000

（地方上級）

戦　略

鉄則3にしたがって，均衡国民所得を求めます。

鉄則3　45度線分析の国民所得の決定

財の供給（Y^S）＝財の需要（Y^D）となるように国民所得（Y）は決まる。

$Y^S=Y^D$の式でYを求めればよい。

計 算

国民所得（Y）は国内総生産（GDP）なので，付加価値の生産量ということができます。売る（供給する）ために生産しているので，生産した量が供給したい量なので，$Y^S = Y$。
一方，本問では，$C=0.8Y+500$，増加した投資（I）は1,000+200なので，
　　$Y^D = C+I = 0.8Y+500+1,000+200$
したがって，
　　$Y^S = Y^D$ の式は
　　　↓　　↓
　　$Y = C+I$ と表すことができ，
　　$Y = 0.8Y+500+1,000+200$
　　$Y-0.8Y = 500+1,000+200$
　　$0.2Y = 1,700$
　　$Y = \dfrac{1,700}{0.2} = 8,500$

正 解　2

【問題 8 − 2】

ある国のマクロ経済が次のように表されるものとする。
ここで，政府支出が50，国債償還費が20であるときの税率として正しいのはどれか。

Movie 063

　　$Y = C+I+G$
　　$C = 0.9(Y-T)$
　　$I = 41$
　　$T = tY$
　　$T = G+B$

(Y：国民所得，C：消費，I：投資，G：政府支出　)
(T：税収，t：税率，B：国債償還費　　　　　　　)

1. 25%
2. 30%
3. 35%
4. 40%
5. 45%

（国税専門官）

戦 略

本問では，既に $Y^S = Y^D$ の式を変形した $Y = C+I+G$ があるので，
$Y = C+I+G$ に問題文のヒントとなる数値を代入します。

Step 1　$Y = C+I+G$ に代入し Y を求めます。

Step 2　$T = tY$ から t を求めます。

105

計 算

Step 1 Yを求める

$Y=C+I+G$ ……①

財市場の均衡条件
$Y^S = Y^D$ を変型し
↓ ↓
$Y = C + I + G$

$Y=0.9(Y-\underline{T})+41+50$ ……②

$T=\mathbf{G}+\mathbf{B}=50+20=70$ ……③
　　50　20

$Y=0.9(Y-70)+41+50$
$Y=0.9Y-63+41+50$
$0.1Y=28$
$Y=280$ ……④

補 足

国債償還費（B）とは，国債の返済のための費用なので，政府支出（G）とは国債返済のための支出は除いた政府支出を意味しているものと思われます。この部分がわからなくても，問題文の$T=G+B$を②に代入することによって問題を解くことはできます。

Step 2

$T=tY$ に③，④を代入し

$tY = t \times \boxed{280} = 70$

$t = \dfrac{70}{280} = \dfrac{1}{4} = 0.25$

正 解　1

【問題8-3】

海外を捨象した，政府を含む国民所得の決定モデルにおいて，限界消費性向が0.8，基礎消費が20，投資が40である経済を想定し，政府収入が（税率t×国民所得）の形で表されるとする。

このとき，完全雇用国民所得を400とすると，完全雇用と財政収支の均衡を同時に達成するためのtの値として，正しいのはどれか。

Movie 064

1．0.2
2．0.25
3．0.3
4．0.35
5．0.4

（国家Ⅱ種）

戦　略

Step 1　問題文の条件を整理します。

Step 2　鉄則3より，$Y=C+I+G$のC，I，Yに問題文の数値を代入し，Gを求めます。

Step 3　$T=G$より，tを求めます。

Chapter
8

45度線分析

計　算

Step 1　問題文の条件の整理

①海外を捨象し政府を考える ──→ $Y^D=C+I+G$

②限界消費性向0.8，基礎消費20 ──→ $C=20+0.8(Y-T)$

③投資$=I=40$

④政府収入$=T=tY$

⑤完全雇用の達成 ──────→ $Y=400$

⑥財政収支の均衡 ─────→ $T=G$

Step 2　$Y=C+I+G$に代入しGを求める

$Y=C+I+G$

$Y=20+0.8(Y-T)+40+G$

$400=20+0.8(400-T)+40+G$ ←Yを400にかえる

$400=20+0.8(400-G)+40+G$ ←TをGにかえる

$400=20+320-0.8G+40+G$

$0.2G=20$

$G=\dfrac{20}{0.2}=\boxed{100}$ ……⑦

補　足

⑦より$G=100$，⑥より$T=G$なので$T=G=100$となり，⑤より$Y=Y_F=400$となります。

Step 3　税率tを求める

$T=tY$

$100=t\times400$ ←$T=G=100$，$Y=400$を代入します。

$t=\dfrac{100}{400}=0.25$

正　解　2

MEMO

Chapter 9
インフレ・ギャップとデフレ・ギャップ
―不況やインフレはなぜ起こる？―

Point

1 国内のマクロ経済政策の目標は完全雇用と物価の安定。

2 完全雇用GDPのときの超過供給をデフレ・ギャップ，超過需要をインフレ・ギャップという。

3 デフレ・ギャップがあるときに需要を拡大させ，インフレ・ギャップがあるときには需要を抑制することによって完全雇用と物価安定を実現できる【有効需要管理政策】。

Movie 065

難易度　A

出題可能性

国家一般職（旧Ⅱ種）	B
国税専門官	B
地方上級・市役所・特別区	B
国家総合職（旧Ⅰ種）	C
中小企業診断士	C
証券アナリスト	A
公認会計士	B
都庁など専門記述	B
不動産鑑定士	C
外務専門職	B

第8章では，財の需要と供給が等しくなる水準に国民所得が決まるという45度線分析を説明しましたが，その国民所得がかならずしも望ましいものとは限りません。そこで，この章では，まず，望ましい経済とは何かを考え，次に，望ましい経済ではないとはどういうことかを考えます。そして，望ましい経済ではない場合，どのようにして望ましい経済を実現できるかを考えます。

【1】望ましい経済＝完全雇用＋物価安定

国民所得（GDP）が十分に大きい水準であれば，企業の生産量は多く，多数の労働者を必要としますので失業（正確には非自発的失業）はなくなります。このように**失業のない国民所得の水準（大きさ）を完全雇用国民所得（完全雇用GDP）**と呼びます。

この完全雇用国民所得（Y_F）は失業がない状態ですから非常に望ましい状態であり，失業のない完全雇用国民所得を実現することがマクロ経済政策の目標となります。

しかし，景気が良すぎると，人々の消費が多く，企業は商品がたくさん売れるので工場の増設などの投資を行い財の需要が増加します。すでに完全雇用国民所得になっているのに，追いつかないほどの財の需要があると，物不足となり物価が上昇し続けます。物価が上昇し続けると経済を混乱させます。そのような混乱を防ぐために物価を安定化させるのも経済政策の目標となります。

> **補 足**
> これに対し，不況の状態とは，この完全雇用国民所得（Y_F）より現実の国民所得（Y）が小さく，生産活動が不活発な状態です。企業は労働者を雇わなくなり，労働需要が少なくなる結果，失業が発生します。

> 完全雇用は英語でFull employmentですから，完全雇用国民所得はY_FとかY_fと表現されることが多いようです。

> **用 語**
> 国民所得（GDP）が財の供給となるので，国民所得（＝財の供給）より財の需要が大きいときは超過需要の状態です。フル生産で財を生産してもお客さんの注文の方が多く，生産が追いつかない状態です。

経済政策の目標 → 完全雇用の実現，物価の安定

【2】デフレ・ギャップ

今，経済が図表9－1のように国民所得がY_0と完全雇用国民所得（Y_F）を下回っている状態を考えます。もし，現実の国民所得がY_0ではなくY_Fであったならば，図表9－1の*FG*だけ超過供給が発生します。この「**完全雇用国民所得水準のときに発生する超過供給の大きさ**」を「**デフレ・ギャップ**」と呼びます。

もし，完全雇用国民所得（Y_F）まで生産すると超過供給が発生し，もし物価が伸縮

> **補 足**
> 完全雇用の生産水準より生産が少ないわけですから，その分労働需要は減少し，失業が発生しています。

> **補 足**
> 財の需要と供給が等しいY_0に決まるのですが，もし，企業が生産量を増やしY_Fの国民所得になったらどうなるのか，という仮定の話です。

であれば、どんどん物価が下落してデフレになってしまうような状態だということです。もちろん、45度線分析では物価は一定と仮定しますから、物価の下落は生じません。

> **用語**
> デフレとはデフレーションの略語で、経済学では物価の持続的下落を意味します。

ところで、どうして現実の国民所得が完全雇用国民所得（Y_F）ではなくてY_0なのかといえば、Y_Fまで生産するとFGだけ超過供給となり売れ残りが生じるので、企業が生産量を売れ残りのない水準まで減少させる結果、経済全体の生産量である国民所得も売れ残り（＝超過供給）のないY_0になるのです。

ただし、この国民所得Y_0では完全雇用国民所得（Y_F）を下回っているので、失業が発生しています。この失業を解消するためには政府は需要を増加させ、完全雇用国民所得（Y_F）を実現させる必要がありますが、どれだけ需要を創出すればよいのでしょうか。その**増加させるべき需要量の大きさがデフレ・ギャップFGなのです**。このように、デフレ・ギャップとは失業が存在する不況時に発生し、失業を解消するためにどれだけ財の需要（Y^D）を増加させなくてはならないかを教えてくれるものなのです。

たとえば、政府がFGだけ政府支出（G）を増加させれば、当初の財の需要（Y^D）は$Y^D = C + I + G$ですが、新しい需要（Y^D）はFGだけ増加し$Y^{D'}$となります。新しい国民所得は新しい需要（$Y^{D'}$）と供給（Y^S）の交点FのY_Fとなり、完全雇用国民所得（Y_F）が現実の国民所得として実現できます。

図表9-1 ● デフレ・ギャップ

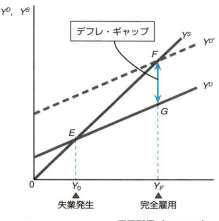

> **補足**
> 需要を増加させる方法には、次章で説明する①政府支出拡大、②減税と、第15章で説明する金融緩和策があります。

デフレ・ギャップ＝完全雇用国民所得（Y_F）時の超過供給の大きさ
デフレ・ギャップ分だけ需要を増加させれば完全雇用国民所得が実現し、失業は解消する

【3】インフレ・ギャップ

今度は経済が図表9-2のように財の需要が非常に大きく需要曲線がY^{D*}であったとしましょう。このとき，現実の国民所得はY^{D*}とY^Sの交点E_1のY_1になると思うかもしれません。しかし，Y_1は完全雇用国民所得（Y_F）を上回った状態です。完全雇用国民所得とは働きたい人は全員働いている状態ですから，生産能力の上限であると考えることができます。ですから，生産能力の上限である完全雇用国民所得（Y_F）を超えた生産（国民所得）Y_1は実現できません。

結局，国民所得はY_Fが上限となりますのでY_Fとなり，そのとき，HFだけ超過需要（需要が供給を超える分）が発生してしまいます。この「**完全雇用国民所得（Y_F）のときの超過需要の大きさ**」を「**インフレ・ギャップ**」と呼びます。財の総需要がY^{D*}と大きいと完全雇用国民所得（Y_F）まで生産しても需要に対応できず，HFだけ超過需要（物不足）が発生し，どんどん物価が上昇しインフレになってしまうような状態だということです。

なお，45度線分析では物価は一定と仮定しますが，これは，不況期，つまり，国民所得（Y）が完全雇用国民所得（Y_F）より小さい状態を想定しています。

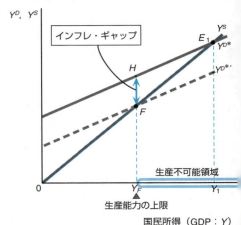

図表9-2 ●インフレ・ギャップ

用語

インフレとはインフレーションの略語で，経済学では物価の持続的上昇を意味します。

補足

これを個別の企業で考えると，機械をフルに稼動させ従業員やパートも残業して一生懸命生産しても，まだまだお客さんの注文の方が多いという状況ですから，企業にしてみれば，価格を上げても売れるという状況なわけです。ですから，企業がどんどん値上げをしていけば，価格の平均である物価もどんどん上昇しインフレーションとなるわけです。

45度線分析を考案したサミュエルソンは，不況期には物価一定という仮定のケインズ経済学が妥当と考え，現実の国民所得が完全雇用国民所得（Y_F）の大きさになる好景気のときには物価は伸縮的な古典派が妥当とすると考えます。したがって，インフレ・ギャップは国民所得は完全雇用国民所得（Y_F）なのですから古典派の世界，つまり，物価は伸縮的ですから，どんどん物価は上昇しインフレになります。

ケインズ自身も，完全雇用国民所得以上に財の需要が多い場合にはインフレが起こると指摘しています。

では，このインフレーションを沈静化させるためにはどうしたらよいのでしょうか。生産能力の上限である完全雇用国民所得を超える需要があるのでインフレになるわけですから，需要を削減すればよいはずです。

では，どれだけ需要を削減すればよいのでしょうか。その**減少させるべき需要量の大きさがインフレ・ギャップHF**なのです。

補足

このような考えを新古典派総合と呼びました。

落とし穴

デフレ・ギャップ，インフレ・ギャップを完全雇用国民所得（Y_F）と現実の国民所得（Y_0 や Y_1）との差とする間違いが多く見られます。デフレ・ギャップ，インフレ・ギャップはあくまでも Y^D と Y^S の差，つまり，縦の差であることをしっかり理解しましょう。なお，**完全雇用国民所得（Y_F）と現実の国民所得（Y_0 や Y_1）との差はGDPギャップ**といいます。

用語

ケインズは「完全雇用国民所得を超えた需要創出による物価の持続的上昇」を「真性インフレーション」と名付けました。

補足

需要を削減する方法には，次章で説明する①政府支出削減，②増税と，第15章で説明する金融引き締め策があります。

たとえば

政府がHFだけ政府支出（G）を減少させれば，財の総需要（Y^D）は$Y^D=C+I+G$ですので，総需要（Y^D）もHFだけ減少し$Y^{D*\prime}$となります。新しい国民所得は新しい総需要（$Y^{D*\prime}$）と総供給（Y^S）の交点FのY_Fと変わりませんが，Y_Fのとき超過需要はなく，物価は安定します。つまり，インフレを抑えることができるのです。

用語

このように，インフレ・ギャップがあるときには需要を減らすことによってインフレを抑え，デフレ・ギャップがあるときには需要を増やすことによって失業を解消させる政策を有効需要管理政策といいます。

インフレ・ギャップ＝完全雇用国民所得（Y_F）時の超過需要
インフレ・ギャップ分だけ需要を減少させれば超過需要は解消され，
インフレーションを抑えることができる

Chapter 9

インフレ・ギャップとデフレ・ギャップ

113

【問題9−1】

次の図は，縦軸に消費 C および投資 I を，横軸に国民所得 Y をとり，完全雇用国民所得水準を Y_0，総需要 D が $D=C+I$ のときの均衡国民所得を Y_1 で表したものである。今，$Y_0=350$，$C=20+0.6Y$，$I=100$ であるとき，完全雇用国民所得水準 Y_0 に関する記述として，妥当なのはどれか。

Movie 066

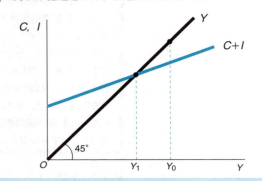

1. 完全雇用国民所得水準が Y_0 のとき，20のインフレ・ギャップが生じている。
2. 完全雇用国民所得水準が Y_0 のとき，50のインフレ・ギャップが生じている。
3. 完全雇用国民所得水準が Y_0 のとき，20のデフレ・ギャップが生じている。
4. 完全雇用国民所得水準が Y_0 のとき，50のデフレ・ギャップが生じている。
5. 完全雇用国民所得水準が Y_0 のとき，70のデフレ・ギャップが生じている。

（特別区）

計算に必要な知識

デフレ・ギャップ　p.110〜111
インフレ・ギャップ　p.112〜113

鉄則4　インフレ・ギャップと デフレ・ギャップ

$Y=Y_F$ のときの財の供給（Y^S）と財の需要（Y^D）を比べ，
$Y^S<Y^D$ で超過需要なら，インフレ・ギャップ
$Y^S>Y^D$ で超過供給なら，デフレ・ギャップ

図表9−3 ●デフレ・ギャップ　　図表9−4 ●インフレ・ギャップ

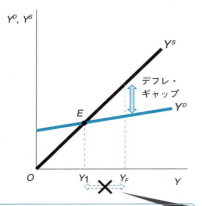
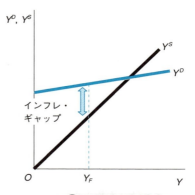

戦略

Step 1 完全雇用国民所得（$Y = Y_0 = 350$）のときのY^Sを求めます。

Step 2 完全雇用国民所得（$Y = Y_0 = 350$）のときのY^Dを求めます。

Step 3 Y^SとY^Dの差から，インフレ・ギャップ，デフレ・ギャップを求めます。

> 🦴 落とし穴 🦴
> デフレ・ギャップは現実の国民所得（Y_1）とY_Fの差としてしまう間違いが多いので気をつけましょう。

計算

Step 1 Y^Sを求める

総供給（Y^S）は国民所得（GDP：Y）に等しいので，

　$Y^S = Y$

したがって，完全雇用国民所得（$Y = Y_0 = 350$）のときには，

　$Y^S = Y = Y_0 = \boxed{350}$

Step 2 $Y^D = C + I$を求める

$Y^D = C + I$
　　$= 20 + 0.6Y + 100$
　　$= 120 + 0.6Y$

したがって，完全雇用国民所得（$Y = Y_0 = 350$）のときには，

$Y^D = 120 + 0.6Y$
　　$= 120 + 0.6 \times 350 = \boxed{330}$

Step 3 Y^SとY^Dを比べる

$Y^S = 350 \quad > \quad Y^D = 330$

⇩

完全雇用国民所得のときに20だけ超過供給

⇩

20だけデフレ・ギャップ

したがって，正しい選択肢は3。

正　解　3

MEMO

Chapter 10
投資乗数・政府支出乗数・租税乗数
―経済政策の効果は？―

Point

1 財の需要（Y^D）＝財の供給（Y^S）の式を $Y=〜$ の形に変形すると，租税乗数，投資乗数，政府支出乗数を求めることができる。

2 定額税で海外を考えない場合，均衡予算乗数は1。

3 所得税，失業手当など，あらかじめ経済に組み込まれている，経済を自動的に安定化させる仕組みをビルトイン・スタビライザー（Built-in Stabilizer）という。

Movie 067

難易度　A

出題可能性

国家一般職（旧Ⅱ種）	A
国税専門官	B
地方上級・市役所・特別区	A
国家総合職（旧Ⅰ種）	A
中小企業診断士	A
証券アナリスト	A
公認会計士	A
都庁など専門記述	A
不動産鑑定士	B
外務専門職	A

第9章では，デフレ・ギャップがあるときには財の需要を増やすことによって完全雇用を実現し，インフレ・ギャップがあるときには財の需要を減らすことによって物価を安定させること【総需要管理政策】を学びました。この章では，金融政策による投資の増加，財政政策による政府支出拡大や減税によって国民所得はどれだけ増加するかという政策の効果を考えます。これは，投資乗数，政府支出乗数，租税乗数の計算という形でよく問われるので，しっかりと乗数の求め方をマスターしてください。

1. 投資乗数
—投資量が増えるとその何倍国民所得が増えるのか？—

Movie 068

【1】投資乗数とは？

有効需要の原理より，一定と仮定した投資が増加すると，総需要（Y^D）が増加するので，国民所得（GDP：Y）も増加するはずです（図表10-1）。では，一定と仮定していた**投資が増加すると，国民所得はどれだけ増加するでしょうか**。これを表すのが**投資乗数**です。

投資乗数とは，投資がΔI変化したときに，その何倍Yが変化するかをいい，

ΔY＝投資乗数×ΔI となり，投資の変化量ΔIに掛け合わせるものですので，「投資乗数」といいます。

ΔY＝投資乗数×ΔI ですから，

$$投資乗数 = \frac{\Delta Y}{\Delta I}$$

と表現することもできます。

> 複雑なのでオススメしません。

> **補足**
> 日本銀行の金融政策によって利子率（金利）が低下すると投資が増えるのですが，これは「第14章 投資の限界効率理論」，「第15章 金融政策の効果」で説明します。

> **補足**
> 投資の変化量をΔI（デルタアイと読みます），国民所得の変化量をΔY（デルタワイと読みます）と書きます。なお，Δはデルタと読み，投資量が100から120に変化したとき，投資量の変化量は120－100＝＋20ですから，投資の変化量ΔI＝＋20と書きます。

【2】投資乗数の求め方

> この方法がオススメ！

方法1 簡単な数式による理解

Step 1 $Y^S = Y^D$の式を作る

第8章で説明したように，国民所得（GDP：Y）は財の需要（Y^D）＝財の供給（Y^S）となる水準に決まります。総需要$Y^D = C + I$，$C = a + bY$，$I = I_0$（I_0：正の定数）とすると，

$Y^D = C + I$

$Y^D = (a + bY) + I_0$

一方，財の供給は常に$Y^S = Y$です。
したがって，$Y^S = Y^D$とは，

$Y = (a + bY) + I_0$ ……①

Step 2 $Y =$ ～の形にする

ここで，投資乗数を求めるために，①式を$Y =$ ～の形に変形すると，

> **補足**
> 「乗」とは，加減乗除の「乗」で，かけ算を意味します。

鉄則5 乗数の求め方

Step 1 $Y^S = Y^D$の式を作る
Step 2 $Y =$ ～の形にする

$Y - bY = a + I_0$
$(1-b)Y = a + I_0$
$Y = \dfrac{1}{1-b}(a + I_0)$

方法2 グラフによる求め方

投資乗数は，図表10－1より図形的に求めることもできます。$\varDelta I$ の投資増加により，総需要（Y^D）がその分増加し，Y^D は $Y^{D'}$ と $\varDelta I$ だけ上方にシフトする結果，新しい均衡点は E' となり，国民所得は $Y_{E'}$ となります。国民所得の増加 $\varDelta Y$ は $\varDelta I$ より大きいことが図表10－1よりわかります。

$E'G$ は Y^D と $Y^{D'}$ の差で $\varDelta I$ です。また，Y^D の傾きは，限界消費性向 b であることから，EF が $\varDelta Y$ なら，GF は $\varDelta Y (EF) \times b = b\varDelta Y$ です。また，Y^S は45度線なので，$EF = E'F$ なので，$E'F$ も $\varDelta Y$ です。ということは，

$\varDelta I = E'G = E'F - GF$
$ = \varDelta Y - b\varDelta Y$
$ = (1-b)\varDelta Y$

したがって，

$\varDelta Y = \dfrac{1}{1-b}\varDelta I$

となり，**投資乗数は $\dfrac{1}{1-b}$** とわかります。

たとえば

限界消費性向 $b = 0.8$ ならば，投資乗数 $= \dfrac{1}{1-b} = \dfrac{1}{1-0.8} = \dfrac{1}{0.2} = 5$ となり，投資量が1兆円増加すれば，その5倍だけ国民所得（Y）が増加します。

Point!

この式より，一定であるはずの投資量 I_0 が1単位増加すると，その $\dfrac{1}{1-b}$ 倍だけ国民所得（GDP）が増加することがわかります。したがって，投資乗数は $\dfrac{1}{1-b}$ です。国民所得の増加（$\varDelta Y$）は投資の増加（$\varDelta I$）の $\dfrac{1}{1-b}$ 倍なので，次のように書きます。

$$\varDelta Y = \dfrac{1}{1-b}\varDelta I$$

投資乗数

図表10－1 ●投資乗数をグラフから求める

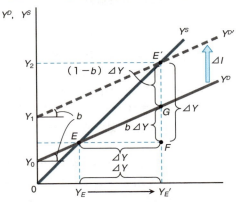

国民所得（GDP：Y）

補足

方法3 等比級数の公式による求め方

等比級数の公式を使っても投資乗数を求めることはできますが，ややこしいので説明は省略します。みなさんは 方法1 で投資乗数を計算してください。

【3】乗数効果の波及プロセス

では、どうして、投資の増加の何倍も国民所得が増加するのでしょうか。その理由を図表10－2を用いて説明しましょう。

投資が増加するとは、機械を買う量が増え、需要が1兆円増加します（①）。需要（投資）、つまり、機械メーカーの注文の1兆円の増加に対し機械メーカーの生産が1兆円増えます。その結果、国民所得（GDP：国内総生産）は1兆円増加します（②）。

この1兆円の所得増加に対し、限界消費性向＝0.8とすると0.8兆円だけプラズマテレビの消費（需要）が増加します（③）。すると、今度は、テレビメーカーの注文が0.8兆円増加し、テレビメーカーの生産が0.8兆円増えます。その結果、国民所得（GDP：国内総生産）はさらに0.8兆円増加します（④）。

限界消費性向＝0.8とすると、0.8兆円の所得増加に対し、0.8兆円×0.8＝0.64兆円だけ自動車の消費（需要）が増加します（⑤）。この自動車メーカーへの注文の0.64兆円の増加により、自動車メーカーの生産が0.64兆円増えます。その結果、国民所得（GDP：国内総生産）はさらに0.64兆円増加します（⑥）。

さらに、自動車メーカーの関係者の所得が増え、消費が増加し……と国民所得の増加と消費の増加の循環が続くので、国民所得は投資の増加の $\frac{1}{1-b}$ 倍だけ増加するのです。

たとえば

限界消費性向 $b=0.8$ ならば、投資乗数＝ $\frac{1}{1-b} = \frac{1}{1-0.8} = \frac{1}{0.2} = 5$ となり、投資量が1兆円増加すれば、その5倍だけ国民所得（Y）が増加します。

Point!

しかし、ここで、国民所得（GDP：国内総生産）の増加は終わりません。なぜなら、機械メーカーの生産が1兆円増えたということは、機械メーカーの社員や株主などの関係者の所得が1兆円増えており、1兆円の所得増加に対し、消費が増加するからです。

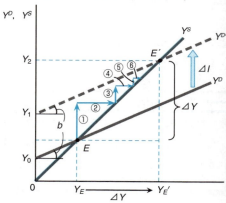

図表10－2 ● 投資の波及効果

2. 政府支出乗数
—政府支出が増えるとその何倍国民所得が増えるのか？—

Movie 069

【1】政府支出乗数とは？

投資と同じように，一定と仮定した政府支出（G）が増加すると，総需要（Y^D）が増加するので，国民所得（GDP：Y）も増加するはずです（図表10-1）。では，一定と仮定していた**政府支出が増加すると，国民所得はどれだけ増加するでしょうか**。これを表すのが**政府支出乗数**です。

政府支出乗数とは，政府支出がΔG変化したときに，その何倍Yが変化するかをいい，

$\Delta Y=$政府支出乗数$\times \Delta G$となり，政府支出の変化量ΔGに掛け合わせるものなので，「政府支出乗数」といいます。

$\Delta Y=$政府支出乗数$\times \Delta G$ですから，

$$\text{政府支出乗数} = \frac{\Delta Y}{\Delta G}$$

と表現することもできます。

たとえば

不況時に，政府が公共工事の発注を増やすなどの政策です。

Point!

財の需要（Y^D）$= C + I + G$なので，投資（I）が1兆円増えても，政府支出（G）が1兆円増えても財の需要（Y^D）を1兆円増やすという効果は同じです。

↓

政府支出乗数は投資乗数と同じ値になります。

補足

ΔG（デルタジーと読みます）は政府支出の変化量，ΔYは国民所得の変化量です。

【2】政府支出乗数の求め方

この方法がオススメ！

方法1　簡単な数式による理解

Step 1　$Y^S = Y^D$の式を作る

総需要$Y^D = C + I + G$，$C = a + bY$，$I = I_0$（一定），$G = G_0$（一定）とすると，

$Y^D = C + I + G$

$Y^D = (a + bY) + I_0 + G_0$

一方，総供給は常に$Y^S = Y$です。

したがって，$Y^S = Y^D$とは，

$Y = (a + bY) + I_0 + G_0$ ……①

Step 2　$Y = \sim$の形にする

ここで，政府支出乗数を求めるために，①式を$Y = \sim$の形に変形すると，

$Y - bY = a + I_0 + G_0$

$(1 - b)Y = a + I_0 + G_0$

$Y = \dfrac{1}{1 - b}(a + I_0 + G_0)$

鉄則5　乗数の求め方（再掲）

Step 1　$Y^S = Y^D$の式を作る
Step 2　$Y = \sim$の形にする

Point!

この式より，一定であるはずの政府支出G_0が1単位増加すると，その$\dfrac{1}{1-b}$倍だけ国民所得（GDP）が増加することがわかります。

$$\Delta Y = \frac{1}{1 - b} \Delta G$$

政府支出乗数

方法2　グラフによる求め方　← 複雑なのでオススメしません。

あまりオススメしない方法なので省略しますが、図表10−1のΔIをΔGに置き換えれば、グラフを用いても政府支出乗数は$\dfrac{1}{1-b}$とわかります。

 補足

方法3　等比級数の公式による求め方
　これもオススメしないので省略します。みなさんは方法1で政府支出乗数も計算してください。

【3】乗数効果の波及プロセス

政府支出乗数も投資乗数と同じく$\dfrac{1}{1-b}$とわかりましたが、これは限界消費性向$b=0.8$ならば、政府支出乗数＝$\dfrac{1}{1-b}=\dfrac{1}{1-0.8}=5$となり、政府支出が1兆円増加すれば、その5倍だけ国民所得（Y）が増加するということです。どうして、政府支出の5倍も国民所得が増加するかという理由は、投資乗数のときと同じように説明することができます。

たとえば

政府支出の1兆円増加とは公共工事の増加です。公共工事が1兆円増加すれば土建会社への注文（財の需要）が1兆円増加し、土建会社の生産が1兆円増えます。その結果、国民所得は1兆円増加します。

この1兆円の所得増加に対し0.8兆円だけ消費（需要）が増加します。消費がすべてプラズマテレビだったとすると、今度は、テレビメーカーの注文が0.8兆円増加し、テレビメーカーの生産が0.8兆円増えます。その結果、国民所得はさらに0.8兆円増加し消費がさらに……と、あとは投資乗数の波及プロセスと同じです。

3. 租税乗数
―減税や増税の影響は？―

Movie 070

【1】租税乗数とは？

租税政策とは，租税（税金）を減少（減税）あるいは増加（増税）させることにより，総需要を増減させ，国民所得を増減させる政策をいいます。そして，その租税政策の効果を表すのが租税乗数です。**租税乗数**とは，**租税が ΔT 変化したときに，その何倍 Y が変化するか**を意味します。

> **補足**
> 税金の変化量を ΔT，国民所得の増加量を ΔY とすると，租税乗数 $= \dfrac{\Delta Y}{\Delta T}$ と表現することがあります。

○消費関数の修正

税金を考えることにより，消費関数は，$C = a + bY$ ではなく，$C = a + b(Y - T)$ となります。所得 Y から税金に T だけとられて，残った $(Y - T)$ が処分可能な所得であることを意味し，$Y - T$ を**可処分所得**（Y_d）と呼びます。

> **補足**
> 所得（Y）のうち税金（T）は取られてしまうので，残った $Y - T$（可処分所得）のうち b だけ消費します。ですから，$C = a + b(Y - T)$ となるのです。

> **補足**
> ここで，税金（T）は国民所得（Y）の大きさに関わらず一定額 T_0 と決まっているものと仮定します（このような税金を定額税といいます）。
> d は disposal「処分が可能な」という意味です。

【2】租税乗数の求め方

方法1 簡単な数式による理解 ←この方法がオススメ！

Step 1 $Y^S = Y^D$ の式を作る

財の需要を $Y^D = C + I + G$，$C = a + b(Y - T)$，$T = T_0$（一定），$I = I_0$（一定），$G = G_0$（一定）とすると，

$$Y^D = C + I + G = \{a + b(Y - T_0)\} + I_0 + G_0$$

一方，財の供給 $Y^S = Y$ なので，$Y^S = Y^D$ とは，

$$Y = C + I + G$$
$$Y = \{a + b(Y - T_0)\} + I_0 + G_0$$
$$Y = a + bY - bT_0 + I_0 + G_0$$

> **鉄則5　乗数の求め方（再掲）**
> **Step 1** $Y^S = Y^D$ の式を作る
> **Step 2** $Y = \sim$ の形にする

Step 2 Y=〜の形にする

ここで租税乗数を求めるためにY= 〜の形にすると

$$Y-bY= a-bT_0+I_0+G_0$$

$$(1-b)Y= a-bT_0+I_0+G_0$$

$$Y=\frac{1}{1-b}(a-bT_0+I_0+G_0)$$

$$Y=\frac{1}{1-b}a-\frac{b}{1-b}T_0+\frac{1}{1-b}I_0+\frac{1}{1-b}G_0$$

この式より，一定であるはずのT_0が1単位増加（増税）すると，その$-\dfrac{b}{1-b}$倍だけYが変化し，租税乗数は$-\dfrac{b}{1-b}$であるとわかります。

> 複雑なので
> オススメしません。

方法2 グラフによる求め方

租税乗数は，投資乗数や政府支出乗数と同様に，図表10－3により図形的に求めることができます。

今，政府がT_0円の減税を行うと，可処分所得（$Y-T$）を$-\Delta T=-(-T_0)=T_0$だけ増加させ，消費Cを$-b\Delta T=bT_0$だけ増加させます。

図表10－3において，Y^Dは$Y^{D'}$と$-b\Delta T$だけ上方にシフトします。その結果，新しい均衡点はE'，国民所得はY_E'となります。

Y^Dの傾きはbなのでEFがΔYなら，GFは$\Delta Y(EF)\times b=b\Delta Y$。また，$Y^S$は45度線なので$EF=FE'$より$FE'=\Delta Y$です。ですから，$E'G=FE'-GF=\Delta Y-b\Delta Y=(1-b)\Delta Y$。

ところで，$E'G=-b\Delta T$ですから，

$(1-b)\Delta Y=-b\Delta T$となり，

$\Delta Y=-\dfrac{b}{1-b}\Delta T$となり，租税乗数は

$\dfrac{-b}{1-b}$と求めることができます。

➕ 補 足 📟

この式から，租税乗数以外に，I_0の前の$\dfrac{1}{1-b}$が投資乗数，G_0の前の$\dfrac{1}{1-b}$が政府支出乗数とわかります。

👆 **Point!**

租税乗数にはマイナスがついているので増税のとき，国民所得（Y）が減少します。反対に，減税の場合，税金Tは減少しますから，税金の変化分ΔTはマイナスです（減税とは$\Delta T<0$）。つまり，T_1円減税するとは，$\Delta T=-T_1$ということになりますので，国民所得の変化量ΔY $=-\dfrac{b}{1-b}\times(-T_1)=\dfrac{b}{1-b}\times T_1$となり，プラスで，国民所得は増加します。したがって，不況時に国民所得を増加させるためには減税を行わなくてはなりません。

➕ 補 足 📟

T_0円だけ税金が減るので，税金の変化量$\Delta T=-T_0$円とマイナスになります。ですから，$-b\Delta T=-b(-T_0)=bT_0$とプラスになり消費は増えます。

➕ 補 足 📟

ΔTがマイナスなので$-b\Delta T$はプラスとなり，Y^Dは上シフトします。

図表10-3 グラフによる租税乗数の求め方

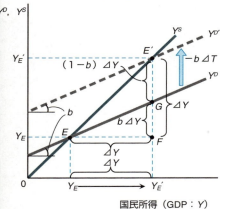

【問題10-1】（過去トレ・マクロ p.37 問題2-13より）

ある国のマクロ経済が次の式で表される。

$Y = C + I + G$

$C = c_0 + 0.75(Y - T)$

〔Y：国民所得，C：消費，I：投資，G：政府支出，T：租税，c_0：定数〕

この国において，租税が100，政府支出が100，投資が25増えると，均衡国民所得はいくら増えるか。

Movie 071

1. 100
2. 200
3. 300
4. 600
5. 900

（国家Ⅱ種）

戦　略

鉄則5に沿って租税乗数，政府支出乗数，投資乗数を求めます。

鉄則5　乗数の求め方（再掲）
Step 1　$Y^S = Y^D$ の式をつくる
Step 2　$Y = \sim$ の形にする

計　算

Step 1　$Y^S = Y^D$ の式をつくる

$Y = C + I + G \cdots$①

Step 2　問題文の条件を入れ，$Y = \sim$ の形にして乗数を求める

$Y = C + I + G$

$\quad = c_0 + 0.75(Y - T) + I + G$

$\quad = c_0 + 0.75Y - 0.75T + I + G$

$Y - 0.75Y = c_0 - 0.75T + I + G$

$Y = \dfrac{c_0}{0.25} - \dfrac{0.75}{0.25}T + \dfrac{1}{0.25}I + \dfrac{1}{0.25}G$

$\quad = 4c_0 - 3T + 4I + 4G \cdots$②

②より，$\Delta Y = -3\Delta T + 4\Delta I + 4\Delta G \cdots$③

> **テクニック** Technique
>
> 租税（T）については特に式がないので一定（定額税）とみなします。

Step 3　乗数より国民所得の増加額を求める

③に$\Delta T = 100$，$\Delta G = 100$，$\Delta I = 25$を代入し，

$\Delta Y = -3 \times 100 + 4 \times 25 + 4 \times 100$

$\quad = -300 + 100 + 400 = 200$

したがって，正解は2となります。

正　解　2

4. 均衡予算乗数

Movie 072

【1】均衡予算乗数とは？

均衡予算とは，政府支出を増加させる財源をすべて増税でまかなうことです。税金の変化分をΔT，政府支出の変化分をΔGとすると，均衡予算とは$\Delta G = \Delta T$ということです。

そして，**均衡予算乗数とは政府支出をΔG変化させ，同時に租税も同額の$\Delta T = \Delta G$変化したときに，その何倍Yが変化するか**を意味します。

> **補足**
> このとき，増税分しか政府支出を増やしていないので，<u>財政収支</u>は均衡し変わりません。

> **用語**
> 財政収支とは政府の収入と支出です。

【2】均衡予算乗数の計算

均衡予算は，政府支出と増税を同時に行っているので，政府支出の効果と増税の効果を足し合わせればよいことになります。

> **補足**
> 均衡予算乗数 $= \dfrac{\Delta Y}{\Delta G} + \dfrac{\Delta Y}{\Delta T}$

〈政府支出増加の効果〉

このときの国民所得の変化をΔY_1とすると，

$\Delta Y_1 = \dfrac{1}{1-b} \Delta G$ ← 政府支出乗数

〈増税の効果〉

このときの国民所得の変化をΔY_2とすると，

$\Delta Y_2 = -\dfrac{b}{1-b} \Delta T$ です。 ← 租税乗数

> **テクニック** Technique
> 均衡予算では$\Delta T = \Delta G$なので，ΔTをΔGで置き換えます。

〈均衡予算の効果＝両者の合計〉

$$\begin{aligned}
\Delta Y_1 + \Delta Y_2 &= \dfrac{1}{1-b} \Delta G + (-\dfrac{b}{1-b} \Delta T) \\
&= \dfrac{1}{1-b} \Delta G + (-\dfrac{b}{1-b} \Delta G) \\
&= (\dfrac{1}{1-b} - \dfrac{b}{1-b}) \Delta G \\
&= \dfrac{1-b}{1-b} \Delta G \\
&= 1 \times \Delta G
\end{aligned}$$

> **補足**
> 国民所得の増加分は，政府支出の増加分＝税金の変化分と同じ額となります。つまり，**均衡予算乗数＝1**となります。

> **落とし穴**
> 「均衡予算乗数＝1なので国民所得は変化しない」という間違いが多いので注意してください。乗数が1とは1兆円の増税で1兆円政府支出を増やすと，ちょうど1兆円だけ国民所得が増えるということです。

【問題10-2】
均衡予算乗数について説明しなさい。

(外務専門職,地方上級専門記述) Movie 073

次のような答案構成で仕上げればよいでしょう。
【答案構成】

均衡予算乗数の定義 → 計算の前提 → 政府支出増加の効果 → 合計の効果
　　　　　　　　　　　　↑　　　　　　増税の効果
　　　　　　　　　利子率一定,物価一
　　　　　　　　　定の仮定は重要です　　参考答案は新経済学入門塾〈V〉論文
　　　　　　　　　　　　　　　　　マスター編　p.42～43を参照ください。

5. 複雑な乗数の計算

Movie 074

これまでは,輸出入を考慮せず,租税は定額税でした。しかし,問題によっては,より複雑な経済を前提とするものもあります。そこで,最も複雑と思われるケースの乗数の計算をしておきましょう。

【問題10-3】
以下の経済の均衡予算乗数を求めなさい。
$Y = C + I + G + EX - IM$, $C = a + b(Y - T)$ (a, bは正の定数, $a > 0$, $0 < b < 1$)
$I = I_0$（一定）, $G = G_0$（一定）, $EX = EX_0$（一定）, $IM = mY$ (mは正の定数),
$T = T_0 + tY$ (T_0, tは正の定数, $0 < t < 1$)

Movie 075

(著者作成)

戦略

戦略1 複雑な乗数の問題も,オススメである〈簡単な数式による理解〉の方法で解いていきます。

Step 1 $Y^S = Y^D$の式を作る → **Step 2** $Y = \sim$の形にして乗数を求める

戦略2 均衡予算乗数は政府支出増加の効果と増税の効果を合計して求める〈**Step 3**〉。

解法・解答

Step 1 $Y^S = Y^D$の式を作る

Y^S　　　Y^D

$Y = C + I + G + EX - IM$
$Y = a + b\{Y - (T_0 + tY)\} + I_0 + G_0 + EX_0 - mY$

Step 2 $Y = \sim$ の形にして乗数を求める

$Y = a + b \{Y - (T_0 + tY)\} + I_0 + G_0 + EX_0 - mY$

$Y = a + bY - bT_0 - btY + I_0 + G_0 + EX_0$ から,

$Y - bY + btY + mY = a - bT_0 + I_0 + G_0 + EX_0$

$Y - b(1 - t)Y + mY = a - bT_0 + I_0 + G_0 + EX_0$ となり,

$\{1 - b(1 - t) + m\}Y = a - bT_0 + I_0 + G_0 + EX_0$ より,

$Y = \dfrac{1}{1 - b(1 - t) + m}(a - bT_0 + I_0 + G_0 + EX_0)$

$= \dfrac{1}{1 - b(1 - t) + m}a + \underbrace{\dfrac{-b}{1 - b(1 - t) + m}}_{\text{租税乗数}}T_0$

$+ \underbrace{\dfrac{1}{1 - b(1 - t) + m}}_{\text{投資乗数}}I_0 + \underbrace{\dfrac{1}{1 - b(1 - t) + m}}_{\text{政府支出乗数}}G_0$

$+ \underbrace{\dfrac{1}{1 - b(1 - t) + m}}_{\text{輸出乗数}}EX_0$

Step 3 均衡予算乗数は政府支出増加の効果と増税の効果を合計して求める

〈政府支出の効果〉

政府支出乗数より, $\varDelta Y = \dfrac{1}{1 - b(1 - t) + m}\varDelta G$ です。

〈租税政策の効果〉

租税乗数より, $\varDelta Y = \dfrac{-b}{1 - b(1 - t) + m}\varDelta T$ です。

〈均衡予算の効果＝両者の合計〉

$\varDelta Y = \dfrac{1}{1 - b(1 - t) + m}\varDelta G + \dfrac{-b}{1 - b(1 - t) + m}\varDelta T$ となり, $\varDelta T = \varDelta G$ ですから,

$= \dfrac{1}{1 - b(1 - t) + m}\varDelta G + \dfrac{-b}{1 - b(1 - t) + m}\varDelta G$

$= \dfrac{1 - b}{1 - b(1 - t) + m}\varDelta G$

正　解　均衡予算乗数 $= \dfrac{1 - b}{1 - b(1 - t) + m}$

落とし穴
均衡予算乗数は常に1になるわけではありません。

Chapter 10
投資乗数・政府支出乗数・租税乗数

6. ビルトイン・スタビライザー

Movie 076

ビルトイン・スタビライザー（Built-in Stabilizer）とは，**あらかじめ経済に組み込まれている，経済を自動的に安定化させる仕組みのこと**をいいます。具体的には，①所得が増えると税額も増えるような所得税制度，②失業者に支給される失業保険金，③投資乗数低下による経済安定化などがあります。

① 所得税制度

所得が増えると税額も増えるという所得税制度の下では，好景気（点Aや点C）のときには国民所得が大きくなっているので税額も増え自動的に増税となり，国民所得の増加にブレーキをかけます。逆に，不景気（点Bや点D）のときには国民所得が少ないので税額も減り自動的に減税となり国民所得を増やす効果があります。

② 失業保険制度

好景気（点Aや点C）のときには国民所得，（GDP）が多いので企業の労働需要も大きく失業者は少なくなっており，自動的に失業手当の支給額も少なくなっています。失業手当の減少は家計の可処分所得を減らす結果消費を減らし国民所得の増加にブレーキをかける効果があります。

逆に，不景気（点Bや点D）のときには国民所得（GDP）が少ないので企業の労働需要も少なく失業者が多くなっており，自動的に失業手当の支給額は増加します。失業手当の支給額の増加は家計の可処分所得を増加させ，消費を増加させる結果国民所得を増やす効果があります。

用語

Built-in は組み込まれた， Stabilizer は安定化させるものという意味ですので，自動安定化装置とも呼ばれます。

用語

景気とは経済の状態をいい，景気循環とは図表10-4のように，周期的な国民所得の変動です。そして，「景気がよい」とか「好景気」とは国民所得が大きい状態，つまり，点Aや点Cをいい，「景気が悪い」とか，「不景気」とは国民所得が小さい状態，つまり，点Bや点Dを指します。

図表10-4 ●ビルトイン・スタビライザー

好景気時には自動的に増税，失業手当支給は減少し国民所得の増加を抑える働き

ビルトイン・スタビライザーがあるときの景気循環

不景気時には自動的に減税，失業手当支給は増加し国民所得の減少を抑える働き

ビルトイン・スタビライザーがないときの景気循環

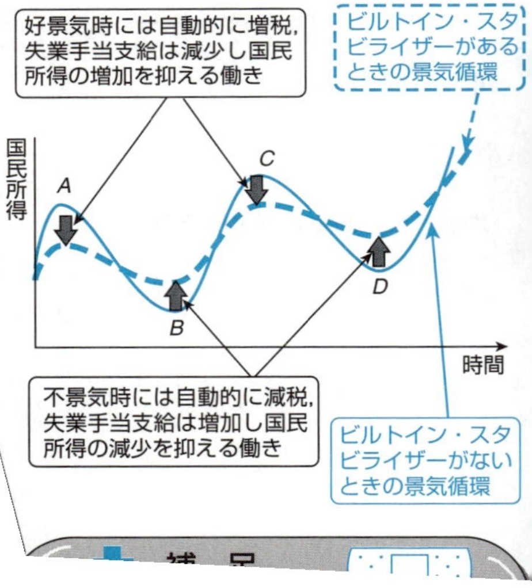

③ 投資乗数低下による経済安定化

今度はビルトイン・スタビライザーを乗数の計算で説明しましょう。租税は比例税、税額 (T) $= tY$（t：定数，$0 < t < 1$，Y：国民所得），消費関数は $C = a + b(Y - T)$ とします。海外を考えず $Y^D = C + I + G$ だと仮定します。そうすると、乗数は $Y^S = Y^D$ より，

$Y = C + I + G$
$Y = a + b(Y - T) + I + G$
$Y = a + b\{Y - (tY)\} + I + G$
$Y = a + bY - btY + I + G$

ここで投資乗数を求めるため $Y =$ ～の形に変形すると，

$Y - bY + btY = a + I + G$
$(1 - b + bt)Y = a + I + G$
$Y = \dfrac{1}{1 - b + bt}(a + I + G)$

となり，投資乗数は $\dfrac{1}{1 - b + bt}$ となります。

定額税のケースでは、その場合の投資乗数は $\dfrac{b}{1-b}$ でした（p.119）。

さて、ここで景気変動は投資が原因で起こるとしましょう。このような状況においては、投資乗数が小さいと、投資量が増加する好景気時には国民所得はそれほど増加しなくなり、逆に、投資量が減少する不景気時には国民所得はそれほど減少しなくなります。つまり、投資乗数が大きい場合に比べて投資量の変化による景気変動は小さくなる、つまり、経済が安定的になるのです。

Point! ビルトイン・スタビライザーは，好景気のときには増税・失業手当支給削減を通じて国民所得の増加を抑え、不況のときには減税・失業手当支給増を通じて国民所得の減少を緩和することによって、景気変動を小さくし、経済を安定化させます。

Point! 比例税の投資乗数は定額税のときの投資乗数より小さくなっています。

数学ワンポイント解説

なぜなら、分母（下）が $1 - b$ から $1 - b + bt$ と $+ bt$ 分だけ増加しています。分母（下）が大きければ分数（乗数）自体は小さくなります。たとえば、$\dfrac{1}{2}$ より $\dfrac{1}{3}$ の方が分母が2から3へと大きくなったことによって分数自体は小さくなります。

補足

好景気には投資が増加し、投資の増加がその乗数倍の国民所得の増加を呼ぶというわけです。逆に、不況期には、投資の減少がその乗数倍の国民所得の減少を招くというわけです。

Point! 定額税と比較して比例税の場合、投資乗数が小さくなることによって、投資を原因とした景気変動を小さくすることができるのです。これも自動的に経済を安定化させる機能（ビルトイン・スタビライザー）の1つです。

しかし，このビルトイン・スタビライザーがあっても深刻な不況が起こってしまうからこそ，政府支出増加や減税などの経済安定化政策が必要とされるのです。

用語

これらの意図的に行う財政政策は**裁量的財政政策**といわれます。

図表10-5 ● 財政政策の種類

	特徴	不況時	景気過熱時
裁量的財政政策	意図的	政府支出増加，減税	政府支出削減，増税
ビルトイン・スタビライザー	自動的	① 所得税減税 ② 失業給付増加 ③ 小さい投資乗数 →国民所得の減少にブレーキ	① 所得税増税 ② 失業給付減少 ③ 小さい投資乗数 →国民所得の増加にブレーキ

ビルトイン・スタビライザーの説明の中で失業保険給付がでてきましたが，このように，政府が国民に給付した場合を**移転支出**といいます。その移転支出の経済効果についての問題を解いておきましょう。

用語

移転支出とは，失業手当，児童手当など，政府が国民に給付する支出です。移転支出（R）は政府の支出ですが，政府が企業の財を購入するわけではないので，財の需要である政府支出（G）には含まれません。移転支出（R）だけ，国民の可処分所得（Yd）が増加するので，$Yd = Y - T + R$となります。

【問題10-4】移転支出乗数

政府を含むマクロ経済モデルが次のように与えられているとする。

$C = 20 + 0.8Yd$
$I = 50$
$G = 30$
$R = 20$
$t = 0.25$
$T = tY$

Movie 077

(C：消費，Yd：可処分所得，I：投資，G：政府支出，R：移転支出，T：租税，t：限界租税性向，Y：国民所得)

このモデルにおいて，政府から消費者への移転支出Rが10増加したときの，均衡国民所得の増加額は次のうちどれか。

1. 10   2. 15
3. 20   4. 25
5. 30

（国家Ⅱ種）

試験対策

移転支出乗数については多くのテキストには説明がありません。しかし，近年，定額給付金や子ども手当てなどの移転支出が多くなり，その経済効果が注目されています。そのような背景もあり出題されはじめているのでしっかりとマスターしましょう。

戦 略

鉄則5（乗数の求め方）を用いて，移転支出（R）が増加したときに，その何倍国民所得が増加するかという移転支出乗数を求めます。

計 算

Step 1 移転支出乗数

$Y^S = Y^D$
↓   ↓
$Y = C + I + G$
$Y = 20 + 0.8\ Yd + I + G$
$Y = 20 + 0.8\ (Y - T + R) + I + G$
$Y = 20 + 0.8\ (Y - TY + R) + I + G$
$Y = 20 + 0.8\ (Y - 0.25Y + R) + I + G$
$Y = 20 + 0.8Y - 0.2Y + 0.8R + I + G$
$Y - 0.8Y + 0.2Y = 20 + 0.8R + I + G$
$0.4Y = 20 + 0.8R + I + G$
$Y = \dfrac{1}{0.4} \times 20 + \dfrac{0.8R}{0.4} + \dfrac{1}{0.4}I + \dfrac{1}{0.4}G$
$Y = 50 + ②R + 2.5I + 2.5G$

　　Rの増加（$\varDelta R$）の2倍国民所得は増加する。

　　移転支出乗数＝2

　　$Y = 2\varDelta R$

> **Point!**
> 移転支出乗数とはYとRの関係です。ここではYとRの関係を知りたいので，$R = 20$を代入してRを消してはいけません。

Step 2 $\varDelta Y$の計算

$Y = 2\varDelta R = 2 \times 10 = 20$

> **補 足**
> 問題文で「移転支出が10増加」とあるので$\varDelta R = 10$です。

正 解　3

MEMO

Part 4

Movie 078

　マクロ経済（一国経済全体）では，市場は，財市場，資産市場，労働市場，の3つがあります。これらの市場が，お互いに影響を与えながら，経済は，刻一刻と変わっていきます。
　第3部では，財市場の分析だけに集中するため，資産市場で決まる金利（利子率）は一定として，国民所得がどのように決まるかを分析しました。しかし，実際には金利（利子率）は刻一刻と動いており経済に影響を与えます。そこで，この第4部では金利（利子率）がどのように決まるかを考えます。これは，金利（利子率）が国民所得にどのように影響するかを考える第5部の*IS-LM*分析という最重要論点の基礎となるテーマです。

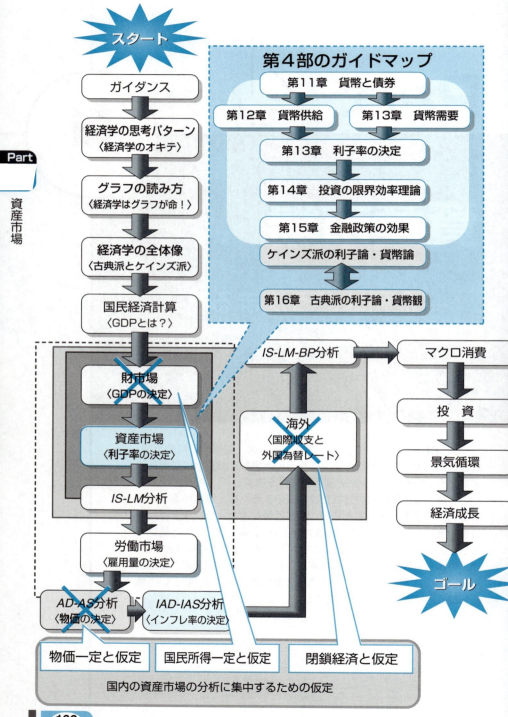

第4部の登場人物・ストーリー

現実経済　財市場・資産市場・労働市場が密接に関わり複雑

舞台（分析対象）—仮定をおいて単純化し資産市場に限定—

　いきなり3市場を同時分析すると，複雑で大変です。そこで，この部では，資産市場の分析だけに集中します。そのために，財市場で決まる国民所得と労働市場との関係で決まる物価を一定と仮定します。また，海外を考えない閉鎖経済とします。

　ところで，資産といっても，貨幣，債券，土地，株式，宝石，古美術，家，などたくさんあります。しかし，これでは複雑すぎて，分析が面倒となりますので，単純化のため，資産は貨幣と債券のみと仮定します。貨幣とは，価値が安定しており，交換が容易な資産の代表です。

　これに対し，債券は価格が変動するもので，価値は安定していませんし，債券でいろいろな物と交換することはできません。つまり，債券とは，価値が不安定で，交換が容易ではない資産の代表なのです。

　このように資産を貨幣と債券だけとすれば，舞台は貨幣市場と債券市場だけとなります。

補足
　もし，財市場で決まる国民所得や労働市場との関係で決まる物価が動いてしまうと，どうして動いたのかと財市場や労働市場の分析が必要となってしまいます。

補足
　貨幣とは何かは，次の「1. 貨幣とは？」で検討しますが，とりあえずは，現金をイメージしてください。現金1万円は，いつまでたっても1万円です。つまり，価値が安定しています。また，現金1万円があれば，いろいろな物と交換できます。

補足
　債券は，株式などに比べ一般になじみが薄いので，後ほど第11章「2. 債券とは？」で説明します。

補足
　さらに経済学の法則を使うことによって，貨幣市場だけの分析に集中できるようにします。

仮定1　国民所得一定→財市場は分析しない
仮定2　物価一定→労働市場は分析しない ──▶（国内の）資産市場の分析に集中
仮定3　閉鎖経済→海外を考えない
仮定4　資産はたくさんあると複雑→貨幣と債券だけとする→舞台は貨幣市場と債券市場

登場人物（経済主体）

　この部では資産市場の中でも貨幣市場に焦点を当てます。貨幣市場では，銀行（中央銀行と市中銀行）が貨幣の供給者として登場します。家計と企業は貨幣の需要者として登場します。

用 語

経済での登場人物を経済主体と呼びます。

用 語

　後ほど詳しく説明しますが，現金である紙幣を発行する銀行を中央銀行といい，それ以外の銀行を市中銀行といいます。

ストーリーの流れ（構成）

　「第11章　貨幣と債券」では，資産の代表である貨幣と債券とはどのようなものかを説明します。また，第11章ではワルラスの法則という経済学の法則を学び，その法則によって，貨幣と債券のうち貨幣市場だけを分析すればよいことを理解します。

　そして，第12章では，中央銀行がどのように貨幣供給を行うかを学び，第13章では，人々がどのような動機で貨幣を需要するのかを学びます。そして，第13章では，貨幣の需要と供給によって利子率が決まることを理解します。

　第14章では，その利子率によって投資量が変わることを学びます。第15章では，中央銀行の金融政策によって貨幣供給量を変えることによって利子率を変化させ，投資量が変わることによって財の需要が変化し国民所得に影響を与えることを理解します。

　実は第11章から第15章までの利子率の決定や貨幣市場についての考えはケインズとケインズ派の考えなのです。古典派は全く異なる利子や貨幣市場についての考えをもっているので，その考えを第16章で説明します。

Chapter 11
貨幣と債券
―経済学では資産をこう考える―

Point

1 資産は安全で流動性の高い貨幣と，価格変動があり投機対象となる債券の2種類と仮定。

2 貨幣には①交換仲介機能，②価値尺度機能，③価値保存機能があり，具体的には現金と預金である。

3 債券価格は市場利子率の減少関数である。

Movie 079

難易度　B

出題可能性
国家一般職（旧Ⅱ種）	**B**
国税専門官	**C**
地方上級・市役所・特別区	**C**
国家総合職（旧Ⅰ種）	**A**
中小企業診断士	**C**
証券アナリスト	**B**
公認会計士	**B**
都庁など専門記述	**C**
不動産鑑定士	**C**
外務専門職	**C**

　第4部では資産市場を分析しますが，資産といっても，貨幣，債券，土地，株式，宝石，古美術，家，などたくさんあります。しかし，これでは複雑すぎて，分析が面倒となりますので，単純化のため，資産は貨幣と債券のみと仮定します。貨幣とは「価値が安定しており交換が容易な資産」の代表，債券は「価値が不安定で，交換が容易ではない資産」の代表なのです。そこで，この章では，代表である2つの資産，貨幣と債券とは何かについて説明します。

139

1. 貨幣とは？

Movie 080

【1】貨幣の3機能

貨幣とは，①交換仲介機能，②価値尺度機能，③価値保存機能という3機能を持っているものをいいます。

① 交換仲介機能

会社員は労働というサービスを会社に売って，給料として貨幣をもらい，その貨幣で欲しい物を買います。おなかがすけば，レストランを探し，貨幣を支払えばよいのです。

もし貨幣のない物々交換の世界だったら，会社員がご飯を食べたいと思ったとき，その会社員の労働を必要とするレストランを探し食事代だけ働かなくてはなりません。

② 価値尺度機能

商品の価値は，貨幣の単位，日本国内であれば「円」で表示されています。ですから，私たちは，いろいろな物の価格をすぐに比較でき，取引が行いやすくなります。

③ 価値保存機能

貨幣は，比較的持ち運びに便利ですし，腐ったりもしません。また，価値が安定していますから，貨幣で持っていれば，値下がりで損をすることも原則としてありません。

補 足

M_1，M_2，M_3などを貨幣の範囲ではなく貨幣の定義という場合もあります。

貨幣の本質については，実際には哲学的な議論もなされていますが，そのような議論には深入りせず，貨幣とは，これら3機能をもつものと定義します。

補 足

「貨幣お断り！」というお店はありませんね。取引相手は貨幣であれば受け取ってくれます。皆が受け取ってくれるという性質を「一般受容性」といいます。

補 足

物々交換の場合，相手が自分のモノをほしがっている必要もあるのです。

用 語

このように取引に手間がかかることを「取引費用が大きい」といいます。

補 足

物々交換経済で，プリウス1台はニワトリ50羽，シビック1台は豚5匹となっていたら，どちらが安いのか比べるのが大変です。

用 語

「取引費用を小さくできる」といいます。

【2】 貨幣の範囲

貨幣とは，交換仲介・価値尺度・価値保存の3機能を持つものですから，貨幣の範囲をどこまでとするかという問題は，貨幣の3機能をどこまで厳しく要求するかということになります。日本の中央銀行である日本銀行がマネーストック統計の中でM_1，M_2，M_3と分類しています。

① M_1（狭義の貨幣）

3機能を一番持っているものは，なんといっても現金です。現金は，そのままでいろいろな物と交換できるからです。しかし，経済学では，3機能を一番厳しく考え貨幣の範囲が一番狭くなる場合にも，現金だけではなく，全預金取扱機関の預金通貨（要求払い預金）も貨幣とします。以上の，狭い意味（範囲）での貨幣をM_1（エムワン）といいます。

② M_2（エムツー）

M_1よりもう少し3機能のハードルを低くすると，貨幣の範囲はさらに広がります。要求払い預金以外の預金も貨幣として認めようというのがM_2です。

なお，現在のM_2の預金も，ゆうちょ銀行や農協の貯金は含みません。これは2007年9月以前はゆうちょ銀行が郵便局として国の機関であったのでM_1，M_2などの預金統計から郵便貯金などを除外したことのなごりです。

③ M_3（エムスリー）

M_2では郵便貯金などを除きましたが，M_3では全預金取り扱い機関のすべての預金も貨幣とします。

④ 広義流動性

M_3に投資信託や国債などの換金しやすい金融商品を足したものです。

＋ 補足

マネーストックとは，「ある時点での貨幣の存在量」という意味です。

＋ 補足

かつてはM_1には郵便貯金などは含みませんでした。しかし，2007年の郵政民営化によりゆうちょ銀行は国の機関ではなく銀行法上の銀行となったので，他の銀行と同じく統計に加えることにしました（2008年5月）。

用語

預金通貨（要求払い預金）とは，預金者が銀行に預金を払ってくれと要求したら，すぐに払ってくれる預金です。たとえば，普通預金は，キャッシュカードですぐに現金がおろせますから，預金通貨（要求払い預金）の一種です。

＋ 補足

たとえば，定期預金は，現金にしようとすると解約の手続きが面倒で，今までの利子が付かなかったりもします。ですが，その日のうちに現金にできるのですから，貨幣と考えていいのではないかという立場です。

＋ 補足

かつてはM_1やM_2から郵便局や農協の貯金は除外して統計を取っていました。このM_2はかつてと同じように郵便局や農協の貯金は除外することによって，過去の統計と比較できるようにしているのです。

Chapter 11

貨幣と債券

それでは，ここで，M_1，M_2，M_3，広義流動性について**図表11－2**に整理しておきましょう。どの貨幣の範囲をとっても，いずれにせよ，**貨幣＝現金＋預金**です。預金をどこまで入れるかという違いです。ですから，これから説明する貨幣市場の分析では，貨幣＝現金＋預金という理解で十分です。

図表11－1 ● マネーストック統計
（2018年8月平均残高）

単位：兆円

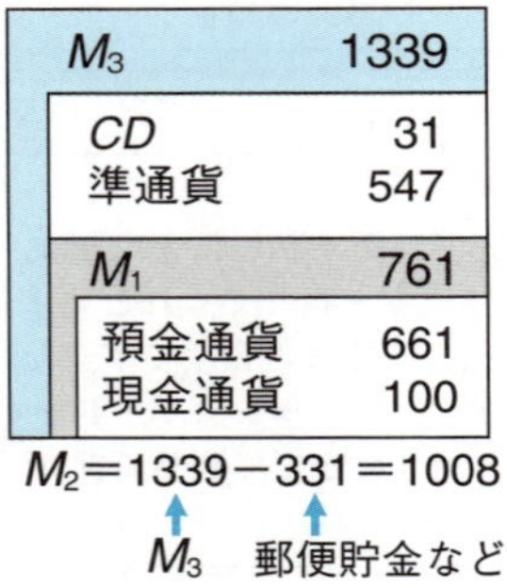

M_3	1339
CD	31
準通貨	547
M_1	761
預金通貨	661
現金通貨	100

$M_2 = 1339 - 331 = 1008$
　　　　　　↑
　　　　　M_3　郵便貯金など

日本のデータを図表11－1に紹介します。現金が100兆円と少ないことがわかります。これは，日銀の供給する現金が何倍もの預金を創り出すからなのですが，その説明は第12章の【4】貨幣供給の仕組み（p.153）で説明します。

図表11－2 ● 貨幣の定義

貨幣＝現金＋預金　→　預金のどこまでを貨幣とするかでM_1，M_2，M_3に分かれる

↓

	国内銀行などのみ（ゆうちょ銀行など除く）	全預金取扱機関
要求払い預金（預金通貨）	―	M_1
全預金	M_2	M_3
全預金＋投資信託・国債など	―	広義流動性

　M_1，$M_2 + CD$，M_3，$M_3 + CD$と書いてある本も多いのですが，その分類は2008年4月までの古い分類で，現在は使われていないので注意しましょう。

【問題11−1】

マネーストックに関する以下の記述のうち，不適切なものはどれですか。

Movie 081

A．M_1とは現金通貨と預金通貨の合計である。
B．M_2とは現金通貨と全ての預金の合計であるが，ゆうちょ銀行，農協などの預貯金は含まない。
C．M_3とは現金通貨と全預金取り扱い機関の全ての預金の合計である。
D．M_3+CDとは現金通貨，全預金取り扱い機関の預金通貨，投資信託，国債などの金融資産の合計である。

（証券アナリスト類題）

〈解法・解答〉

A，B，Cは正しい記述です。

Dの「M_3+CD」は旧統計の分類であって，現在の分類では存在しません。また，「現金通貨，全預金取り扱い機関の預金通貨，投資信託，国債などの金融資産の合計」は広義流動性と呼ばれます。

正　解　D

2. 債券とは？

【1】債券とは？

債券とは，**国や企業が資金調達の際に発行する有価証券**です。国の発行する債券を国債，企業の発行する債券を社債といいます。

債券は借用証書と似ているのですが，他人に譲ることができるという点が違います。

債券は，借用証書同様に，金額，利率，発行者，発行日，償還日があります。ただし，貸し主（＝債券を買う人）は多数であり，変わることがあるので決めていません。

ここでは，昔に発行された債券（既発債といいます）を考えます。既発債の利子率は発行日の利子率になっています。なぜなら，利子率が10％の時期に債券を発行して資金を集めるには，債券の利子率を10％程度にしなければ誰も債券を買ってくれませんし，利子率が1％の時期には，債券の利子率が1％でも，ほかの金融商品（定期預金など）も利子率が1％なので，債券は買ってもらえるからです。

➕ 補足

有価証券とは，権利を表した券面（紙）をいいます。債券には，利子を受け取り満期には貸した金額を返してもらう権利が書いてあります。2003年のペーパーレス化により，現在では債券の紙は発行せず，電子データで管理しています。

用語

- 金額：貸し借りする金額で元本（がんぽん）といいます。
- 利率：**債券で約束した利率**（利子率，金利）は発行時に決められており，その後も変わらないので**確定利子率**といいます。
- 発行者：資金を借りる組織です。
- 償還日：返済日のことです。

理由

今日新しく発行される債券（新発債といいます）は少なく，過去に発行された既発債の方が期間の途中で多く売買されており，市場に流通している量が多いからです。

図表11－3 ●紙に印刷されていた頃の債券

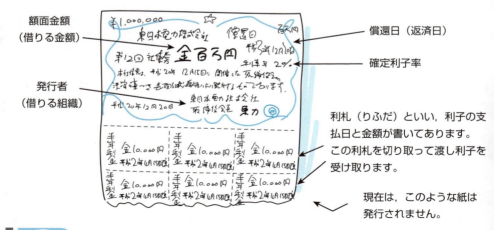

【2】債券の資金の流れ

図表11−3の債券を買う人（つまり、資金を貸す人）の資金の流れは図表11−4のようになります。

ここで注意しなくてはいけないのが、利子率です。図表11−3の債券では利子率は2％と約束しているのですから、債券の発行日以降に現実の利子率が10％に上昇しようが1％に下落しようが、債券の利子率は2％で変わらず、100万円×2％＝2万円が毎年利子として支払われます。

用語
英語で「キャッシュ・フロー」と呼び、企業会計ではよく使われる言葉です。

Point!
確定利子率は債券発行時（＝資金借入時）に約束した利子率なので、その後に現実の利子率が変わっても変化しません。このように、債券で2％と約束した利子率（表面利率）は変わりませんので、確定利子率といいます。

補足
通常、利子は半年に1回支払われますが、多くの試験では単純化して年1回支払いと単純化します。

図表11−4 ●債券の資金の流れ（キャッシュ・フロー）

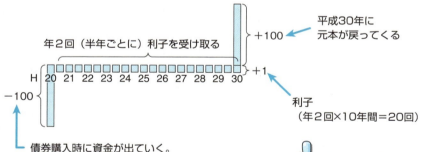

【3】債券価格と利子率の関係

先ほどの図表11−3の債券を平成23年に買うときを例にとって説明しましょう。平成23年のはじめにこの債券を買う人は、平成23年から平成30年まで半年ごとに1万円受取り、平成30年には100万円の元本の支払いを受けます。

このように債券は将来決まった一定額のお金がもらえる権利なのですが、債券価格は常に100万円というわけではなく、日々変動しているのです。実は、この債券価格の変動は

Point!
図表11−5の青色部分の資金を受け取ります。つまり、債券とは将来一定利子率で一定の金額を受け取る権利なのです。これが平成23年の債券の価値に他なりません。

Point!
債券発行時に約束され、その後動くことのない「確定利子率」と、債券発行後に変動する、その時々の「市場利子率」と2つの利子率があるので、混乱しないようにしてください。

その時々の市場利子率と関係があります。そこで，市場利子率の変化により債券価格がどのように変動するかを考えましょう。

図表11−5 ●平成23年に債券を買った人の資金の流れ（キャッシュ・フロー）

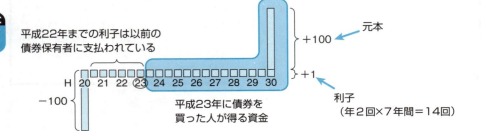

図表11−3の表面利率2％の債券を発行した平成20年以降，市場利子率が低下した場合と上昇した場合に分けて，債券価格がどのように変化するか，直感的な説明をしましょう。

〈市場利子率が1％に低下した場合〉

債券発行時には2％だった市場利子率が平成23年度（債券購入時点）では1％に低下したとします。このとき，現実の市場利子率は1％なので定期預金などの利子率は1％ですから，毎年2％で2万円の利子がもらえるこの債券は魅力的です。市場の利子率が1％に低下することにより，債券の約束する確定利子率2％の価値が相対的に上がり，債券価格は上昇します。

〈市場利子率が5％に上昇した場合〉

債券発行時には2％だった市場利子率が平成23年度（債券購入時点）では5％に上昇したとします。このとき，現実の市場利子率は5％なので定期預金などの利子率は5％です。ですから，毎年2％で2万円の利子がもらえるこの債券は魅力的ではありません。市

用語

市場利子率とは，その時々の貨幣市場の状況によって決まる利子率のことです。ここでは，ケインズ派の考えに沿って利子率は金利と同じと考えてください。

略語

債券は英語でBondといいますので，債券価格はP_BやBの記号で表わすことが多いようです。

債券発行時に約束した表面利率（確定利子率）は，市場利子率が下がったからといって勝手に変更することはできません。

市場利子率（r）が下落すると債券価格は上昇し，逆に，市場利子率（r）が上昇すると債券価格は下落します。つまり，債券価格は利子率の減少関数です。

場の利子率が５％に上昇することにより，債券の約束する確定利子率２％の価値が相対的に下がり，債券価格は下落します。

> **用語**
>
> 減少関数とは２つの数が逆方向（片方が増えればもう一方は減るという方向）に動くという関係を意味します。

債券価格は，市場利子率の減少関数

市場の利子率r ↑ ➡ 債券の確定利子率の魅力度↓ ➡ 債券価格（P_B）↓

市場の利子率r ↓ ➡ 債券の確定利子率の魅力度↑ ➡ 債券価格（P_B）↑

Chapter
11
貨幣と債券

【4】投機対象としての債券

【3】では，債券価格は利子率とは逆方向に動くことを説明しました。市場利子率はその時々の状況によって刻々と変化するので，債券価格はその利子率の動きとは反対に刻々と動くことになります。

このようにして，債券も株式のように価格が変動する資産であることがわかります。価格が変動する資産ですから，安いときに買い，高く売ることによって利益を得ようという投機の対象となります。

もっとも，債券での投機は株式ほど有名ではありません。これは，債券の価格変動は株式より小さいので，小口の売買が多く売買手数料が比較的高い個人投資家が直接債券の売買で儲けることが難しいからです。

> **✚ 補足**
>
> 市場利子率がどのように決まるかは第13章で詳しくお話ししますが，貨幣市場の需要と供給で決まります。

> **用語**
>
> **投機**とは，**現在の価格と将来の価格の差を利用して利益を得ることを目的とした取引**と定義することができますが，要するに値上がりで儲けようという取引をいいます。

> **☞ Point!**
>
> 確定利子率２％で100万円の債券を最後までもつと，毎年2%の利子を受け取り，償還日（返済日）に100万円が戻ってくるので，２％の定期預金と変わりません。**ケインズは，債券を最後まで持つとは考えず，安いときに買い高いときに売って儲けるという投機を行う対象として考えているのです。**

147

3. ワルラスの法則

Movie 083

ワルラスの法則は正確に説明すると数式を使うこととなりやや面倒となるので、直感的な説明をすることにしましょう。

当初貨幣市場、債券市場とも需要と供給が等しく均衡していたとします（図表11－6）。

図表11－6 ● 貨幣市場と債券市場

	債券市場		貨幣市場		資産の合計
	債券需要	債券供給	貨幣需要	貨幣供給	
当初	60 = 60 市場均衡		40 = 40 市場均衡		100
変化後	⑧⓪↑ > 60 超過需要20		②⓪↓ < 40 超過供給20		100

└─ 表裏一体 ─┘

ところが、何らかの事情で、債券の需要が増えて、債券市場が20兆円だけ超過需要になったとします。資産100兆円の内、80兆円を債券で持ちたいと考えているわけですから、貨幣で持ちたいと考えている量、すなわち、貨幣需要は20兆円に減り、貨幣市場では、20兆円の超過供給になります。

このように、債券市場と貨幣市場は、表裏一体の関係なので、一方の分析をすれば、他方は、その反対になっており、もう一方は分析しなくても、正反対の状況とわかるということをワルラスの法則といいます。

補 足

これは、阪神対巨人の野球の試合が、3対2で阪神が勝ったとわかれば、巨人の勝敗は阪神の反対ですので、2対3で負けたとわかることと同じです。

資産市場には貨幣市場と債券市場があるのですが、今後は貨幣市場の分析だけを行います。

補 足

資産市場でいえば、「資産には、貨幣と債券しかないので、貨幣市場を分析すれば、債券市場は分析するまでもなく、ワルラスの法則より、貨幣市場の逆の状態であるとわかる」などと表現します。

Chapter 12
貨幣供給
—日銀の発行する現金の何倍も貨幣ができる!?—

Point

1 貨幣（＝現金＋預金）は中央銀行が市中銀行経由で供給する。

2 中央銀行が直接的に供給した貨幣（ハイパワード・マネー）の貨幣乗数倍だけ貨幣は供給される（預金創造）。

3 貨幣乗数 ＝ $\dfrac{現金預金比率＋1}{現金預金比率＋支払準備率}$

Movie 084

難易度　B

出題可能性

国家一般職（旧Ⅱ種）	A
国税専門官	B
地方上級・市役所・特別区	A
国家総合職（旧Ⅰ種）	A
中小企業診断士	A
証券アナリスト	A
公認会計士	A
都庁など専門記述	A
不動産鑑定士	A
外務専門職	A

　第11章では，貨幣とは現金と預金であることを説明しました。この第12章では，その貨幣がどのように社会に供給されるかということを学びます。この章での主役は現金である紙幣を発行する中央銀行です。ですから，まず，中央銀行とは何かを説明し，次に，中央銀行が貨幣を供給する仕組みを学びます（預金創造，貨幣乗数）。

1. 中央銀行とは？

【1】中央銀行の3機能

中央銀行は，①発券銀行，②銀行の銀行，③政府の銀行の3つの機能をもつ銀行です。

① 発券銀行（現金である紙幣を発行）

中央銀行は，現金である紙幣を発行するという機能があります。現金である紙幣の発行量を調整するなどして，貨幣（＝現金＋預金）の量（供給量）を調整します。

② 銀行の銀行

中央銀行は，銀行から預金を受け入れ，銀行に貸し出しをします。そして，一時的に資金不足に陥った銀行に貨幣を供給し，銀行の支払不能などによる金融システムの混乱を防ぎます（健全な金融システムの維持）。

③ 政府の銀行

中央銀行は政府の資金収支の事務を行います。

Point! Movie 085

貨幣は①交換仲介機能，②価値尺度機能，③価値保存機能をもち，経済にとってはきわめて重要なものです。この貨幣を使った経済，すなわち，貨幣経済の維持が中央銀行の目的となります。

物価が2倍になれば，1万円札で買える物は半分に減ってしまうように，物価上昇が著しければ貨幣の価値が著しく下落し誰も貨幣を持たなくなり物々交換経済となります。ですから，中央銀行にとっては，物価の安定が，貨幣経済を守るという意味で重要なのです。

補足

貨幣量の調整を通じて完全雇用の実現も目標とします（→第15章）。

用語

企業や個人は資金不足の際に銀行から借りますが，銀行が一時的な資金不足の場合には，最終的に中央銀行が貸し出します。これを「最後の貸し手」といいます。

図表12－1 ●中央銀行の3機能と政策目標

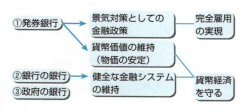

【2】中央銀行と市中銀行

日本では，以上の3機能を持つ中央銀行は日本銀行だけです。日本の紙幣には日本銀行券と印刷してあります。

これに対し，私達が利用している銀行（たとえば，三菱東京UFJ銀行，みずほ銀行，三井住友銀行など）は，3機能を持っていません。このように中央銀行以外の銀行を市中銀行といいます。

【3】中央銀行の独立性

紙幣を発行する中央銀行は国民経済に大きな影響力を与えます。ですから，民主主義という視点からすれば，国民の意見が反映されるような仕組みが求められるはずです。具体的には，国民の選挙によって選ばれる国会議員から構成される国会や，その国会が選んだ内閣総理大臣が組織する内閣（通常，行政府，あるいは，政府と呼ばれます）の監督下におくべきだということになりそうです。

しかしながら，多くの国では中央銀行は政府や議会から独立しています。これは，中央銀行が政府や国会の監督下にあると，短期的な人気取り政策のため紙幣が乱発され，著しい物価上昇が継続し，インフレーションが国民経済を混乱させたという歴史的経験への反省からです。

補 足

ちなみに，米国の中央銀行は米国連邦準備銀行（FRB： Federal Reserved Bank），欧州連合（EU）の中央銀行は欧州中央銀行（ECB： European Central Bank）です。

補 足

日本銀行総裁と副総裁は国会の議決を経て内閣総理大臣が任命します。この点では日本銀行への民主的なコントロールはあります。

用 語

これを「中央銀行の独立性」といいます。この考えに基づき，日本銀行は政府機関ではなく，日本銀行法という法律に基づく特殊法人という位置づけになっており，政府から独立して自律的に金融政策を行うこととされています。なお，特殊法人とは，公共の利益のために特別の法律で設置される法人をいい，他に放送法に基づく日本放送協会（NHK）などがあります。

復 習

すでにお話ししたように，著しい物価上昇は通貨価値の下落を意味し，人々は貨幣が値下がりするので持ちたがらなくなり貨幣経済が機能しなくなり，経済は混乱してしまうのです。

2. 貨幣供給の仕組み

Movie 086

【1】貨幣供給の現金とは

貨幣とは現金＋預金です（第11章）が、現金とは、私達が利用できる現金ですから、中央銀行や市中銀行の金庫にある現金は含みません。あくまでも、中央銀行や市中銀行の金庫から出て、世の中に出回っている現金でなければ、貨幣供給の現金にはなりません。

【2】法定準備率（支払準備率）

市中銀行が預金として預かった現金をすべて貸し出すと、預金者が預金を引き下ろしにきても現金を払い戻せなくなってしまいます。そのような危険を防ぐために、法律により受け入れている預金等の一定比率（準備率）以上の金額を日本銀行に預け入れることを義務づける制度があります（準備預金制度）。そして、この**法律で定められた「預かった預金のうち、最低限、日銀に預けなくてはならない金額の比率」**を法定準備率といいます。

【3】ハイパワード・マネー（マネタリー・ベース、ベースマネー）

ハイパワード・マネーとは**中央銀行が直接的に供給した現金**のことです。この現金は何倍もの預金を作り出す強い力があるのでハイパワード・マネーと呼びます。

用語

ここでは貨幣とは貨幣の存在量のことを意味するので「マネーストック」と呼びます。その貨幣の存在量は貨幣の供給量でもあるので「貨幣供給（マネーサプライ）」とも呼びます。

補足

これを「**貨幣供給の現金とは非金融機関の保有する現金**」といいます。

補足

市中銀行は、顧客から預金を預かり、その資金を貸し出して利子を得て利益を得ます。ですから、銀行が利益を増やすために、預かった資金をなるべく貸し出しに回そうという動機はあります。

用語

「預かった預金のうち、実際に日銀に預ける預金の比率」を支払準備率（預金準備率）といいます。法定準備率は最低限ですから、銀行が法定準備率以上の支払準備率であることもあります（過剰準備）。

用語

市中銀行による日銀への預金を日銀預け金、準備、日銀当座預金といいます。

用語

貨幣の元になるものだという意味でマネタリー・ベースやベースマネーとも呼びます。

図表12-2 ●預金創造の仕組み

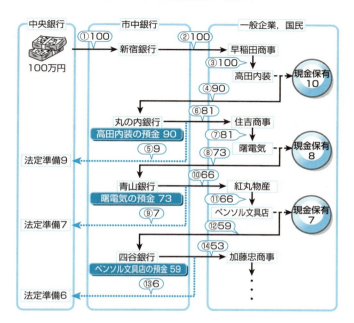

【4】貨幣供給の仕組み

それでは，ハイパワード・マネーが，預金をどのように増やして，貨幣（＝現金＋預金）を増やすかを図表12-2を使って説明します。

① まず，中央銀行（日銀）が最初に現金100万円を新宿銀行に供給したとしましょう。
② いま，市中銀行は金庫に現金を持たないと仮定しましょう。すると，新宿銀行は日銀から供給された現金100万円はすべて貸し出します。新宿銀行が早稲田商事に100万円を貸し出したとします。
③ 新宿銀行から100万円を借りた早稲田商事は，高田内装にビルの内装工事代として100万円を支払ったとします。

補足
この100万円は中央銀行が直接的に供給した貨幣なのでハイパワード・マネーが＋100万円ということです。

補足
中央銀行（日銀）のハイパワード・マネーの供給方法については，第15章で後ほど説明します。

④ 100万円を工事代金として受け取った高田内装は、その10%の10万円を現金として持ち、残りの90%の90万円を丸の内銀行に預けるとします。【預金90万円】

⑤ 支払準備率が10%とすると、高田内装から90万円を預金として預かった丸の内銀行は、預金90万円の10%にあたる9万円は、高田内装への支払い（払い戻し）に備えて日銀に預けます。

⑥ ですから、丸の内銀行は高田内装から90万円の預金を預かりましたが、9万円は日銀に法定準備として預けるので、90－9＝81万円が貸し出せる資金です。この81万円を丸の内銀行は住吉商事に貸し出したとします。

⑦ 住吉商事はその81万円をパソコン代として曙電気に支払ったとします。

⑧ 曙電気は受け取った81万円の10%の約8万円を現金として持ち、90%の約73万円を青山銀行に預けるとします。【預金73万円】

⑨ ここで、支払準備率が10%とすると、曙電気から73万円を預金として預かった青山銀行は、預金73万円の10%にあたる約7万円は、曙電気への支払い（払い戻し）に備えて日銀に預けます。

⑩ ですから、青山銀行は曙電気から73万円の預金を預かりましたが、7万円は日銀に法定準備として預けるので、73－7＝66万円が貸し出せる資金です。この66万円を青山銀行は紅丸物産に貸し出したとします。

⑪ 紅丸物産はその66万円を文具用品代としてペンソル文具店に支払ったとします。

⑫ ペンソル文具店は受け取った66万円をすべて現金で持とうとはしないでしょう。その66万円の10%の約7万円を現金として持ち、90%の約59万円を四谷銀行に預けるとします。【預金59万円】

⑬ ここで、支払準備率が10%とすると、ペンソル文具店から59万円を預金として預かった四谷銀行は、預金59万円の10%にあたる約6万円は、ペンソル文具店への支払いに備えて日銀に預けます。

⑭ ですから、四谷銀行はペンソル文具店から59万円の預金を預かりましたが、6万円は日銀に法定準備として預けるので、59－6＝53万円が貸し出せる資金です。この53万円を四谷銀行は取引先の加藤商事に貸し出したとします。

このように，貸し出しと預金の連鎖は延々と続き，預金が創造されていきます。これを**預金創造**といいます。つまり，**日銀が直接的に供給した貨幣（＝ハイパワード・マネー，図表12－2の①100万円）は，その同じ現金が何度も，貸し出しと預金を繰り返すことによって，預金が増えていきます。**

　図表12－2を見ればわかるように，中央銀行は100万円しか現金を供給していなくても，その100万円から預金は，丸の内銀行の高田内装の預金90＋青山銀行の曙電気の預金73＋四谷銀行のペンソル文具の預金59＝222万円の預金が創造されています。同時に，現金は，最初に100万円供給されましたが，法定準備として9＋7＋6＝22万円が銀行から日銀へ戻っています。

　ですから，**市中にある現金は，100万円でなく，支払準備で日銀に戻った分だけ減少し**ています。貨幣供給を考えるときの現金は，私達が利用できる現金ですから，

となります。いいかえると，

ハイパワード・マネー＝現金＋準備

となります。

> **補足**
> 「金は天下の回りもの」というように，同じ現金が何回も預金と貸し出しを通じて，銀行と一般企業や国民との間を回転しているわけです。その結果，預金がどんどん創造されていくのです。

> **用語**
> 預金創造は信用創造とも呼びます。

> **補足**
> 現金は印刷をしない限り増えることはありません。預金と貸し出しの連鎖により増えるのは預金であって，現金の物理的な絶対量自体は変化せず，その現金が日銀の金庫に入ってしまったら，その分の現金は私達が利用できない現金となるので，その分，貨幣供給としての現金は減ってしまうのです。

> **復習**
> 正確には，非金融機関が保有する現金です。

図表12－3● 日本のハイパワード・マネーの内訳（2018年7月）

ハイパワード・マネー	498兆円
現金（日本銀行券,お札）	104兆円
現金（硬貨）	5兆円
日銀当座預金	388兆円

出所　日本銀行

3. 貨幣乗数

ハイパワード・マネーが何倍の貨幣を作り出すかを**貨幣乗数**といいます。貨幣乗数の話にはいる前に，略語の紹介をしておきましょう。ハイパワード・マネーをH，貨幣をM，預金をD，現金をC，（支払）準備をRと略し，貨幣乗数はmとしましょう。

ハイパワード・マネー（H）は何倍の貨幣（M）を作り出すかを貨幣乗数（m）と呼んでいますので，

$$M = mH$$

という関係になります。

$$m = \frac{M}{H} \quad \cdots\cdots ①$$

と言い換えることができます。

ところで，

貨幣（M）＝現金（C）＋預金（D） ……②

ハイパワード・マネー（H）＝現金（C）＋準備（R） ……③

ですから，②，③を①に代入して，

$$m = \frac{M}{H} = \frac{C+D}{C+R} = \frac{\frac{C}{D}+\frac{D}{D}}{\frac{C}{D}+\frac{R}{D}} = \frac{\frac{C}{D}+1}{\frac{C}{D}+\frac{R}{D}}$$

分母・分子をDで割る　　支払い準備率

> **略 語**
> ハイパワード・マネー：High Powered Money
> 貨幣：Money
> 預金：Deposit
> 現金：Cash
> 準備：Reserve
> 貨幣乗数：money multiplier

ここで，$\frac{C}{D}$は現金預金比率といい，預金に対する現金の割合です。ですから，貨幣乗数は次のように表すことができます。

$$\text{貨幣乗数}\, m = \frac{\frac{C}{D}+1}{\frac{C}{D}+\frac{R}{D}} = \frac{\text{現金預金比率}+1}{\text{現金預金比率}+\text{支払準備率}}$$

Point!

貨幣乗数の式に支払準備率（$\frac{R}{D}$）を登場させるために，分母・分子を預金（D）で割ります。支払準備率（$\frac{R}{D}$）は中央銀行が政策によって変更することができるので，この式より，中央銀行は支払準備率（$\frac{R}{D}$）を操作することによって貨幣乗数を操作することができることがわかります。詳しくは第15章で説明します。

① 支払い準備率の引き上げ

支払い準備率（$\frac{R}{D}$）が0.1（10％）から0.2（20％）へ引き上げられると，貨幣乗数 m は，

$$m=\frac{\frac{C}{D}+1}{\frac{C}{D}+\frac{R}{D}}=\frac{0.11+1}{0.11+0.2}=\frac{1.11}{0.31}=約3.6$$

となり，当初の約5.3よりも小さくなります。

> ### 理 由
>
> 支払準備率が上昇すると，市中銀行は預金のうち支払準備として日銀に預ける金額が増えるので貸出し額が減ります。その結果，貸出と預金の連鎖でおこる預金創造が小さくなってしまうのです。

② 現金預金比率の上昇

現金預金比率が0.11から0.2 に上昇すると，貨幣乗数 m は，

$$m=\frac{\frac{C}{D}+1}{\frac{C}{D}+\frac{R}{D}}=\frac{0.2+1}{0.2+0.1}=\frac{1.2}{0.3}=4$$

となり，当初の約5.3よりも小さくなります。

> ### 理 由
>
> 現金預金比率が上昇すると，銀行への預金額が減少してしまいますので，貸し出しと預金の連鎖が小さくなってしまうからです。たとえば，図表12－2で100万円を受け取った高田内装は10％を現金で持ち帰り，90％の90万円を預金するとしています。もし，80％を現金で持ち残りの20万円しか預金しなければ④の高田内装の預金は90万円から20万円に減り，その後の貸出しと預金も大きく減ってしまいます。

> ### たとえば
>
> 図表12－2では，現金預金比率（$\frac{C}{D}$）= $\frac{1}{9}$=約 0.11，支払準備率（$\frac{R}{D}$）= 0.1でしたから，
>
> $$m=\frac{\frac{C}{D}+1}{\frac{C}{D}+\frac{R}{D}}=\frac{0.11+1}{0.11+0.1}=\frac{1.11}{0.21}=約5.3$$
>
> となります。
>
> ですから，100万円のハイパワード・マネーは約5.3倍の約530万円の貨幣を作り出します。もちろんこの増加は，預金創造によるのであって，現金が増えたわけではありません。

【問題12-1】貨幣乗数の計算① 〈中央銀行が供給するパターン〉

ある経済において,現金・預金比率＝0.08,準備金・預金比率＝0.02であり,いずれも常に一定とした場合,中央銀行がハイパワード・マネーを1兆円増加させたときのマネーサプライの増加量として,正しいのはどれか。

Movie 088

1. 1兆円
2. 4兆円
3. 10.8兆円
4. 12.8兆円
5. 54兆円

（地方上級）

鉄則6　貨幣乗数の求め方

$$貨幣乗数 = \frac{M}{H} = \frac{C+D}{C+R} = \frac{\frac{C}{D}+1}{\frac{C}{D}+\frac{R}{D}}$$

（解説・解答）

問題文の数値を貨幣乗数の式に当てはめると,

$$貨幣乗数 = \frac{\frac{C}{D}+1}{\frac{C}{D}+\frac{R}{D}} = \frac{0.08+1}{0.08+0.02} = \frac{1.08}{0.1} = 10.8$$

となり,貨幣乗数は10.8となるので,1兆円のハイパワード・マネー増加は10.8倍の10.8兆円の貨幣量増加となります。

正解　3

【問題12−2】 貨幣乗数の計算② 〈個人や企業が持っていた現金を預金する パターン〉

ある市中銀行が8,000万円の預金を受け入れた場合，この預金をもとに市中銀行全体で派生的に信用創造される預金額として，正しいのはどれか。ただし，すべての市中銀行の預金準備率は20％とし，預金は途中で市中銀行以外に漏れることはないものとする。

> 1．1,600万円
> 2．9,600万円
> 3．1億4,400万円
> 4．3億2,000万円
> 5．4億円

（国税専門官）

Chapter 12

貨幣供給

計算に必要な知識

貨幣乗数（p.156〜157）

本源的預金と派生預金

最初銀行に預けた預金を本源的預金と呼び，その後預金創造により増えた預金（これを派生預金といいます）と区別します（鉄則7）。

鉄則7　派生預金の計算

派生預金＝預金総額−本源的預金

↑　　　　　　↑

預金創造に　　最初の預金

よって増えた預金

戦　略

誰かが8,000万円の預金をしたケースは，日銀がハイパワード・マネーを8,000万円供給したケースと同じ効果です。なぜなら，市中銀行にすれば，8,000万円だけ現金が増えたという点では同じだからです。

ですから，8,000万円の貨幣乗数倍だけ貨幣が供給されることになるのです。

Step 1 貨幣乗数を求めます。

Step 2 貨幣乗数を用いて預金総額を求めます。

Step 3 預金総額から本源的預金を差し引いて，派生預金を求めます。

159

計 算

Step 1 　貨幣乗数の計算

$$貨幣乗数（m）＝\frac{\dfrac{C}{D}+1}{\dfrac{C}{D}+\dfrac{R}{D}}$$

ここで$\dfrac{R}{D}$＝預金準備率＝0.2（20%），$\dfrac{C}{D}$（現金預金比率）は「預金は途中で市中銀行以外に漏れることはない」とあることから，人が現金を保有することはなく，全て預金するということなので，$\dfrac{C}{D}$＝0となります。したがって，

$$貨幣乗数（m）＝\frac{\dfrac{C}{D}+1}{\dfrac{C}{D}+\dfrac{R}{D}}＝\frac{0+1}{0+0.2}＝5$$

Step 2 　預金総額の計算貨

当初の8,000万円の預金が5倍になるので
全体の預金（D）＝8,000万円×5＝40,000万円（4億円）

Step 3 　派生預金の計算

このうち8,000万円は本源的預金なので差し引いて，
派生預金＝4億円－8,000万円＝3億2,000万円
　　　　　　　↑　　　　　　↑
　　　　　預金総額　　本源的預金

落とし穴

本源的預金を差し引くことを忘れて，4億円で選択肢5を選ばないように注意しましょう。

正 解　4

Chapter 13
利子率の決定
— 住宅ローンの金利はどう決まる？—

Point

1 ケインズは貨幣需要の動機には①取引的動機，②予備的動機，③投機的動機の3つがあると考えた。

2 ①取引的動機，②予備的動機による貨幣需要をまとめて取引需要（L_1）といい，国民所得の増加関数である。

3 投機的動機による貨幣需要は資産需要（L_2）とも呼ばれ，利子率の減少関数である（流動性選好説）。

4 利子とは貨幣のレンタル価格であり，利子率は貨幣の需要と供給によって決まる。

Movie 090

難易度　B

出題可能性

国家一般職（旧Ⅱ種）	C
国税専門官	C
地方上級・市役所・特別区	C
国家総合職（旧Ⅰ種）	B
中小企業診断士	C
証券アナリスト	B
公認会計士	C
都庁など専門記述	C
不動産鑑定士	C
外務専門職	C

　　第12章では，中央銀行がどのようにして貨幣を供給するかを学びました。この第13章では，まず，貨幣需要について学び，次に，利子とは貨幣のレンタル価格であり，利子率は貨幣の需要と供給によって決まるというケインズの考えを理解します。

1. 貨幣需要

【1】ケインズの3つの動機

人々が貨幣を持つのはなぜでしょうか。それは、貨幣には流動性という便利な性質があるからです。ケインズによれば、流動性とは、財や資産との交換との容易さと価値の安定性のことです。そして、人々が貨幣を持つ動機として、次の3つがあると考えました。

① 取引的動機

取引には貨幣が必要です。この取引のための貨幣需要を取引的動機による貨幣需要といいます。

② 予備的動機

万が一の取引に備えて、貨幣を需要することを、予備的動機による貨幣需要といいます。

③ 投機的動機

債券で一儲けしようと思っている人は、債券が値下がりしそうになると、値下がり損を被る前に、債券を売って貨幣を持とうとします。このように、債券投機の結果、一時的に貨幣を需要することを投機的動機による貨幣需要といいます。

【2】取引需要（L_1）

ところで、取引的動機の貨幣需要は、国民所得が増加すると取引金額が増え、取引のための貨幣がたくさん必要となります。ですから、国民所得が増えれば、取引的動機の貨幣需要は増加します。

同じように、予備的動機の貨幣需要も、国民所得が増加すると取引が増え、万が一の取引のための貨幣もたくさん必要となるので、国民所得が増えれば予備的動機の貨幣需要も増加します。

略語

流動性は英語でLiquidityなので、貨幣需要のことをLと略します。MD（Demand of Money）と略す場合もあります。

Point!

ケインズは、利子を流動性という便利な性質を持つ貨幣を手放すことへの報酬と考えます。つまり、貨幣のレンタル価格と考えたのです。ケインズの考えでは、利子と金利は同じ意味になります。

利子＝金利＝貨幣のレンタル価格

Point!

貨幣の機能（交換仲介、価値尺度、価値保蔵）から出てくる便利さです。

補足

投機とは値上がりによる利益を目的とした取引です。値上がりしない貨幣で儲けようというわけではなく、債券が値下がりしそうなときに、値下がりしない貨幣に一時的に避難するということです。

この取引的動機の貨幣需要と予備的動機の貨幣需要をひとまとめにして取引需要（L_1）といいます。取引需要（L_1）は，国民所得（Y）が増えるにつれ，増加します（図表13－1）。

　このグラフでは，$Y=100$のとき，$L_1=50$，$Y=200$のとき，$L_1=100$，と，Yの増加とともに，L_1が増加しています。

【3】資産需要（L_2）—流動性選好説—

　投機的動機の貨幣需要は，債券投機の結果として一時的に貨幣を需要することをいいます。ですから，資産を，貨幣で持つか債券で持つかという資産選択の結果ですので，資産需要（L_2）ともいいます。

　この資産需要（L_2）は，市場利子率が下落すると，債券価格が上昇し（①），債券が割高となり，今後値下がりの恐れが出てくるので，債券需要を減らして（②），代わりに，価値の安定している貨幣を持とうとする（③）結果，貨幣需要が増加します。このように，**資産需要（L_2）は，利子率の減少関数**となります。これを図表13－2に描くと右下がりの資産需要曲線となります。

　上の図では，利子率がr_0からr_1へ下落すると，資産需要がL_0からL_1へと増加しています。

> **用語**
> 「取引需要（L_1）は国民所得（Y）の増加関数」といいます。増加関数とは，2つの数が同じ方向に動く，つまり，片方が増えればもう一方も増えるという関係です。

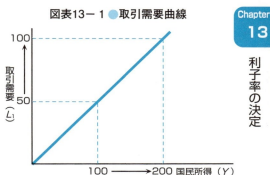

図表13－1 ●取引需要曲線

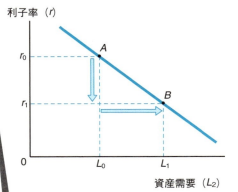

図表13－2 ●資産需要曲線

> **補足**
> 　これをケインズの流動性選好説といいます。ケインズ以前の古典派は貨幣の取引需要しか考えなかったのに対して，資産需要を考えた点がユニークだったのです。これは第16章で詳しく説明します。

図表13－3 ●ケインズの流動性選好説

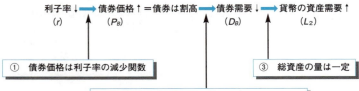

○流動性の罠

利子率が最低の水準で，誰しも利子率はこれ以上下落せず，後は上がるだけだと考えている状況では，債券価格は最高で，誰しも債券価格はこれ以上上昇せず，後は下がるだけだと考えている状況です。このとき，すべての人が，債券を売って貨幣を需要しようとするので，資産需要（L_2）はきわめて大きくなります。

このような**最低限の利子率の状況**を**流動性の罠**といいます。これを図表13－4の資産需要曲線で表すと，利子率が最低限の水準であるr_0になったとたんに資産需要（L_2）は無限大になるので，r_0で水平になります。

図表13－4 ●資産需要曲線

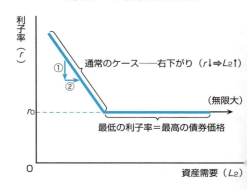

用語

利子率が少し下がって最低のr_0になった瞬間に貨幣需要が無限に近いほど増加するので，「貨幣需要の利子弾力性は無限大」といいます。なお，貨幣需要の利子弾力性とは「利子率が1％（100分の1）下がったときに，貨幣需要が何％増加するか」です。

図表13－5 ●最低の利子率＝流動性の罠

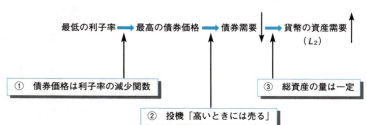

【4】貨幣需要（L）

全体の貨幣需要（L）は，取引需要（L_1）と資産需要（L_2）を足したものです。取引需要（L_1）は国民所得の増加関数ですが，この第4部では国民所得を一定としているので取引需要も一定となります。

図表13－1より，$Y=200$で一定とすると$L_1=100$と決まります。このときの貨幣需要は$L=L_1+L_2=100+L_2$となるので，貨幣需要曲線は，図表13－4の資産需要曲線L_2を100だけ右へシフト（移動）させた図表13－6のLのようになります。また，$Y=100$のとき図表13－1より$L_1=50$なので，貨幣需要$L=L_1+L_2=50+L_2$となり，L_2を50だけ右シフトさせたL'となります（図表13－6）。

> **復習**
> この部では資産市場の分析に集中するために，財市場で決まる国民所得と労働市場のとの関係で決まる物価は一定と仮定しました。

図表13－6 ●貨幣需要曲線

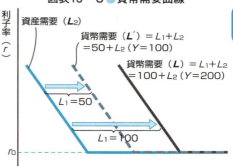

2. 貨幣供給

Movie 092

私たちの行動を考えると，名目貨幣供給量（M）ではなく，**実質貨幣供給量（$\frac{M}{P}$）が重要**となります。

今，名目貨幣供給量（M）は中央銀行が一定量にコントロールしていると仮定します。また，この部では物価を一定と仮定していますから，名目貨幣供給量（M）を物価（P）で割った実質貨幣供給量も一定となります。

図表13－7では，縦軸の利子率がいくらであろうと**横軸の実質貨幣供給量（$\frac{M}{P}$）は一定**となるので，利子率と実質貨幣供給量（$\frac{M}{P}$）の関係を表す**貨幣供給曲線は，垂直な直線**になります。

> **Point!**
> 名目貨幣供給量が100兆円あっても，電車の初乗りが100兆円だったらほとんど価値がありません。私たちには，名目の貨幣供給量（M）を物価（P）で割った実質貨幣供給量（$\frac{M}{P}$）が重要なのです。

図表13－7 ●貨幣供給曲線

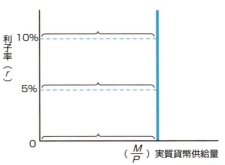

3. 利子率の決定

それでは，図表13-8に，図表13-7の垂直な貨幣供給曲線（$\frac{M_0}{P_0}$）と，図表13-6の貨幣需要曲線（L）を書き込みましょう。

図表13-8において，**利子率は貨幣の需要と供給の一致する点Eの水準r_eに決定されます**。

なぜなら，利子率がr_eより高いr_1であると，供給量はACですが，需要量はABしかなく，BCだけ超過供給になってしまいます。超過供給とは，貨幣を貸したい人の方が多いわけですから，貨幣のレンタル価格である利子率は下落し，r_eへ向かいます。

一方，利子率がr_eより低いr_2であると，需要量はFHですが，供給量はFGしかなく，GHだけ超過需要になってしまいます。超過

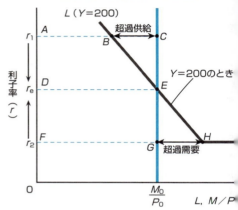

図表13-8 ● 利子率の決定

需要とは，貨幣を借りたい人の方が多いわけですから，貨幣のレンタル価格である利子率は上昇し，r_eへ向かうからです。

> 利子は貨幣のレンタル価格であり，利子率は貨幣の需要と供給によって決まる

貨幣供給量の増加による利子率の低下

今度は，図表13-9を用いて，中央銀行が貨幣供給量（M）を増加させたとき，利子率が下落することを説明します。

当初，物価はP_0，名目貨幣供給量はM_0，したがって実質貨幣供給量は$\frac{M_0}{P_0}$であり，利子率は点Eの水準r_0であったとします。今，物価はP_0で一定のまま，中央銀行が貨幣供給量をM_0からM_1へ増加させたとします。このとき実質貨幣供給量は$\frac{M_0}{P_0}$から$\frac{M_1}{P_0}$へと増加します。その結果，貨幣供給曲線は右シフトし，利子率がr_0のままではEFだけ超過供給となるので利子率は下落し，最終的に需要と供給が等しくなるE'点の水準r_1となります。

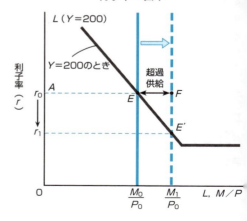

図表13-9 ● 貨幣供給量の増加による利子率の低下

【問題13－1】
利子率の決定について説明しなさい。

（不動産鑑定士）
Movie 094

〔参考答案〕
1. まず，ケインズの流動性選好理論を説明する。
(1) ケインズは利子率を貨幣のもつ高い流動性を一定期間手離すことの対価と考える。そして，利子率はある一時点において存在する実質貨幣供給量（$\frac{M}{P}$）と貨幣需要量（L）により決定されるとする。
(2) 物価一定，国民所得一定，閉鎖経済を仮定して議論を進める。
(3) 名目貨幣供給量（M）は中央銀行が一定額に制御していると仮定する。したがって，物価一定なので実質貨幣供給量（$\frac{M}{P}$）は一定となり，〈図1〉のように一定額（$\frac{M}{P}$）₀で垂直となる。

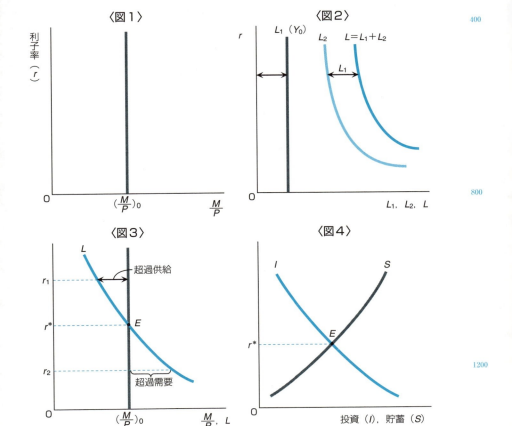

(4) 貨幣需要（L）は以下の2つに分けられる。

① まず，取引のための貨幣需要，および不意の支出に備えての貨幣需要は国民所得（Y）が増加すると増えるので，合計して取引需要（L_1）としてひとまとめとし，ここではYを一定と仮定するのでL_1も一定となり，また，利子率の水準には影響されないので，〈図2〉の$L_1(Y_0)$のように垂直となる。

② もう1つが，資産として貨幣を保有する資産需要（L_2）である。債券価格（P_B）は利子率（r）の減少関数であるので，利子率が高いと債券価格が安く，債券の値上がり益が得られると予想し，債券需要が増加する結果，貨幣需要（L_2）は少なくなる。したがって，資産需要は，利子率の減少関数となり，〈図2〉のL_2のように右下がりとなる。

③ 貨幣需要$L=L_1+L_2$で〈図2〉のように右下がりとなる。

(5) 利子率（r）は〈図3〉のように貨幣の需要と供給を均衡させる水準（r^*）に決定される。

2. これに対し，古典派は利子を実物資本利用の代価（資本財のレンタル料）と考え，利子率は一定期間における実物資本の需要（資本を借りたいという量，投資）と供給（資本を貸したいという量，貯蓄）により決定されるとする（〈図4〉）。

以上

＋ 補　足　`:::□:::`

古典派の利子論は第16章で学びます。

＋ 補　足　`:::□:::`

貨幣ベール観（p.191）は利子率決定とは直接関係しないので割愛。

Chapter 14
投資の限界効率理論
―住宅ローンの金利が下がると住宅投資が増える―

Point

1 投資の限界効率とは，投資の利益率を定期預金の利子率で表示したものである。正確には，「投資により得られる将来の収入の割引現在価値の合計と投資費用が等しくなる割引率」と定義される。

2 投資の限界効率が利子率よりも大きいときに投資が実行される【ケインズの投資の限界効率理論】。

3 ケインズの投資の限界効率理論によると，利子率が下がると投資は増加する。

Movie 095

難易度　B

出題可能性

国家一般職(旧Ⅱ種)	C
国税専門官	B
地方上級・市役所・特別区	C
国家総合職(旧Ⅰ種)	B
中小企業診断士	B
証券アナリスト	B
公認会計士	B
都庁など専門記述	B
不動産鑑定士	B
外務専門職	B

　第13章では，利子率は貨幣の需要と供給によって決まるということを学びました。この第14章では，その利子率によって投資量が決まるというケインズの投資理論を理解します。この投資理論は，中央銀行の金融政策によって利子率を変えることによって投資量を変化させ，物価の安定や完全雇用の実現を達成するという第15章の金融政策につながります。

1. 投資の限界効率

Movie 096

【1】投資は財の需要

第13章では利子率の決定について説明をしましたが、ここで財市場の需要の1つである投資について分析します。財市場については第3部で分析したのですが、投資は貨幣市場によって決まる利子率の影響を受けるので、貨幣市場の説明をしていなかった第3部では、投資の説明はできませんでした。この部は、資産市場の分析のはずなのですが、そのような事情で、ここで、財市場の説明し残しである投資の説明を行います。

> **補足**
> 投資は、日本の財の需要約500兆円の約2割の約100兆円です。数量としては、消費より少ないのですが、投資は、変動が大きく、経済に及ぼす影響が大きいため、その分析はきわめて重要となります。

> **用語**
> 収入は会計上の言葉で収益と呼ぶこともあります。

【2】投資判断の難しさ

ここでは、投資のうち企業が行う設備投資を前提として考えましょう。企業は投資のための費用を現在支出しますが、設備ができあがり稼働して利益を上げるのは将来です。つまり、現在の支出と将来得る収入は時間差があるので、金額を単純に比べることはできません。

> **Point!**
> この収入と支出の時間差によって同じ金額でも価値が違うことが、投資の判断を難しくします。

そのことを図表14-1のプロジェクトAとプロジェクトBの比較を使って説明しましょう。ある企業に投資プロジェクトAとBがあり、それぞれのプロジェクトの資金の流れ（キャッシュフロー）は図表14-1だとします。

○よくある間違い

「投資プロジェクトAは、収入を単純に合計すると、10万円×5年間＝50万円です。これに対し、支出は30万円だから、50÷30＝1.666…と支出額が約1.67倍の50万円になって戻ってくるので、利益率は0.67、すなわち67％だ！

一方、投資プロジェクトBは、収入を単純

図表14-1 ● 投資プロジェクトの比較

投資プロジェクトA

現在	1年後	2年後	3年後	4年後	5年後
-30	10	10	10	10	10

投資プロジェクトB

現在	1年後	2年後	3年後	4年後	5年後
-30	0	0	10	20	30

・投資案件Aは現在30万円を支払って機械を買って投資をすれば、1年後から5年後まで毎年10万円の資金が入ります。そして、5年後には機械が壊れ、6年以降は資金は入ってきません。収入の単純合計は、10万円×5年間＝50万円です。

・投資案件Bは現在30万円を支払って機械を買って投資をすれば、3年後に10万円、4年後に20万円、5年後に30万円の資金が入ります。そして、5年後には機械が壊れ、6年以降は資金は入ってきません。収入の単純合計は、10＋20＋30＝60万円です。

に合計すると60万円です。これに対し、支出は30万円だから、60÷30＝2と支出額が2倍の60万円になって戻ってくるので、利益率は1.0、すなわち100％だ！

したがって、BのほうがAよりも利益率が大きい！」

などと考えてはいけません。いつもらえるのかという時間差によって同じ10万円でも価値が違うのです。そのことを具体例で説明しましょう。

たとえば、1年後に得られる100万円と、現在の100万円を比べてみましょう。

現在の100万円は、合理的な人であれば銀行に預けますので利子がつき、1年後には利子の分だけ大きくなります。たとえば、利子率が10％であれば、現在の100万円は1年後には、100万円× 1.1＝110万円となります。しかし、1年後に得られる100万円は、1年後の100万円です。

ですから、利子率が10％のときには、現在の100万円と1年後の110万円が同じ価値であることがわかります。

では、1年後の100万円は現在の価値ではいくらでしょうか。これは、100万円を1.1で割ったもの100 /1.1です。

ですから、1年後の100万円は、現在では100/1.1＝約91万円の価値となります。このように、将来の時点での価値を現在の価値に直したものを割引現在価値といいます。

では、利子率が10％のとき、2年後の100万円は現在の価値ではいくらでしょうか。これは、100万円を1.1^2で割った100/1.1^2万円です。このようにして、2年後の100万円は、現在では100/1.1^2＝約83万円の価値しかないことがわかります。

Point!
同じ金額であっても、早くもらうほど利子が付くので価値は大きいことになります。

用語
100万円は、現在における価値を表しているので現在価値、110万円は1年後という将来における価値を表しているので将来価値といいます。

理由
現在の100/1.1万円は、1年後には利子がつくので、1.1倍になっているので、100/1.1 × 1.1 ＝ 100 となり、ちょうど利子が付いて100万円になるからです。

用語
この「割引」とは、将来の価値を現在の価値に直すと利子の分だけ現在価値が小さくなるという意味です。

理由
現在の100/1.1^2万円は、1年後には利子がつき、1.1倍になっているので、100/1.1^2×1.1となり、2年目には、1年後の100/1.1^2× 1.1 に対してさらに利子がついて1.1倍になっているので、(100/1.1^2×1.1) × 1.1となり、分母と分子の1.1は消えてちょうど100万円となります。

さて，このような時間差を考慮すると，投資プロジェクトBの場合，単純合計の収入は大きいのですが，はじめのうちの（価値が比較的大きいときの）収入が少なく，後の方の（価値が比較的小さいときの）収入が大きくなっています。このように，利益率の計算は，時間によるお金の価値の差が生じるので，非常に厄介になります。

【3】投資の限界効率

それでは，時間差によるお金の価値の差をも考慮したわかりやすい利益率の考えはないのでしょうか。私たちがお金の時間の差を考えるといえば，定期預金やローンを借り入れるときの「利子率（金利）」です。この「**利子率**」**という考え方を用いて投資の利益率を表そう**というのが**投資の限界効率**です。

ケインズは，投資プロジェクトについて，資金の流れに対し一定の数的処理を行うことによって，投資の限界効率を求めました。そして，投資の限界効率が5％と計算されれば，その投資は5％の定期預金に預けるのと同じ利益率だとわかるのです。

図表14−2 ●割引現在価値

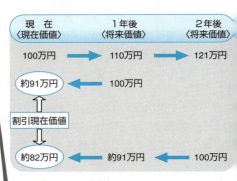

復習

同じ100万円でも，早くもらった100万円の方が多くの利子を稼ぐことができるので価値が大きくなります。現時点での価値である割引現在価値も大きくなります。

補足

10％の定期預金であれば，現在の100万円は1年後には110万円になるとわかります。また，10％の定期預金は5％の定期預金よりも2倍の利益率であると判断できます。

用語

一般に「投資の限界効率」と呼ばれますが，ケインズ自身は「資本の限界効率」と呼びました。

先ほどの投資案件を，パソコンで計算させると，案件Aの投資の限界効率は19.9％，案件Bの投資の限界効率は17.5％と計算されます。この計算値は，定期預金の利子率と同じ意味ですから，投資案件Aは19.9％の定期預金と同じ利益率であり，投資案件Bは17.5％の定期預金と同じ利益率とわかります。このように利益率を表してもらえれば，投資案件Aの方がBより利益率が高く有利な案件であるとわかります。

たとえば

投資プロジェクトBでは時間差を無視した単純な利益率が100％だったのに，投資の限界効率は17.5％しかないのは時間差の考慮だけが原因ではありません。投資の限界効率を利子率に換算しているということは1年間での利益率なので値が小さくなってしまうのです。ですから，投資した30万円は毎年1＋0.175（17.5％）＝1.175倍するので5年後には30×1.175⁵＝67.19となるのです。

補　足

限界効率をρ％と表すことが多いのですが，ρは「ロー」と読んでください。

> 投資の限界効率がρ％＝この投資は，ρ％の利子率の定期預金と同じ利益率

【4】投資量の決定

現実には，一部の例外をのぞけば，多くの企業は銀行から資金を借りて投資を行います。銀行から資金を借りれば，利子を払わなくてはなりません。

ですから，先ほどの投資案件Aは，銀行の借入金の利子率（r）が投資の限界効率19.9％以下なら，（19.9－r）％の利益があるので，投資を行います。

このように，**投資の限界効率と利子率の比較により，投資の意思決定がなされるという理論をケインズの投資の限界効率理論**といいます。

補　足

投資の限界効率は，銀行の借り入れ利子率と比較ができるので，非常に便利な概念です。

補　足

逆に銀行に支払う利子率が19.9％以上であれば，最終的な利益率は，19.9－r＜0でマイナスの利益率となりますので，投資を行いません。

> ◎ケインズの投資の限界効率理論
> 投資の限界効率ρ％，（銀行に支払う）利子率r％とすると，
> 　　　　　　最終的な利益率＝ρ％－r％
> ρ＞rのとき，最終的な利益率＝ρ％－r％＞0→もうかる→投資実行
> ρ＝rのとき，最終的な利益率＝ρ％－r％＝0→利益0→投資してもしなくても同じ
> ρ＜rのとき，最終的な利益率＝ρ％－r％＜0→損する→投資しない

○投資の限界効率の正確な意味

これまでの説明で,投資の限界効率理論の考え方は理解いただけたと思います。ここで,投資の限界効率の正確な定義を説明しておきましょう。**投資の限界効率**とは投資の利益率を定期預金の利子率で表したものなのですが,正確には「**投資の収入の割引現在価値の合計と投資費用が等しくなるような割引率**」と定義されます。

これは,非常にわかりづらいので,具体例で確認しておくだけにします。

・投資プロジェクトA(図表14-3)

将来の収入は割引現在価値に直して,現在の支出と比較します。将来の収入を投資の限界効率19.9%を使って現在価値にすると,

　1年後の10は$10÷1.199=8.3$
　2年後の10は$10÷1.199^2=7.0$
　3年後の10は$10÷1.199^3=5.8$
　4年後の10は$10÷1.199^4=4.8$
　5年後の10は$10÷1.199^5=4.0$

となります。これらを合計すると,
　$8.3+7.0+5.8+4.8+4.0=29.9$
と投資費用30とほぼ同じとなります。

・投資プロジェクトB(図表14-4)

将来の収入を投資の限界効率17.5%を使って現在価値にすると,

　1年後の0は$10÷1.175=0$
　2年後の0は$10÷1.175^2=0$
　3年後の10は$10÷1.175^3=6.2$
　4年後の20は$20÷1.175^4=10.5$
　5年後の30は$30÷1.175^5=13.4$

となります。これらを合計すると,
　$0+0+6.2+10.5+13.4=30.1$
と投資費用30とほぼ同じとなります。

> **試験情報**
>
> 特別区の択一試験で「ケインズの投資理論では,投資費用とその投資から得られる将来収益の割引現在価値を等しくする割引率を投資の限界効率と呼び……」と出題されています。

図表14-3 ● 投資プロジェクトA

現在	1年後	2年後	3年後	4年後	5年後
-30	10	10	10	10	10

19.9%

8.3
7.0
5.8
4.8
4.0
29.9

図表14-4 ● 投資プロジェクトB

現在	1年後	2年後	3年後	4年後	5年後
-30	0	0	10	20	30

17.5%

0.0
0.0
6.2
10.5
13.4
30.1

Point!
これで,投資の限界効率とは「投資の収入の割引現在価値の合計と投資費用が等しくなるような割引率」であることが確認できました。

【5】投資量の決定

多くの場合，企業は，投資プロジェクトA，B以外にも同時にいくつかのプロジェクトを持っています。いま，企業が，A，B以外に，図表14－5のようにC，D，Eのプロジェクトを持っているとします。

図表14－5のように，限界効率の高い順にプロジェクトを並べた表を作ります。そしてこれらを横軸に投資量，縦軸に投資の限界効率をとり整理したのが，図表14－6のグラフです。

図表14－6より，利子率$r=15\%$のときは，投資は利子率の15％より限界効率の大きい案件Aしか行われず，投資量は500ですが，利子率$r=7\%$になると，投資は利子率の7％より限界効率の大きい案件A，B，Cが行われ，投資量は500＋500＋300＝1,300となります。さらに利子率が下がり，$r=3\%$となると投資は利子率の3％より限界効率の大きい案件A，B，C，Dが行われ，投資量は500＋500＋300＋100＝1,400となります。

今度は，経済全体を考えてみましょう。経済全体ですから，プロジェクトはたくさんあるので，それぞれの投資の限界効率を結んだ経済全体の投資の限界効率表は，図表14－7のようになだらかな右下がりの曲線になります。

投資の限界効率（ρ）＞利子率（r）である限り投資は行われ，結局，$\rho=r$となるまで投資を行うので，利子率$r=10\%$のとき，限界効率表（曲線）とぶつかる点Aの100兆，$r=5\%$のとき，限界効率表（曲線）とぶつかる点Bの120兆と投資量が決まります。

今度は，図表14－8に，横軸は同じ投資量で，縦軸に投資の限界効率ではなく利子率をとると，図表14－8の経済全体の投資の

図表14－5 ●投資プロジェクト一覧表

案件名	投資の限界効率	投資額
A	15.1%	500
B	13.1%	500
C	8.0%	300
D	4.0%	100
E	1.0%	500

> **用語**
> このグラフに描かれる線を企業の投資の限界効率表（曲線）といいます。本当はグラフなのですが，限界効率「表」と呼ばれます。

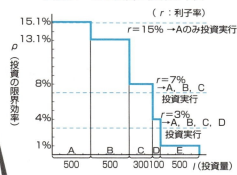

図表14－6 ●投資の限界効率表

> **Point!**
> 企業は利子率が下がると投資量を増やします。

> **補足**
> この右下がりの限界効率表（曲線）は，投資量が増えると，限界効率が低いものを投資しなくてはならなくなるということを意味します。

Chapter 14 投資の限界効率理論

図表14-7 ●経済全体の限界効率表

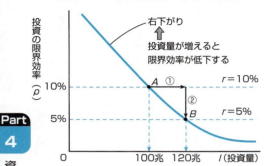

図表14-8 ●投資曲線

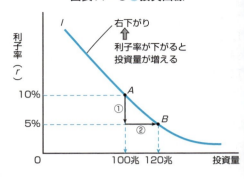

限界効率表と同じ形の曲線となります。この**投資と利子率の関係を表した曲線を投資曲線**といいます（図表14-8）。**投資曲線が右下がりとは，利子率が下がると投資量が増えるということを意味します**。投資の限界効率表（曲線）と同じ形の曲線であっても，意味することが違うということに注意しましょう。

これは，個人で考えると，住宅ローンの金利が下がると住宅投資が増えるということと同じです。

投資は利子率の減少関数
（利子率が下がると投資が増える）

2. アニマル・スピリッツ

Movie 097

ところで，投資の限界効率の大きさは，投資から将来得られる収入をどう予測するかによって変わります。この収入の予測は企業家の直感（ケインズは「**アニマル・スピリッツ**」と呼びました）に左右されます。

たとえば，好況期には，儲かるという直感がありますので，投資の限界効率の大きい投資案件が多く，限界効率表が上方にシフトし，それに伴い，**図表14-9**のように，投資曲線もIからI'へ上方シフトします。その結果，同じ利子率10％でも，投資曲線I'の点Bより投資量は120兆へ増加します。

図表14-9 ●アニマル・スピリッツ

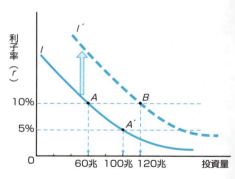

アニマル・スピリッツ　貨幣の需要と供給
↓
限界効率　＞　利子率　→　投資実行

Chapter 15
金融政策の効果
―金融政策はアクセルよりブレーキ！？―

Point

1 金融政策の手段には，ハイパワード・マネーを増減させる①公開市場操作，②日銀貸付，貨幣乗数を増減させる，③法定準備率操作，アナウンスメント効果しかない，④公定歩合操作，がある。

2 不況期には①買いオペ，②日銀貸付増加，③法定準備率引き下げ，によって貨幣供給量を増加→利子率低下→投資増加→財の需要増加→デフレ・ギャップ解消→完全雇用の実現【金融緩和政策】

3 深刻な不況期には，①市中銀行の消極的貸出姿勢，②流動性の罠，③投資が利子非弾力的なケース，に陥っている可能性があり，これらのときには，金融緩和策は効果がない。

4 インフレになりそうなときには，①売りオペ，②日銀貸付削減，③法定準備率引き上げ，によって貨幣供給量を削減→利子率上昇→投資減少→財の需要減少→インフレ・ギャップ解消→物価安定【金融引き締め策】

Movie 098

難易度　B

出題可能性

国家一般職（旧Ⅱ種）	B
国税専門官	B
地方上級・市役所・特別区	B
国家総合職（旧Ⅰ種）	B
中小企業診断士	A
証券アナリスト	B
公認会計士	B
都庁など専門記述	B
不動産鑑定士	A
外務専門職	A

　　第13章では，利子率は貨幣の需要と供給によって決まるということを学び，第14章では，その利子率によって投資量が決まることを学びました。この第15章では，それらを踏まえて，中央銀行が貨幣供給量を増減させることによって利子率を変化させ，投資量を増減させることによって，完全雇用や物価安定を実現させるという金融政策について理解します。

177

1. 金融政策の手段

Movie 099

金融政策の効果の話に入る前に，中央銀行が貨幣供給量を増減させ利子率を調整する方法を説明します。中央銀行が貨幣供給量を増減させる手段としては，①公開市場操作，②日銀貸付，③法定準備率操作，の３つがあります。

用　語

これを「金融政策の手段」といいます。

【1】公開市場操作

公開市場操作とは，**中央銀行が国債などを市場で売買することにより，ハイパワード・マネーの量を増減させること**をいいます。

ハイパワード・マネーを増加させたいときには，中央銀行が市場で国債などを買います。中央銀行は国債などの代金として売り手に現金を支払いますので，市中への現金の供給となり，ハイパワード・マネーの増加となります。

反対に，ハイパワード・マネーを減少させたいときには，中央銀行が市場へ国債などを売ります。中央銀行は国債などの代金として現金を買い手から受け取りますので，市中からの現金の回収となり，ハイパワード・マネーの減少となります。

補　足

この方法は，現在もっとも頻繁に行われている金融政策の手段です。

用　語

これを買いオペレーション，略して買いオペといいます。

用　語

これを売りオペレーション，略して売りオペといいます。

【2】日銀貸付

日銀が市中銀行に現金を貸し付けても，ハイパワード・マネーは増加します。逆に，日銀が市中銀行に貸し付けている現金を回収すれば，ハイパワード・マネーは減少します。このように，日銀貸付の量の増減でハイパワード・マネーを増減させ，貨幣供給量を調整する手段もあります。

補　足

ただし，貨幣市場全体でみれば，日銀貸付の金額は限られたものです。

用　語

日銀が貸し出す際の利子率を公定歩合といいますが，2006年8月より，日銀は「基準貸付利率」と呼び方を変更しました。

178

【3】 法定準備率操作（支払準備率操作）

　貨幣供給量を増減させるには，ハイパワード・マネーの量が一定であっても貨幣乗数が変化すればよいはずです。法定準備率操作は，法定準備率の引き上げで貨幣乗数を低下させることにより貨幣供給量を減少させます。また，**法定準備率の引き下げで貨幣乗数を上昇させることにより貨幣供給量を増加**させます。

【4】 公定歩合操作

　公定歩合操作とは，公定歩合を引き上げたり，引き下げたりすることにより市場利子率を直接調整する手段です。

　かつては，公定歩合を基準に市場利子率が決められていたので，公定歩合が変わると市場金利も連動して変わりました。

　このように，世の中の金利（利子率）が公定歩合＋αと公的に決められていた時代には，公定歩合を引き上げれば，すべての金利は，公定歩合に連動して上昇します。このような規制金利時代には，公定歩合操作はきわめて有効な手段でした。

　しかしながら，金利の自由化がすすみ，現在では，利子率は貨幣市場の需要と供給で決まります。こうなると，利子率は貨幣市場の需要と供給によって決まるのですから，公定歩合の影響は利子率にはあまり及びません。

　では，なぜ，自由金利時代になった現在でも，公定歩合の引き下げや引き上げが新聞で大々的に取り上げられ，貨幣市場に影響を与えるのでしょうか。これは，日銀が公定歩合を引き下げると，市場関係者は，日銀が利子率を引き下げたいと考えているシグナルであり，今後，利子率を下落させるように貨幣供給量を増加させると予想して行動をとるからです。

補　足

法定準備率の変更を通じて支払準備率の変更を促すので，支払準備率操作ともいいます。

補　足

法定準備率はルールなので，頻繁に変更するわけではありません。数年に一度しか変更していません。

$$m = \frac{\dfrac{C}{D} + 1}{\dfrac{C}{D} + \dfrac{R}{D}}$$

貨幣乗数　←　支払準備
の変化　　　率の操作

補　足

現在でも公定歩合操作といわれますが基準貸付利率操作というべきかもしれません。

補　足

金利の自由化が行われる1980年代までは，市場利子率（金利）は公定歩合を基準に決められていました。たとえば，短期プライムレート（短期最優遇金利）は公定歩合＋0.5％と決められていました。

用　語

このように規制された金利を規制金利といいます。

用　語

このように貨幣市場の需要と供給により決まる利子率（金利）を自由金利といいます。これはまさしく，第13章（図表13−8）の世界です。

Chapter
15

金融政策の効果

このように，現在では，公定歩合操作は，それ自体が利子率に影響するのではなく，公定歩合操作により，日銀が今後貨幣供給量を変化させると市場関係者に予想され，市場が動くのです。これは，**公定歩合操作のアナウンスメント効果（告知効果）**と呼ばれます。

では，ここで，金融政策の手段について図表15－1に整理しておきましょう。

> ➕ 補　足
>
> このアナウンスメント効果は，公定歩合操作それ自体の効果ではなく，今後，日銀が貨幣供給量を変化させるとの予想に基づくものですから，公定歩合を操作しても，日銀が貨幣供給量を変化させることはないだろうと市場関係者が予想した場合には，利子率には影響を与えません。

図表15－1 ●金融政策の手段

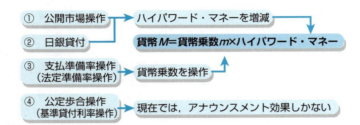

2. 金融緩和策

Movie 100

ケインズの有効需要の原理によれば、不況とは、有効需要（財の需要）が少ない結果、国民所得が小さく、雇用量も少なく失業が発生している状態です。

第３部で学んだ45度線分析の枠組みでいえば、図表９－１のように、財の需要が少なく**デフレ・ギャップ**となっている状態です。

このような状態**のときに、中央銀行は貨幣供給量を増やし利子率を低下させることによって投資を増やし財の需要を増加させる政策を行います**。これを**金融緩和策**と呼びます。金融緩和策は次の４つのステップで効果を発揮します。

Step 1　貨幣供給量の増加

中央銀行は、ハイパワード・マネーを増加させるか、貨幣乗数を上昇させて、貨幣供給量を増加させます。

Step 2　利子率の低下

名目貨幣供給量Mを増加すれば、物価Pが一定であれば、実質貨幣供給量（$\frac{M}{P}$）は増加します。その結果、貨幣市場において利子率は下落します。これは、図表13－９を用いて既に考えましたが、次ページにもう一度グラフを再掲し説明しておきましょう。

物価はP_0で一定と仮定します。当初は、名目貨幣供給量はM_0で、貨幣の需要と供給の一致する点Eの利子率r_0であったとします。いま、中央銀行が名目貨幣供給量をM_0からM_1に増加させたとします。その結果、実質貨幣供給量は$\frac{M_0}{P_0}$から$\frac{M_1}{P_0}$に増加します。貨幣供給曲線の右シフトにより、需要と供給の均衡点は点Eから点E'へと変わり、利子率はr_0からr_1へ下落します。

図表９－１（再掲） ●デフレ・ギャップ

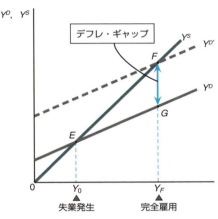

国民所得（GDP：Y）

Point!

財の需要の増加によってY^Dを$Y^{D'}$へとシフトさせデフレ・ギャップを解消させ完全雇用国民所得（Y_F）を実現しようとしているのです。

用語

拡張的金融政策ともいいます。

グラフ化　graph

グラフでは、貨幣供給曲線が右にシフトします。

図表13-9 (再掲) ●貨幣供給量の増加に
よる利子率の低下

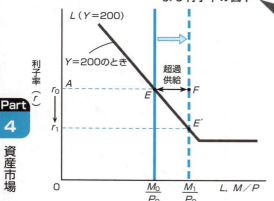

▶▶ 徹底解説 ◀◀

利子率がr_0のままでは，貨幣需要はAEに対し，貨幣供給量はAFであり，今度はEFだけ超過供給となります。貨幣を貸したいという人の方が多いわけですから，レンタル価格である利子率は，超過供給がなくなり，需要と供給が一致する点E'の利子率r_1まで下落します。

図表15-2 ●利子率の低下による投資量の増加

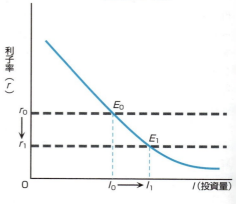

Step 3　投資量の増加

「投資の最終的利益率＝投資の限界効率－利子率」ですから，利子率が下落すると，いままで，最終的利益率がマイナスだったので投資はやめようと考えていたもののうち，プラスになるものが出てきますので，投資量は増加します。これを，図表15-2で説明すると，利子率がr_0からr_1に下落すると，右下がりの投資曲線であれば，投資量はI_0からI_1に増加します。

Step 4　完全雇用の実現

投資の増加は財の需要の増加となり，図表15-3の財の需要曲線（Y^D）を上シフトさせます。デフレ・ギャップFG分だけ上シフトさせ$Y^{D'}$にできれば，完全雇用国民所得（Y_F）となり完全雇用を実現できます。

図表15-3 ●投資量増加による完全雇用の実現

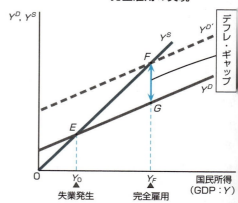

3. 金融引き締め策

Movie 101

財の需要が多すぎると、生産能力の上限である完全雇用国民所得となるまで生産しても超過需要が発生し、物価がどんどん上昇してしまいインフレーションとなってしまいます。これを第3部の45度線分析の枠組みでいえば、図表9－2のように、財の需要が多く**インフレ・ギャップ**となっている状態です。

このような状態**のときに、中央銀行は貨幣供給量を減らし利子率を引き上げることによって投資を減らし財の需要を減少させることにより物価を安定させます**。このような政策を**金融引き締め策**と呼びます。金融引き締め策は次の4つのステップで効果を発揮します。

Step 1 　貨幣供給量の減少

中央銀行は、ハイパワード・マネーを減少させるか、貨幣乗数を低下させて、貨幣供給量を減少させます。

Step 2 　利子率の引き上げ

名目貨幣供給量Mを減らすと、物価Pが一定であれば、実質貨幣供給量 ($\frac{M}{P}$) も減少します。その結果、貨幣市場において利子率は上昇します。これを図表15－4（次ページ）を用いて考えましょう。

当初は、名目貨幣供給量はM_0で、貨幣の需要と供給の一致する点Eの利子率r_0であったとします。いま、中央銀行が名目貨幣供給量をM_0からM_1に削減したとします。その結果、実質貨幣供給量は$\frac{M_0}{P_0}$から$\frac{M_1}{P_0}$に減少します。貨幣供給曲線の左シフトにより、需要と供給の均衡点は点Eから点E'へと変わり、利子率はr_0からr_1へ上昇します。

図表9－2（再掲） ●インフレ・ギャップ

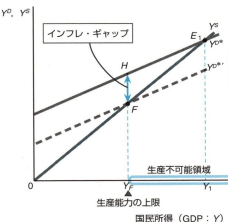

Point!

財の需要の減少によってY^{D*}を$Y^{D*'}$へとシフトさせインフレ・ギャップHFを解消し、物価安定を実現しようとしているのです。

グラフ化　graph

グラフでは、貨幣供給曲線が左にシフトします。

図表15-4 ● 貨幣供給量の減少による利子率の上昇

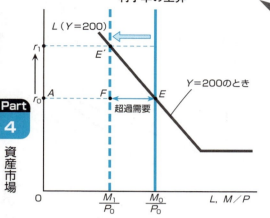

>> 徹底解説 <<

利子率がr_0のままでは，貨幣需要はAEに対し，貨幣供給量はAFであり，今度はEFだけ超過需要となります。貨幣を持ちたいという人の方が多いわけですから，レンタル価格である利子率は，超過需要がなくなり需要と供給が一致する点E'の利子率r_1まで上昇します。

図表15-5 ● 利子率の上昇による投資量の低下

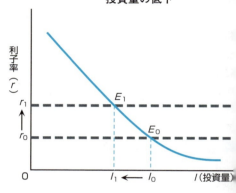

Step 3　投資量の減少

「投資の最終的利益率＝投資の限界効率－利子率」ですから，利子率が上昇すると，いままで，最終的利益率がプラスで儲かると考えていたプロジェクトのうち，マイナスとなり採算が取れないものが出てきますので，投資量は減少します。これを，**図表15-5**で説明すると，利子率がr_0からr_1に上昇すると，右下がりの投資曲線であれば，投資量はI_0からI_1に減少します。

Step 4　物価安定の実現

投資の減少は財の需要の減少となり，**図表15-6**の財の需要曲線（Y^{D*}）を下シフトさせます。インフレ・ギャップHF分だけ下シフトさせ$Y^{D*'}$にできれば，完全雇用国民所得（Y_F）のときの超過需要がなくなり，物価は安定するので，インフレーションは解消します。

図表15-6 ● 投資量減少によるインフレの解消

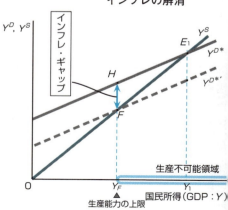

4. 金融政策が無効のケース

Movie 102

【1】ブレーキとして有効な金融政策

景気が加熱し，インフレになりそうなときに行う引き締め策はいつも効果的です。

― 理 由 ―

なぜなら，貨幣がなければ経済取引を行うことができないからです。

＋ 補 足

これを金融政策は「ブレーキとしては有効」といいます。

【2】アクセルとして頼りない金融政策

しかし，不況期に行う金融緩和策はいつも有効というわけではありません。金融緩和策は不況時に行うものなので，これから説明する3つのケース，①市中銀行が貸し出しに慎重なケース，②流動性の罠のケースや，③投資が利子非弾力的なケースに陥っている可能性があり，それらの場合には，金融政策は無効となります。

① 市中銀行が貸出に慎重なケース

不況期には市中銀行の貸出が減少し，現金を貸し出しにまわさず準備として手元に持つか日銀に預けることによって，法定準備率以上に支払準備率（$\frac{R}{D}$）が上昇することがあります。支払準備率（$\frac{R}{D}$）が上昇すれば，貨幣乗数（m）は低下し，貨幣供給量（M）が減ってしまいます。

― 理 由 ―

世間では銀行の「貸し渋り」と批判されることが多いようですが，市中銀行が貸し出しに回さない理由は，銀行自身や貸出先の経営状況が悪化しリスクをとって新規に貸し出すことができなくなったという銀行側の事情と，不況で投資を控えているので，優良企業から銀行への資金需要が少なくなったという借り手側の事情が考えられます。

🏷 用 語

法定準備率以上の支払準備率となっていることを過剰準備といいます。

👉 **Point!**

平成不況時には，日銀がハイパワード・マネーを増加させても，貨幣乗数の低下によって貨幣供給量が増加しないという事態が起こりました（図表15－7）。これは，中央銀行がハイパワード・マネーを増加させても市中銀行に滞留して市中に出回らないということです。

図表15-7 ●平成不況時の貨幣乗数の推移

	ハイパワード・マネー*(A)	M2+CD (B)	貨幣乗数 (B／A)	
1990年	396,438	4,928,423	12.4	
1991年	380,905	5,040,024	13.2	← バブル崩壊
1992年	403,151	5,001,591	12.4	
1993年	408,398	5,093,212	12.5	
1994年	427,146	5,216,164	12.2	
1995年	447,720	5,342,937	11.9	
1996年	482,308	5,537,575	11.5	貨幣乗数低下
1997年	519,490	5,697,060	11.0	
1998年	567,079	5,917,757	10.4	
1999年	587,931	6,110,027	10.4	1999年2月 ゼロ金利政策導入
2000年	721,978	6,268,531	8.7	
2001年	717,502	6,470,999	9.0	2001年1月 量的金融緩和導入
2002年	859,299	6,685,645	7.8	
2003年	953,668	6,756,623	7.1	
2004年	1,083,320	6,862,889	6.3	2006年3月 量的金融緩和解除,
2005年	1,125,134	6,998,252	6.2	7月
2006年	1,141,316	7,123,681	6.2	ゼロ金利政策解除

（ハイパワード・マネー急増／貨幣乗数が急速に低下）

＊ハイパワード・マネーは日銀の統計では**マネタリー・ベース**と呼ばれています。
＊＊数値は各年1月の値。

② 流動性の罠のケース

流動性の罠とは，誰もが利子率はこれ以上下がらないと考えている，最低水準の利子率の状態です。つまり，流動性の罠とは，図表15-8の点E'のように貨幣需要曲線が水平な部分で貨幣市場が均衡し，利子率がr_1となるような状態です。

このとき，貨幣供給量をM_0からM_1に増加させると，貨幣供給曲線は右にシフトしますが，利子率は需要と供給の均衡する点がE'からE_1に変わっても，利子率はr_1のままで下落しません。もうすでにr_1は最低限の利子率なのですから，それ以上利子率が下落しません。

補足
深刻な不況のときには国民所得（Y）が小さいので，貨幣の取引需要が減少する結果，利子率が最低限の水準まで低下し，流動性の罠に陥っている可能性が高いのです。

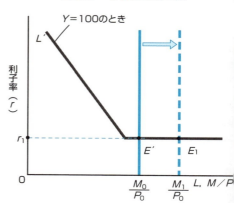

図表15-8 ●流動性の罠

③ 投資が利子非弾力的なケース

投資が利子非弾力的とは、**利子率が下がっても、投資が増加しないケース**です。利子率に関係なく投資量は一定なので、図表15－9のように垂直な投資曲線（I'）になります。

深刻な不況のときには、利子率が下がっても、最終的な利益率がプラスとなる新しい投資案件はなく、企業は必要最小限の投資以外は行わないのです。このとき、投資が利子非弾力的なケースとなります。

このときには、流動性の罠に陥っておらず、中央銀行が利子率を r_0 から r_1 へと下落させることができたとしても、投資は I_B のままで増加しませんので、総需要は増加せず、金融政策は無効となります。

それでは、図表15－10に金融政策について整理しておきましょう。

> **用語**
> 利子率に投資が反応しないことから、「投資の利子感応度がゼロ」とか、「投資の利子弾力性がゼロ」とかいいます。

図表15－9 ● 垂直な投資曲線

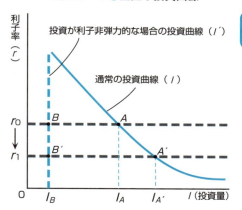

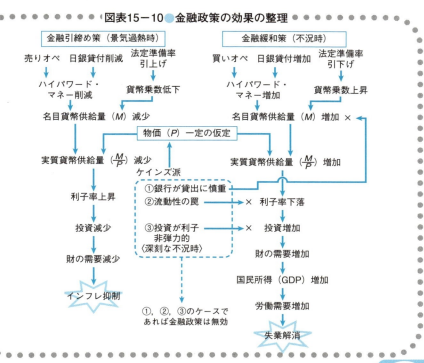

図表15－10 ● 金融政策の効果の整理

MEMO

Chapter 16
古典派の利子論・貨幣観
―古典派とケインズ派は貨幣観も違う！―

Point

1 古典派は利子を実物資本のレンタル価格と考え，利子は実物資本の需要（投資）と供給（貯蓄）によって決まると考える。

2 古典派は貨幣需要は取引需要（kY）だけを考える。貨幣市場の均衡式は$M=kPY$。

3 kは定数，Yは常に完全雇用国民所得で一定なので，Mを増やすとPだけが上昇する。つまり，貨幣はYなどの実物経済には影響しない（貨幣ベール観，古典派の二分法，貨幣の中立性）。

Movie 103

難易度　B

出題可能性

国家一般職（旧Ⅱ種）	C
国税専門官	B
地方上級・市役所・特別区	C
国家総合職（旧Ⅰ種）	B
中小企業診断士	A
証券アナリスト	C
公認会計士	A
都庁など専門記述	C
不動産鑑定士	C
外務専門職	C

　「第13章　利子率の決定」では，利子率は貨幣の需要と供給によって決まるということを学びましたが，それはケインズとケインズ派の考えです。古典派は利子率は機械などの実物資本の需要と供給により決まると考えます。そして，貨幣は投資には影響を与えず，生産量などの実物経済には影響しないと考えます（貨幣ベール観）。この章では，ケインズとはまったく違う古典派の利子論，貨幣観について学びます。そして，最後に，ケインズと古典派のどちらの考えが妥当であるかを考えます。

1. 古典派の利子論

Movie 10

まず、古典派は、利子を「**実物資本を利用する代価（レンタル価格）**」と考えます。そして、**利子率は、実物資本の需要（資本を借りたいという量）と供給（資本を貸したいという量）により決定される**と考えます。図表16－1では、資本の需要（投資）と供給（貯蓄）の一致する水準 r_e に決定されます。

ところで、海外部門や政府部門を考えない単純なマクロ経済モデルでは、国民所得（Y）は消費（C）と貯蓄（S）からなります。ここで、45度線分析において $Y^S = Y$ でしたから、$Y^S = Y = C + S$ と表現できます。また、財の需要 Y^D は消費（C）と投資（I）からなりますので、$Y^D = C + I$ となります。したがって、財市場の需要と供給が等しいということは、

$Y^S = Y^D$
$Y = C + I$
$C + S = C + I$
両辺から C を引けば
$S = I$

となります。つまり、貯蓄と投資が等しいということは財市場の需要と供給が等しいということと同じなのです。**古典派の利子理論では貯蓄と投資が等しくなるように利子率が決まりますが、これは財市場の需要と供給が等しくなるように決まるともいうことができます。**

用語

実物資本とは、貨幣ではなく、機械や農機具などを意味します。

補足

なお、貯蓄のある人がその貯蓄で実物資本を購入し貸し出すので、貯蓄が資本の供給となります。また投資が実物資本を借りたいということですから、実物資本の需要となります。

図表16－1 ● 利子率の決定（古典派）

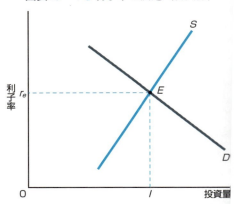

Point!

ケインズ派は財市場の需要と供給が等しくなるように国民所得が決まり、利子率は貨幣市場で決まるとしましたが、古典派は財市場の需要と供給が等しくなるように利子率が決まると考えたのです。

2. 古典派の貨幣市場

Movie 105

古典派も貨幣供給量は，実質貨幣供給量 $\frac{M}{P}$ と考えます。ただし，貨幣需要が違います。ケインズは取引需要と資産需要を考えましたが，古典派は資産需要は考えず，取引需要のみと考えます。

取引需要（L_1）は，GDPが増加すると増えますので，$L_1=kY$（$k>0$，kは定数）と表現できます。ですから，貨幣供給＝貨幣需要は，$\frac{M}{P}=kY$ と表現できます。これを変形すると $M=kPY$ とも表せます。この $M=kPY$ という式は古典派の現金残高方程式あるいはケンブリッジ交換方程式と呼ばれます。

図表16−2 ● 古典派の貨幣数量説

$M\uparrow = \underline{k} \ \underline{P\uparrow} \ \underline{Y}$ ← 現金残高方程式
　　　　　　　　　　　　　（ケンブリッジ交換方程式）
　　定数（一定）　　完全雇用GDP（一定）

では，図表16−2を用いて，古典派の貨幣市場の考え方を説明しましょう。古典派の場合（実質）GDP（Y）は実物経済で常に完全雇用GDPになっているので一定です。すると，貨幣供給量（M）を増加すると，物価（P）だけが上昇することがわかります。以上のように，**古典派の考えでは，貨幣市場で決まるのは利子率ではなく，物価水準のみ**ということになります。

つまり，貨幣供給量（M）を2倍にしてもすべての財の価格が2倍となり物価（P）が2倍になるだけで，相対価格は変化せず実物経済には何ら影響を与えないと考えるのです（貨幣ベール観）。

ですから，投資に影響を与え（実質）GDP（国民所得）を左右する利子率は貨幣には関

補足

古典派の貨幣市場はケインズとは全く違ったものとなります。もっとも，歴史的には，古典派が先であり，世界大恐慌の頃からケインズの考えが登場しました。

用語

この式を考えたマーシャルという学者の名前にちなんで，定数 k をマーシャルの k と呼びます。

用語

マーシャルがケンブリッジ大学の教授だったことから，こう呼びます。

復習

古典派の世界では価格・物価が伸縮的ですから，実物の世界における需要と供給は必ず等しく，財の売れ残りや失業はないので，（実質）GDPは常に完全雇用GDPとなっています。

用語

古典派の貨幣数量説といいます。

用語

貨幣は実物経済に影響を与えないという考えを「**貨幣ベール観**」といいますが，これは，貨幣の世界と実物の世界は別のものでお互いに影響し合わないと区別するので，「**古典派の2分法**」ともいいます。また，貨幣は実物経済に影響しないので「**貨幣の中立性**」と呼びます。

係がありません。GDPは貨幣とは関係なく実物の世界で決まります。

3. 古典派VSケインズ

Movie 106

では，古典派とケインズ派の利子論は，どちらが正しいのでしょうか。両者の違いは，物価を伸縮的と考えるかどうかという点と，貨幣需要を取引需要だけと考えるか，資産需要も考えるかという点，そして，フローで考えるかストックで考えるかという点です。

現実経済を見ると，物価という点では，短期ではケインズ，長期では古典派の方が現実妥当性がありそうです。

次に貨幣需要について考えましょう。貨幣は取引のために需要されるだけではなく，債券のような価格の上下する金融商品が値下りしそうなときにも需要しますので，資産需要もあります。ですから，取引需要だけではなく，資産需要をも考慮したケインズの考えの方が現実経済をより説得的に説明できそうです。しかし，そのようなマネーゲームによる貨幣需要の変動が終了するような長期においては，貨幣市場において資産需要の変動は完了しているので，取引需要だけを考えるという古典派の考え方をとることもできます。

以上より，**古典派とケインズ派のどちらかが正しいというよりも，数年という短期であればケインズ派の考え方が現実妥当性があり，長期であれば，古典派の考えの方が現実妥当性がありそうです。**

それでは，ケインズと古典派の考えの違いを図表16-3に整理しておきましょう。

Point!
評価の基準は，どちらが現実経済をよく説明できるかです。

理　由
なぜなら，物価は数年という短期ではそれほど変化しませんが，10年くらいの長期で見ればかなり変動するからです。

補　足
実際，資産運用の専門家は，積極的にリスクを取ってもうけようとする債券や株式などの資産と，安全確実な金融資産（＝貨幣）の比率を機動的に操作しています。

図表16-3 ●古典派とケインズ派

	古典派	ケインズ派
財市場	利子率が決まる （貯蓄＝投資） フロー	国民所得が決まる
貨幣市場	物価水準が決まる （実物経済には影響しない） 取引需要（L_1）だけを考える	利子率が決まる （実物経済に影響しうる） 資産需要L_2も考える

Part 5

Movie 107

　マクロ経済（一国経済全体）では，市場は，財市場，資産市場（貨幣市場・債券市場），労働市場，の3つがあります。これらの市場が，お互いに影響を与えながら，経済は，刻一刻と変わっていきます。

　第3部では，財市場の分析だけに集中するため，資産市場で決まる金利（利子率）は一定として，国民所得がどのように決まるかを分析しました。しかし，実際には金利（利子率）は刻一刻と動いており経済に影響を与えます。そこで，第4部では金利（利子率）がどのように決まるかを考えました。

　この第5部では，財市場と資産市場の相互の影響を考慮するために，2つの市場を同時に分析する*IS-LM*分析を学びます。この*IS-LM*分析は，第6部での重要論点である*AD-AS*分析，第7部での重要論点である*IS-LM-BP*分析の基礎となるマクロ経済学の最重要テーマです。しっかりマスターしましょう。

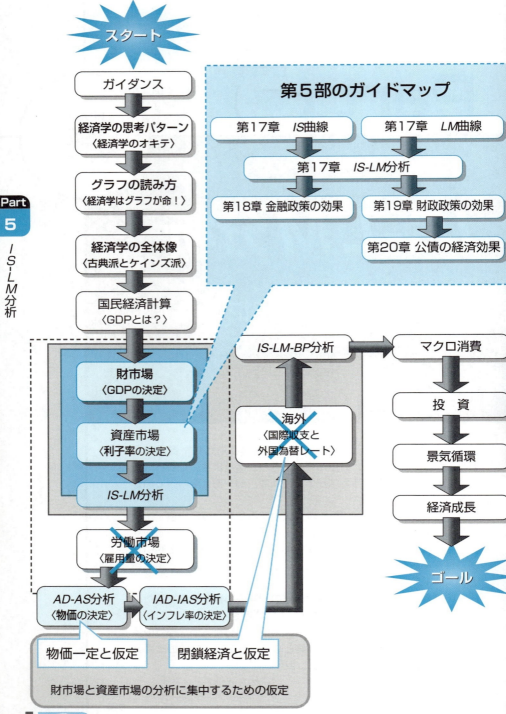

第5部の登場人物とストーリー

現実経済　財市場・資産市場・労働市場が密接に関わり複雑

舞台（分析対象）—今度は財市場と資産市場を同時に限定—

いきなり3市場を同時分析すると，複雑で大変です。そこで，第3部では財市場だけを分析し，第4部では，資産市場の分析だけに集中しました。この第5部では，財市場と資産市場を同時に分析します。

そのために，労働市場との関係で決まる**物価を一定**と仮定します。また，海外を考えない**閉鎖経済**とします。

> **補足**
> もし，労働市場との関係で決まる物価が動いてしまうと，どうして動いたのかと財市場や労働市場の分析が必要となってしまいます。

仮定1　物価一定→労働市場は分析しない
仮定2　閉鎖経済→海外を考えない

登場人物（経済主体）

財市場と資産市場を同時に分析するので，両方の市場の登場人物が登場します。

	需要者	供給者
財市場 （第3部）	家計（消費・投資） 企業（投資） ~~外国（輸出−輸入）~~	企業　　閉鎖経済を仮定するので登場しません
資産市場 （第4部）	家計・企業	中央銀行（ハイパワード・マネー供給） 市中銀行（預金創造）

195

ストーリーの流れ（構成）

第5部では財市場と資産市場を同時に考えます。財市場を考えるということは国民所得がどう決まるのかを考えることなので，国民所得が動きます。また，資産市場を考えるということは利子率がどう決まるのかを考えることなので，利子率が動きます。つまり，国民所得と利子率が同時に動くのです。

そこで，第17章「IS-LM分析」では，まず，横軸に国民所得，縦軸に利子率をとります。次に，そのグラフの中に，財市場の均衡を表すIS曲線と貨幣市場の均衡を表すLM曲線を描きます。そして，IS曲線上にあり，かつ，LM曲線上にある点，すなわち，IS曲線とLM曲線の交点こそが，財市場と資産市場が同時に均衡する点となります。

「第17章 IS-LM分析」の枠組みを活用して，「第18章 金融政策の効果」では金融政策の効果を考え，第19章では財政政策の効果について考えます。そして，第20章では，財政政策の結果累積してしまった公債（政府の借金）の経済効果について考えます。

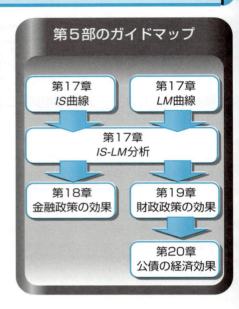

落とし穴

IS-LM分析は，ケインズの考えをわかりやすく説明しようとヒックスが考えたものです。IS-LM分析では物価一定と仮定しますが，ケインズ自身は名目賃金率（W）一定を仮定しますが，物価一定は仮定していません。ですから，「IS-LM分析はケインズの考え方とは違う」と主張する学者もいるほどです。IS-LM分析はケインズではなくケインズ派（ヒックス）の考えだという点は知っておきましょう。

Chapter 17
IS-LM分析
― 金利と景気の関係は？―

Point

1 財市場の均衡する国民所得と利子率の組み合わせの集合を IS曲線 という。通常は利子率が下がると投資が増加し国民所得が増加するので，IS曲線は右下がりとなる。

2 貨幣市場の均衡する国民所得と利子率の組み合わせの集合を LM曲線 という。通常は国民所得が増加すると貨幣の取引需要が増加し利子率が上昇するので，LM曲線は右上がりとなる。

3 経済は財市場と貨幣市場が同時に均衡する点，すなわち，IS曲線とLM曲線の交点となる。

Movie 108

難易度　C

出題可能性

国家一般職(旧Ⅱ種)	A
国税専門官	B
地方上級・市役所・特別区	A
国家総合職(旧Ⅰ種)	A
中小企業診断士	A
証券アナリスト	A
公認会計士	A
都庁など専門記述	A
不動産鑑定士	A
外務専門職	A

IS-LM分析として出題されるだけではなく，AD-AS分析，IS-LM-BP分析の問題文中にも出てきます。

　第17章では，財市場と貨幣市場を同時に分析する方法である IS-LM分析 についてマスターします。まず，財市場の均衡を表す IS曲線，次に，貨幣市場の均衡を表す LM曲線 を学んだ後に，財市場と貨幣市場の同時均衡する IS-LM均衡 を理解します。

　今までより難しくなってきますが，最頻出の論点です。また，この後の AD-AS分析，IAD-IAS分析，IS-LM-BP分析 は IS-LM分析 を基礎としているので，IS-LM分析 がわからないとわからなくなります。

　マクロ経済学の最重要論点ですから，あきらめずに必ずマスターするようにがんばりましょう。

1. IS-LM分析の概要

IS-LM分析は，財市場と貨幣市場を同時に分析する方法です。ということは，財市場で決まる国民所得（GDP：Y）と貨幣市場で決まる利子率（r）が同時に動くことを分析することになります。

私たちは，動く数を縦軸と横軸に表さないと数と数の関係（関数）がわかりません。したがって，ここでは，国民所得（GDP：Y）と利子率（r）が同時に動くので，この2つを縦軸，横軸にとることになります。通常，横軸に国民所得（GDP：Y），縦軸に利子率（r）をとります。そして，横軸に国民所得（GDP：Y），縦軸に利子率（r）をとったグラフで財市場と貨幣市場を同時に考えていくのです。横軸に国民所得（GDP：Y），縦軸に利子率（r）をとったグラフに，財市場の均衡する状態を表したIS曲線，貨幣市場の均衡する状態を表したLM曲線を描きます（図表17-1）。

そして，IS曲線とLM曲線の交点EがIS曲線上にあり，かつLM曲線上にもある点なので財市場と貨幣市場が同時に均衡する点（Y_e, r_e）だと分析します。

落とし穴

IS-LM分析はヒックスがケインズ理論をわかりやすく説明するために考案したものです。しかし，ケインズは，名目賃金率は下がりにくく一定と仮定しましたが，物価については仮定していないのですが，IS-LM分析では物価を一定と仮定しているなど違いもあります。ヒックスのIS-LM分析はケインズ理論の本質を説明していないと批判する専門家もいるほどです。

ですから，IS-LM分析も45度線分析と同じくケインズ自身ではなくケインズ派の理論であることに注意しておきましょう。

図表17-1 ● IS-LM分析の基本的な考え方

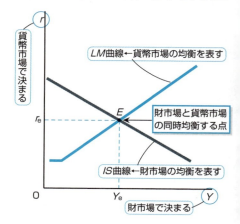

2. IS曲線

Movie 110

IS曲線とは**財市場が均衡する国民所得と利子率の組み合わせの集合**です。このIS曲線は次のようにして求めます。

すでに第3部で45度線分析を用いて財市場における需要と供給が等しくなるように国民所得が決まるということを学びました。

また、利子率が下落すると投資が増えることについては、すでに第4部のケインズの投資の限界効率理論で勉強しました。

これら45度線分析と投資の限界効率理論を用いることにより、利子率が下落すると投資が増加し、投資の増加は総需要の増加となり、国民所得を増やすとわかります。

> **Point!**
> この45度線分析では、財市場のみで貨幣市場は考えなかったので、貨幣市場で決まる利子率は一定と仮定しました。
> しかし、今回は、貨幣市場も同時分析するので、利子率を一定とせず、利子率の変動も扱わなくてはなりません。そこで、利子率が変化するにつれて、財市場の均衡する国民所得がどのように決まるのかを考えます。

利子率 (r) ↓ ⟶ 投資 (I) ↑ ⟶ Y^D ↑ ⟶ Y ↑

【1】右下がりのIS曲線の求め方(簡便法)

これを図表17-2のグラフで説明しましょう。財市場の均衡している点Aから点A′と真下に移動すると、通常は、利子率が下がり投資が増え需要が増える結果、超過需要となります。企業は超過需要がなくなる(=財市場が均衡する)まで生産を増やす結果、国民所得(国内総生産:GDP)が増加し右に移動し、点B(Y_b)で超過需要が解消し再び財市場が均衡したとします。

なお、国民所得が増えれば超過需要が解消するのは、総供給Y^S=国民所得Yという関係があるので国民所得が増加すれば財の供給も増加するからです。

点Aと点Bが財市場が均衡する国民所得と利子率の組み合わせ(点)ですから、これらを結んだものがIS曲線となります。

このように利子率が下がると(財市場が均

図表17-2 ●IS曲線の求め方(簡便法)

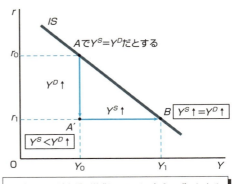

当初、Aで財市場が均衡していた($Y^S=Y^D$)とする

↓

A′は利子率が下落し投資が増加するので、需要(Y^D↑)が増加し、超過需要。$Y^S<Y^D$↑

↓

財市場が均衡するためには、A′から供給(Y^S)が増えればよい。$Y^S=Y$なので、右にBへ移動すれば、$Y(=Y^S)$が増加し、再び財市場は均衡する

↓

財市場が均衡する点、A、Bと結んだIS曲線は右下がり

衡する）国民所得は増加するので，図表17－2のように*IS*曲線は右下がりとなります。

【2】右下がりの*IS*曲線の求め方（厳密版）

今度は，先ほどの簡便法と同じことを図表17－3，17－4，17－5のグラフを使って説明しましょう。

はじめに，利子率（r）がr_aであるとします。このとき，図表17－4より投資（I）はI_aの量です。すると，$Y^D = C + I$なので，$Y^D_a = C + I_a$となり，図表17－5にY^D_a曲線を描くことができます。そして，財市場の均衡する，すなわち，$Y^D_a = Y^S$となる国民所得は，図表17－5の点*A*の国民所得Y_aとなります。ということは，r_aとY_aは，財市場を均衡させるYとrの組み合わせであり，左上の図表17－3の点*A*（Y_a, r_a）は財市場の均衡する点です。

次に，利子率がr_bに下落したとします。このとき，図表17－4より投資（I）はI_bの量へ増加します。すると，$Y^D = C + I$なので，$Y^D_b = C + I_b$となり，図表17－5において，新しい総需要曲線Y^D_b曲線を描くことができます。

そして，財市場の均衡する，すなわち，$Y^D_b = Y^S$となる国民所得は，図表17－5の点*B*の国民所得Y_bとなります。ということは，r_bとY_bも，財市場を均衡させるYとrの組み合わせであり，図表17－3の点*B*（Y_b, r_b）も財市場の均衡する点です。

以上より，財市場を均衡させるYとrの組み合わせの軌跡は図表17－3の点*A*と点*B*を結んだ*IS*となり，右下がりの曲線となります。

用語

なぜ，*IS*曲線というかというと，財市場において，I（投資）＝S（貯蓄）のときには，左辺，右辺に消費（C）を足すと，$C + I = C + S$となっており，これは，$Y^D = Y^S$に他ならないからです。もちろん，*IS*曲線上の点であれば，A，B以外の点でも，財市場は均衡していることになります。

グラフ化　graph

右上の図表17－4はケインズの限界効率曲線に基づく投資曲線です。右下がりとなっているのは，利子率が下落すると投資が増加することを意味しています。また，下の図表17－5は，第3部で勉強した45度線分析の図です。

補足

*IS*曲線上の点だということです。

図表17－3 ●IS曲線

〈右下がりのIS曲線の求め方〉

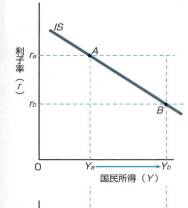

図表17－4 ●投資曲線

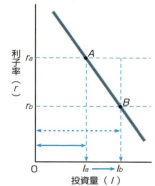

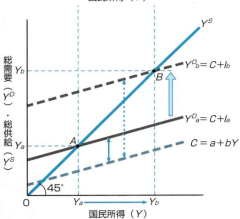

図表17－5 ●財の需要と供給
　　　　　（45度線分析）

【3】垂直な IS 曲線

ところが、不況期には、企業家が先行きに自信がもてず、何をやっても儲からないだろう、つまり、投資限界効率はゼロかマイナスと考え、利子率が50％であろうが、0％であろうが、**利子率に関わらず、必要最小限の投資以外は行わない状況**が生じる可能性があります。

これを投資曲線で表すと、図表17－6のように、利子率がr_aであろうがr_bであろうが投資量は必要最小限のI_aのままなので垂直となります。垂直とは、縦軸の利子率の変化に関わらず、横軸の投資量は一定ということです。

このときの IS 曲線を図表17－7を使って考えましょう。当初財市場が点Aで均衡していたとしましょう。利子率が下がって点A′となったとしても、投資は変化しません。ですから、点A′でも財市場均衡しています。

今、財市場が均衡する点は点Aと点A′なので、この2点を結んで **IS 曲線は垂直**となります。

> 利子率が変化しても、投資が反応しないので、「投資の利子感応度がゼロ」とか、「投資が利子非弾力的」なケースと呼びます。

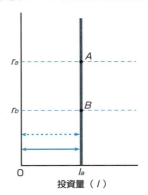

図表17－6 ● 垂直な投資曲線

> **補足**
> 右下がりの IS 曲線は「ケインズ派の通常ケース」と呼ばれるのに対して、垂直な IS 曲線は特殊ケースと呼ばれます。

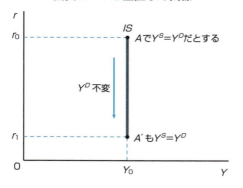

図表17－7 ● 垂直な IS 曲線

> 当初、Aで財市場が均衡していた（$Y^S=Y^D$）とする
> ↓
> A′は利子率が下落しているが、投資は増加しないケースなので、需要（Y^D）は変わらず、$Y^S=Y^D$
> ↓
> A′も財市場が均衡する
> ↓
> 財市場が均衡する点、A、A′と結んだ IS 曲線は垂直

3. LM曲線

Movie 111

LM曲線とは**貨幣市場が均衡する国民所得と利子率の組み合わせの集合**です。このLM曲線は次のようにして求めます。

【1】右上がりのLM曲線の求め方（簡便法）

これを図表17－8のグラフで説明しましょう。貨幣市場の均衡している点Aから点A'と真右に移動すると、国民所得の増加によって貨幣の取引需要（L_1）が増加する結果、貨幣市場は超過需要となります。貨幣市場では超過需要がなくなる（＝貨幣市場が均衡する）まで利子率が上昇し上に移動し、点B（r_1）で超過需要が解消し再び貨幣市場が均衡したとします。

点Aと点Bが貨幣市場が均衡する国民所得と利子率の組み合わせ（点）ですから、これらを結んだものがLM曲線となります。

このように国民所得が増加すると（貨幣市場が均衡する）利子率は上昇するので、図表17－8のようにLM曲線は右上がりとなります。

なお、利子率の上昇により貨幣市場が均衡するのは、利子率の上昇によって貨幣の資産需要（L_2）が減少するからです（p.163）。

図表17－8 ● 右上がりのLM曲線の求め方（簡便法）

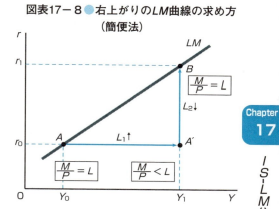

当初、Aで貨幣市場が均衡していた（$\frac{M}{P}=L$）とする
⬇
A'は Yが増加し、取引需要（L_1）が増加するので、貨幣需要（L↑）が増加し、超過需要（$\frac{M}{P}<L$）
⬇
貨幣市場が均衡するためには、A'から貨幣需要（L）が減少すればよい。上のBへ移動すれば、利子率が上昇し、資産需要（L_2）が減少し、再び貨幣市場は均衡
⬇
貨幣市場が均衡する点、A、Bと結んだLM曲線は右上がり

LM曲線：貨幣市場を均衡させる Y と r の組み合わせの集合
通常は、$Y↑ \longrightarrow L_1↑ \longrightarrow r↑$ なので右上がり

【2】右上がりの*LM*曲線の求め方（厳密版）

今度は，先ほどの簡便法と同じことを図表17−9，17−10，17−11のグラフを使って説明しましょう。

図表17−10は貨幣市場の需要と供給の図です。実質貨幣供給量（$\frac{M}{P}$）は，$\frac{M_0}{P_0}$で一定であり垂直とします。

一方，貨幣需要（L）のうち資産需要（L_2）は右下がりとなります。ただし，利子率が最低水準r_cのとき，水平となります。

また，図表17−11は，国民所得が増えると取引需要が増加するということを表したものです。

合計の貨幣需要（L）は，L_1とL_2を足したものとなります。したがって，$Y=Y_a$のときの貨幣需要（L_a）$=L_1+L_2=L_{1a}+L_2$となります。

ですから，図表17−10の貨幣市場において，需要と供給の一致する点は点Aで，利子率はr_aに決まります。つまり，Y_aのときには，r_aであれば，貨幣市場は均衡するので，（Y_a, r_a）は貨幣市場の均衡するYとrです。

次に，国民所得がY_bに増加したとします。このとき，左下の図表17−11より取引需要はL_{1b}へ増加します。その結果，貨幣需要（L_b）$=L_{1b}+L_2$と，取引需要L_1の増加分だけ貨幣需要も増加します。そして，図表17−10において貨幣需要（L_b）と貨幣供給（$\frac{M}{P}$）の一致する点は点Bとなり，利子率はr_bと上昇します。このr_bとY_bの組み合わせも，貨幣市場を均衡させるYとrの組み合わせです。

以上より，貨幣市場を均衡させるYとrの組み合わせは，図表17−10の点Aと点Bなので，これらを結んだものが*LM*曲線となり，右上がりとなります。

物価（P）はP_0で一定，名目貨幣供給量（M）も中央銀行がM_0と一定にコントロールと仮定すると，$\frac{M}{P}$は利子率に関わらず一定ですから，垂直となります。

債券価格が最高で，皆が債券を売って貨幣に交換したいと考えるので，貨幣需要（資産需要）が無限大となります。

補足

$Y=Y_a$のときは取引需要（L_1）はL_{1a}，Yが増加し$Y=Y_b$になるとL_{1b}と増加します。

図表17−10では，L_2を図表17−11で得られたL_{1a}だけ右にシフトさせたL_aとなります。

グラフ化　graph

これを，図表17−9に描くと点A（Y_a, r_a）となります。

図表17−10において，貨幣需要（L_b）$=L_{1b}+L_2$でL_bとなり，取引需要L_1が増加したので，L_aより右にシフトしL_bとなります。

グラフ化　graph

これは，左上の図表17−9の点B（Y_b, r_b）です。

図表17−9 ●LM曲線　　　　　　図表17−10 ●貨幣市場の均衡

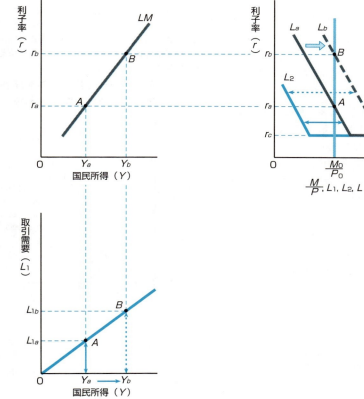

図表17−11 ●貨幣の取引需要

【3】水平な LM 曲線

通常，ケインズ派は右上がりの LM 曲線を想定しますが，利子率が最低のときには水平となります。このことを図表17-12を使って説明しましょう。

図表17-12において r_0 が最低の利子率であるとします。もし，LM 曲線が右上がり，言い換えれば左下がりであったとしましょう。すると，LM 曲線上に点 A があるので，国民所得が Y_a であれば貨幣市場が均衡する利子率は r_a となり，最低の利子率 r_0 よりも低くなってしまいます。これでは r_0 が最低の利子率だということと矛盾してしまいます。

r_0 が最低の利子率なのですから，r_0 よりも低い利子率では貨幣市場は均衡しないはずです。ですから，図表17-12のように，**LM 曲線は右上がりなのですが，最低の利子率では水平になる**のです。

> 深刻な不況のときには，国民所得が小さく取引も少ないので貨幣の取引需要が小さくなります。その結果，貨幣需要も小さく利子率は低くなり，最低の利子率になる可能性が高まります。

図表17-12● 水平な LM 曲線

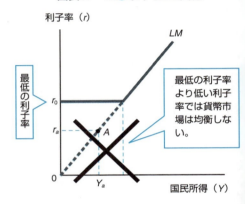

4. IS-LM 均衡

IS 曲線とは，財市場の均衡する点の集合で，LM 曲線とは，貨幣市場の均衡する点の集合です。したがって，IS 曲線上にあり，かつ，LM 曲線上にある点が，財市場と貨幣市場を同時に均衡させる点となります。図表17-13において，IS と LM の交点 $E(Y_e, r_e)$ が唯一 IS 曲線上にあり，かつ，LM 曲線上にある点で，両市場を同時均衡させる点です。

図表17-13● IS-LM 均衡

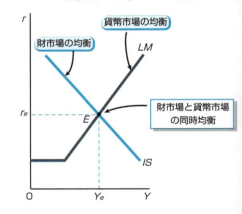

それでは，IS-LM均衡の計算問題を解いてみましょう。

【問題17－1】（過去トレ・マクロ p.57 問題4－6より）

ある経済において，マクロ経済モデルが次式で示されているとき，財市場と貨幣市場とを同時に均衡させる国民所得の大きさおよび利子率の組合せとして，正しいのはどれか。

Movie 113

$Y = C + I + G$
$C = 21 + 0.8Y_d$
$I = 11 - 40i$
$G = 20$
$Y_d = Y - T$
$T = 0.1Y$
$L = \dfrac{M}{P}$
$L = 39 - 30i + 0.29Y$
$M = 90$
$P = 1.2$

$\begin{bmatrix} Y：国民所得，C：民間消費 \\ I：民間投資，G：政府支出 \\ Y_d：可処分所得，i：利子率 \\ T：租税，L：実質貨幣需要量 \\ M：名目貨幣供給量，P：物価水準 \end{bmatrix}$

	国民所得の大きさ	利子率
1.	150	0.25
2.	150	0.45
3.	180	0.04
4.	180	0.25
5.	180	0.45

（地方上級）

鉄則8　IS-LMの計算

① 貨幣市場の均衡（LM曲線）$\dfrac{M}{P} = L$
② 財（生産物）市場の均衡（IS曲線）$Y^S = Y^D$
③ ①，②の連立方程式を解いて，Y, i (r) を求める。

テクニック Technique
貨幣市場の均衡式がシンプルなので先に計算します。

（解説・計算）

鉄則8に沿って計算します。

Step 1　貨幣市場の均衡式をつくる

$\dfrac{M}{P} = L$ …①

①式に問題文の条件を入れると

$\dfrac{90}{1.2} = 39 - 30i + 0.29Y$

$30i = 39 + 0.29Y - \dfrac{90}{1.2} = 39 + 0.29Y - 75 = 0.29Y - 36$ …②

Step 2 財市場の均衡式をつくる

$Y^S = Y^D$

$Y = C + I + G$ …③ ←本問では財市場の均衡式は問題で与えられています

③に問題文の条件を入れると，

$Y = \quad C \quad + \quad I \quad + G$

$\quad = 21 + 0.8Yd + 11 - 40i + 20$
　　　　　　　　　　　　　←$Yd = Y - T$と$T = 0.1Y$を代入

$\quad = 21 + 0.8(Y - 0.1Y) + 11 - 40i + 20 = 0.72Y - 40i + 52$

$40i = 0.72Y - Y + 52 = -0.28Y + 52$

$10i = -0.07Y + 13$ …④

Step 3 ②，④の連立方程式を解く

④の両辺を3倍し，$30i = -0.21Y + 39$ …⑤

②，⑤より

　　　　　　　②　　　　　　⑤

$30i = 0.29Y - 36 = -0.21Y + 39$

$\quad 0.29Y + 0.21Y = 39 + 36$

$\quad\quad\quad 0.5Y = 75$

$\quad\quad\quad\quad Y = \dfrac{75}{0.5} = \underline{150}$ …⑥

⑥を⑤に代入し，$30i = -0.21 \times 150 + 39$

$\quad\quad\quad\quad\quad = -31.5 + 39 = 7.5$

$\quad\quad\quad i = \dfrac{7.5}{30} = \underline{0.25}$ …⑦

⑥より$Y = 150$，⑦より$i = 0.25$なので，正解は1となります。

<u>正　解　　1</u>

次に，IS曲線，LM曲線上にない点について問うグラフの問題を解いておきましょう。

【問題17−2】（過去トレ・マクロ p.54 問題4−1より）

経済がA点にあるときの財政政策・金融政策について記述した次の文の空欄に入る語句の組合せとして正しいものはどれか。ただし，国内市場の均衡のみを考慮し，海外部門は考えないものとする。

Movie 114

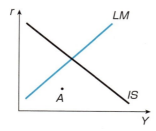

A点においては財市場の（　ア　）が発生しており，貨幣市場においては（　イ　）が発生している。

	ア	イ
1.	超過供給	超過供給
2.	超過需要	超過供給
3.	超過供給	超過需要
4.	超過需要	超過需要
5.	需給一致	需給一致

（市役所）

グラフの理解に必要な知識

IS，LM上にない点

IS曲線上にない点は財市場が均衡していないので超過需要か超過供給です。IS曲線の右側はYが多いのでY^Sが多く超過供給，IS曲線の左側はYが少ないのでY^Sも少なく超過需要となります〈鉄則9〉。

鉄則9　IS曲線上にない点

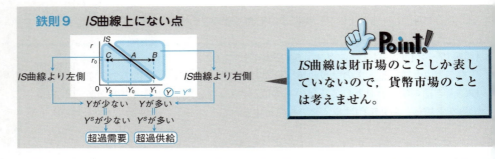

同様に，LM曲線上にない点は貨幣市場が均衡しておらず，LM曲線の右側ではYが多く取引需要（L_1）が多いので超過需要，左側ではYが少なく取引需要（L_1）が少ないので超過供給となります〈鉄則10〉。

鉄則10　LM曲線上にない点

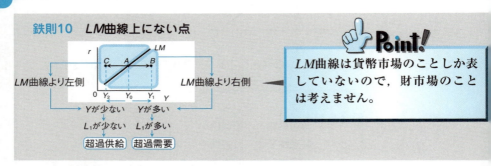

水平なLM曲線→貨幣需要の利子弾力性が無限大
垂直なIS曲線→投資が利子非弾力的

解　法

Step 1　財市場の分析（ア）

点Aは財政市場が均衡します（$Y^S=Y^D$）IS曲線より左にあり，国民所得（$Y=Y^S$）が少ないので超過需要。…（ア）

Step 2　貨幣市場の分析（イ）

点Aは貨幣市場が均衡 $\left(\dfrac{M}{P}=L\right)$ するLM曲線より右にあり，国民所得が多いので貨幣の取引需要が多くなっており超過需要。…（イ）

以上より，（ア）（イ）ともに超過需要となり，正解は4となります。

正　解　4

Chapter 18
金融政策の効果
―金融政策をひとつのグラフで説明すると―

Point

1 金融緩和策により*LM*曲線は下（右）シフトする。

2 右下がりの*IS*曲線と右上がりの*LM*曲線というケインズ派の通常のケースでは，金融緩和策により利子率は下落し，国民所得は増加する。

3 流動性の罠のケースでは*LM*曲線は水平となり，金融緩和策により利子率は下落せず，国民所得は増加しない。

4 投資が利子非弾力的なケースでは*IS*曲線は垂直となり，金融緩和策により利子率は下落しても国民所得は増加しない。

Movie 115

難易度　C

出題可能性

国家一般職（旧Ⅱ種）	A
国税専門官	A
地方上級・市役所・特別区	A
国家総合職（旧Ⅰ種）	A
中小企業診断士	A
証券アナリスト	A
公認会計士	B
都庁など専門記述	A
不動産鑑定士	A
外務専門職	A

第18章では，第17章で学んだ*IS-LM*分析を使って金融政策の効果について考えます。金融政策の効果については，すでに第15章で学んでいますが，*IS-LM*分析によって，国民所得と利子率の関係をより簡単に1つのグラフだけで分析できるようになります。

1. 金融政策による*LM*曲線のシフト

Movie 116

【1】金融緩和策による*LM*曲線の下シフト

金融緩和策前の*LM*曲線をLM_0とします。LM_0上の点*A*，*B*，*C*は，金融政策前に貨幣市場が均衡する*Y*と*r*の組み合わせです。

ということは，それらの点は，金融緩和策により貨幣供給量が増えると，すべて超過供給となっているはずです。つまり，貨幣市場は均衡していないので，もはや*LM*曲線ではありません。

金融政策後はLM_0上の点*A*，*B*，*C*はすべて貨幣市場が超過供給ですから，利子率は下落します。利子率が下がると超過供給が解消され再び貨幣市場は均衡します。つまり，金融緩和後の貨幣市場が均衡する点は*A*′，*B*′，*C*′のように点*A*，*B*，*C*の下方にあります。

これらの点*A*′，*B*′，*C*′を結んだ線LM_1が金融緩和後の*LM*曲線となります。つまり，**金融緩和策によって貨幣供給量を増加させると*LM*曲線は下シフトする**のです。

ただし，最低限の利子率よりも利子率は下がりません。たとえば，図表18－2において，利子率r_cを最低の利子率であるとしましょう。名目貨幣供給量（*M*）増加後*LM*曲線がLM_0からLM_1へ下シフトしたとしても，新たに貨幣市場が均衡するLM_1はr_cより利子率が低いことはありません。なぜなら，r_c以下の利子率で*LM*曲線が描かれるということは，r_c以下の利子率で貨幣市場が均衡することになってしまうことになり，r_cが最低限の利子率であるということと矛盾してしまうからです。ですから，*LM*曲線が下シフトしてもr_cより下の部分はないので，最低の利子率より下へはシフトしません。

図表18－1 ● 金融緩和による*LM*曲線の下シフト

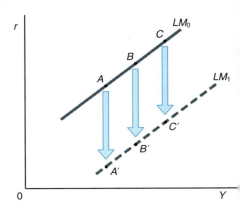

図表18－2 ● 流動性の罠のときの金融緩和策

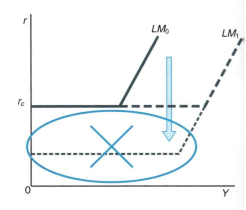

➕ 補 足

LM_0からLM_1へと「*LM*曲線が右シフトした」と表現することもあります。

> 貨幣供給量の増加によってLM曲線は下シフトするが，
> 最低の利子率より下シフトしない（＝右シフト）

【2】金融引き締め策によるLM曲線の上シフト

金融引き締め前のLM曲線をLM_0とします。LM_0上の点A，B，Cは，金融引き締め前に貨幣市場が均衡するYとrの組み合わせです。

ということは，それらの点は，金融引き締め策により貨幣供給量が減ると，すべて超過需要（過少供給）となっているはずです。つまり，貨幣市場は均衡していないので，もはやLM曲線ではありません。

金融引き締め策後はLM_0上の点A，B，Cはすべて貨幣市場が超過需要ですから，利子率は上昇します。利子率が上がると超過需要が解消され再び貨幣市場は均衡します。つまり，金融引き締め後の貨幣市場が均衡する点はA′，B′，C′のように点A，B，Cの上方にあります。

これらの点A′，B′，C′を結んだ線LM_1が金融引き締め後のLM曲線となります。つまり，金融引き締め策によって貨幣供給量を減少させるとLM曲線は上シフトするのです。

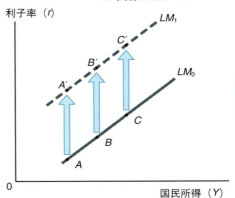

図表18－3 ● 金融引き締め策によるLM曲線の上シフト

補足

LM_0からLM_1へと「LM曲線が左シフトした」と表現することもあります。

2. 金融緩和策の効果

Movie 117

【1】ケインズ派の通常のケース

IS曲線右下がり，LM曲線右上がりというケインズ派の通常のケースを考えましょう。当初の経済は，図表18－4においてISとLMの交点Eであったとします。

金融緩和策により名目貨幣供給量（M）を増加させると，LM曲線が下（右）シフトし，LMからLM′となり，利子率が下落し（$r_e \to r_e'$），投資が増加し総需要が増加する結果，国民所得は増加します（$Y_e \to Y_e'$）。

図表18－4 ● 金融緩和の効果（ケインズ派の通常のケース）

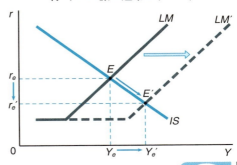

Chapter 18 金融政策の効果

213

【2】流動性の罠のケース

しかし，流動性の罠の状態のケースでは，LM曲線は図表18－5のように水平となり，金融政策で**LMが右シフトしてLM′となって**も，交点はEのままで，利子率も国民所得も変化せず，金融政策は無効となります。これは，流動性の罠の状態はすでに利子率は最低の水準ですから，貨幣供給量を増やしても利子率が下落せず，投資が増加しないので，国民所得も増加しないのです。

徹底解説

「LMが下シフトしてLM′」と表現してもよいのですが，「下シフト」のときには「最低の利子率r_eよりも下にはシフトしない」と追加して説明する必要があります。その点「右シフト」だとLM曲線がr_eより下にシフトすることはないので追加説明がいらず便利です。

【3】投資が利子非弾力的なケース

また，投資が利子非弾力的なケースでは，IS曲線が図表18－6のように垂直となり，金融政策でLMが右シフトすると，利子率は下落します（$r_e \to r_e'$）が，国民所得はY_eのままです。つまり，金融政策は無効となります。

このケースでは，貨幣供給量の増加（M）により，利子率は下落するのですが，投資が利子非弾力的なので投資が増加せず，国民所得も増加しないのです。

【4】初期ケインジアン

初期ケインジアンとは初期のケインズ派という意味で，**世界大恐慌のような深刻な不況を前提**としています。ですから，利子率が最低である流動性の罠の状態であり，かつ，必要最小限の投資しかしないという投資が利子非弾力的なケースを前提とします。

いずれのケースも，金融緩和策は国民所得を増やすことができないので，「金融政策は無効である」と主張しました。

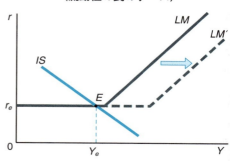

図表18－5 ●金融緩和の効果
（流動性の罠のケース）

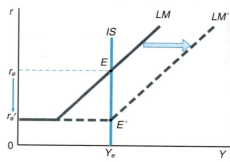

図表18－6 ●金融緩和の効果
（投資が利子非弾力的なケース）

初期ケインジアン　①流動性の罠 ──→ LM曲線水平 ──┐
　　　　　　　　　②投資が利子非弾力的 ──→ IS曲線垂直 ┴─→ 金融政策は無効

3. 金融引き締め策の効果

Movie 118

当初の経済は，図表18−7においてISとLMの交点Eであったとします。

金融引き締め策により名目貨幣供給量（M）を削減すると，LM曲線が上（左）シフトし，LMからLM'となり，経済はE'へ移動し，利子率が上昇し（$r_e→r_e'$），投資が減少し総需要が減る結果，国民所得は減少します（$Y_e→Y_e'$）。

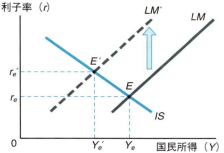

図表18−7 ●金融引き締め策の効果

【問題18−1】

次の文は，流動性のわなに関する記述であるが，文中の空所A〜Dに該当する語又は語句の組合せとして，妥当なのはどれか。

Movie 119

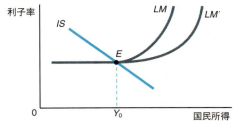

上の図は，縦軸に利子率を，横軸に国民所得をとり，IS曲線がLM曲線の水平の部分の点Eで交わっていることを示している。

不況のときのように利子率が極めて低く，これ以上は利子率が　A　と人々が信じている状況では，　B　の利子弾力性は　C　となり，上の図のようにLM曲線は水平になってしまう。この状況では，マネーサプライを増加させても，LM曲線はLM'のように右上がりの部分が右方向にシフトするだけであり，IS曲線がLM曲線の水平部分の点Eで交差する場合には，国民所得Y_0は変わらず，　D　は無効となる。

	A	B	C	D
1．	下がらない	投資需要	無限大	財政政策
2．	上がらない	投資需要	ゼロ	金融政策
3．	下がらない	投資需要	無限大	金融政策
4．	上がらない	貨幣需要	ゼロ	財政政策
5．	下がらない	貨幣需要	無限大	金融政策

（特別区）

（解説・解答）

*LM*曲線が水平なときとは，最低の利子率で流動性の罠のときです。

流動性の罠とは最低の利子率で，これ以上利子率は A 下がらない と，人々が信じている状況です。このとき，債券価格が最高なので，全員が債券を売って貨幣に交換したいと考え，B 貨幣需要 の利子弾力性は C 無限大 となります。

このとき，マネーサプライを増加させても*LM*曲線は右シフトするだけで国民所得は変わらないので D 金融政策 は無効となります。

正　解　5

Chapter 19
財政政策の効果
―財政政策には副作用も!?―

Point

1 拡張的財政政策により*IS*曲線は右シフトする。

2 右下がりの*IS*曲線と右上がりの*LM*曲線というケインズ派の通常のケースでは,拡張的財政政策により国民所得は増加する。ただし,利子率の上昇により投資が減少するというクラウディング・アウトという副作用が生じる。

3 流動性の罠のケースでは*LM*曲線は水平となり,拡張的財政政策で国民所得は増加する。しかも,利子率は上昇せず,クラウディング・アウトという副作用がないため,効果は大きい。

4 投資が利子非弾力的なケースでは*IS*曲線は垂直となり,拡張的財政政策で国民所得は増加する。しかも,利子率は上昇しても投資が減少しないためクラウディング・アウトという副作用がなく,効果は大きい。

Movie 120

難易度　C

出題可能性

国家一般職（旧Ⅱ種）	A
国税専門官	A
地方上級・市役所・特別区	A
国家総合職（旧Ⅰ種）	A
中小企業診断士	A
証券アナリスト	A
公認会計士	B
都庁など専門記述	A
不動産鑑定士	A
外務専門職	A

　すでに第10章で政府支出乗数を学んでいますが,そのときには財市場だけに集中するために利子率は一定としました。この第19章では,資産市場をも考える*IS-LM*分析を使って財政政策の効果について考えます。そして,資産市場をも考えると,財政政策にはクラウディング・アウトという副作用があることを理解します。

1. 財政政策による IS 曲線のシフト

Movie 121

【1】拡張的財政政策による IS 曲線の右シフト

政府支出（G）を増加させて財の需要（Y^D）を増加させたり，減税によって消費を増加させたりすることによって財の需要を増加させる政策を拡張的財政政策といいます。

① 政府支出の増加

拡張的財政政策前の IS 曲線を IS_0 とします（図表19－1）。IS_0 上の点 A, B, C は，財政政策前に財市場が均衡する Y と r の組み合わせです。ということは，それらの点は，拡張的財政政策により財の需要が増えると，超過需要となっているはずです。つまり，財市場は均衡していないので，もはや IS 曲線ではありません。

拡張的財政政策後は IS_0 上の点 A, B, C はすべて財市場が超過需要ですから，需要に応えるために企業は生産を増加させます。その結果，国民所得（国内総生産：GDP）も増加し，やがて超過需要が解消され再び財市場は均衡します。つまり，拡張的財政政策後に財市場が均衡する点は A', B', C' のように点 A, B, C の右側にあります。

これらの点 A', B', C' を結んだ線 IS_1 が拡張的財政政策後の IS 曲線となります。つまり，**拡張的財政政策によって政府支出を増加させると IS 曲線は右シフト**するのです。

② 減 税

減税の場合，可処分所得の増加による消費の増加を通じて財の需要を増加させることによって，IS 曲線を右シフトさせます。

図表19－1 ● 拡張的財政政策による IS 曲線の右シフト

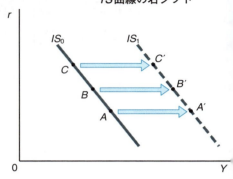

政府支出前に財市場が均衡（$Y^S = Y^D$）していたのが IS_0 曲線とする

⬇

政府支出後には需要（Y^D）が増加し，IS_0 曲線上の点はすべて超過需要になっている（$Y^S < Y^D↑$）

⬇

政府支出後には，IS_0 曲線はもはや財市場は均衡しておらず，IS 曲線ではない

⬇

IS_0 は超過需要なので，財市場が均衡するためには，供給（Y^S）が増えればよい

⬇

IS_1 のように右に動けば，Y が増加し供給（Y^S）が増えるので，超過需要は解消し，再び財市場は均衡する（$Y^S = Y^D$）

⬇

政府支出後の財市場が均衡する点の集合である IS 曲線は，IS_0 から IS_1 と右にシフトする

なお，拡張的財政政策によって IS 曲線が右シフトするのは，IS 曲線が右下がりの場合だけではなく，垂直な場合も同じです（図表19－2）。

【2】緊縮的財政政策による IS 曲線の左シフト

政府支出（G）の削減や増税を行う政策を，緊縮的財政政策といいます。

① 政府支出の削減

政府支出削減前の IS 曲線を IS_0 とします（図表19－3）。IS_0 上の点 A，B，C は，政府支出削減前に財市場が均衡する Y と r の組み合わせです。ということは，それらの点は，政府支出削減により財の需要が減ると，超過供給となっているはずです。つまり，財市場は均衡していないので，もはや IS 曲線ではありません。

政府支出削減後は IS_0 上の点 A，B，C は財市場が超過供給ですから，企業は超過供給がなくなるまで生産量を減らします。その結果，国民所得（国内総生産：GDP）も減少し，やがて超過供給が解消され再び財市場は均衡します。つまり，政府支出削減後に財市場が均衡する点は A′，B′，C′ のように点 A，B，C の左側です。

これらの点 A′，B′，C′ を結んだ線 IS_1 が政府支出削減後の IS 曲線となります。つまり，緊縮的財政政策によって政府支出を削減すると IS 曲線は左シフトするのです。

② 増 税

増税の場合，可処分所得の減少による消費の減少を通じて財の需要を削減することによって，IS 曲線を左シフトさせます。

なお，IS 曲線が垂直な場合にも緊縮的財政政策によって IS 曲線は左シフトします。

図表19－2 ● 拡張的財政政策による垂直な IS 曲線の右シフト

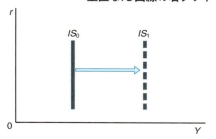

政府支出前に財市場が均衡（$Y^S = Y^D$）していたのが IS_0 曲線とする
↓
政府支出後には需要（Y^D）が増加し，IS_0 曲線上の点は超過需要になっている（$Y^S < Y^D ↑$）
↓
政府支出後には，IS_0 曲線はもはや財市場は均衡しておらず，IS 曲線ではない
↓
IS_0 は超過需要なので，財市場が均衡するためには，供給（Y^S）が増えればよい
↓
IS_1 と右に動けば，Y が増加し供給（Y^S）が増えるので，超過需要は解消し，再び財市場は均衡する（$Y^S = Y^D$）
↓
政府支出後の財市場が均衡する点の集合である IS 曲線は，IS_0 から IS_1 と右にシフトする

政府支出により，IS 曲線は右シフトする（右下がりでも，垂直でも）

図表19－3 ● 緊縮的財政政策による IS 曲線の左シフト

Chapter 19 財政政策の効果

2. 拡張的財政政策の効果

【1】ケインズ派の通常のケース

IS曲線右下がり，LM曲線右上がりというケインズ派の通常のケースを考えましょう。当初の経済は，図表19－4においてISとLMの交点Eであったとします。

政府支出を増加させると，ISがIS'と右へシフトします。その結果，ISとLMの交点は，点Eから点E'へ変わり，利子率はr_eからr_e'へと上昇し，国民所得はY_eからY_e'へと増加します。

これは，財市場のみ考え，貨幣市場を考えない45度線分析と比較して理解することが必要です。45度線分析では，貨幣市場を考えないので利子率は一定としました。図表19－4でいえば，$r=r_e$のままでの分析です。したがって，45度線分析では，$\Delta Y = \frac{1}{1-b}\Delta G$だけ国民所得が増加しますが，これは，$E \rightarrow E_1$を意味します。$E \rightarrow E_1$は利子率は$r_e$のまま一定で，Yは$Y_e$から$Y_1$へ増加します。

しかし，貨幣市場をも考慮するIS-LM分析では，政府支出の増加による国民所得の増加は，貨幣の取引需要を増加させ，利子率を上昇させます。利子率の上昇は，投資を減らし，総需要を減少させ，国民所得を減少させます。

これが，$E_1 \rightarrow E'$です。このように，「政府支出の増加→総需要増加→国民所得増加→利子率上昇→投資減少→総需要減少→国民所得減少」となり，政府支出の効果が小さくなることをクラウディング・アウトといいます。

図表19－4 ● 拡張的財政政策の効果
（ケインズ派の通常のケース）

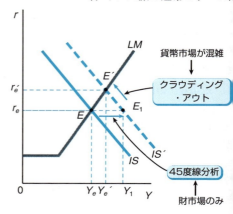

用語

英語で，Crowding-Outと書き，Crowdは混雑させるという意味で，国民所得の増加により貨幣需要が増加し，貨幣市場が混雑し，利子率が上昇する結果，投資が押しのけられてしまうという意味です。

このような IS-LM 分析と45度線分析の違いを整理すると図表19-5のようになります。45度線分析は，財市場だけを考え，貨幣市場で決まる利子率は一定と仮定するので，クラウディング・アウトという「副作用」により，財政政策の効果が小さくなってしまうことを考慮していません。しかし，IS-LM 分析は，財市場のみならず，貨幣市場も同時に分析するので，クラウディング・アウトによる「副作用」により，財政政策の効果が小さくなってしまうことも考慮できるのです。

【2】 流動性の罠のケース

流動性の罠の状態のケースでは，LM曲線は図表19-6のように水平となります。政府支出増加，減税などの拡張的財政政策によってISが右シフトしてIS'となったとき，経済はEからE'となり国民所得が増加しても利子率は上昇しません。利子率が上昇しないので，クラウディング・アウトという副作用は発生せず，財政政策の効果は45度線分析の利子率一定のときと同じとなります。

つまり，クラウディング・アウトという副作用がないので効果がきわめて大きいということです。

図表19-5 ● IS-LM分析と45度線分析の違い

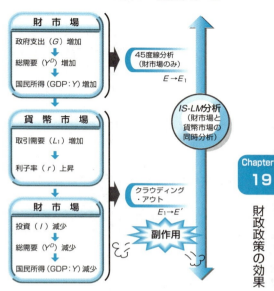

図表19-6 ● 拡張的財政政策の効果
（流動性の罠のケース）

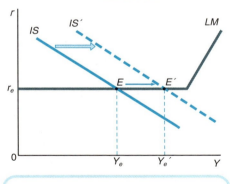

利子率（r）は上昇しない

クラウディング・アウトは発生しない

財政政策による「副作用」なし

財政政策はきわめて有効
（45度線分析と同じ効果）

【3】投資が利子非弾力的なケース

投資が利子非弾力的なケースでは，IS曲線が図表19－7のように垂直となります。

政府支出増加，減税などの拡張的財政政策によってISが右シフトしてIS'となったとき，経済はEからE'となり利子率はr_eからr_e'へ上昇し国民所得はY_eからY_e'へ増加します。しかし，投資が利子非弾力的であるので，利子率が上昇しても投資は減少しないため，クラウディング・アウトという副作用は発生せず，財政政策の効果は45度線分析の利子率一定のときと同じとなります。

つまり，このときも，クラウディング・アウトという副作用がないので効果がきわめて大きいということです。

【4】初期ケインジアン

初期ケインジアンの想定する流動性の罠のケースと投資が利子非弾力的なケースは，いずれも拡張的財政政策はクラウディング・アウトがないのできわめて有効であることがわかりました。

一方，第18章では，初期ケインジアンの想定するケースでは金融緩和策は効果はないと学びました。

つまり，整理すると，初期ケインジアンは「深刻な不況期には金融政策は効果がないが，財政政策はきわめて効果的」だと主張したのです。

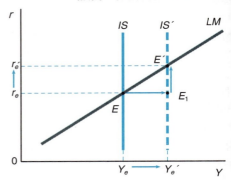

図表19－7 ●拡張的財政政策の効果
（投資が利子非弾力的なケース）

利子率（r）が上昇しても投資量（I）は減少せず
↓
クラウディング・アウトは発生しない
↓
財政政策による「副作用」なし
↓
財政政策はきわめて有効（45度線分析と同じ効果）

初期ケインジアン ①流動性の罠 ➡ LM曲線水平 ┐
　　　　　　　　②投資が利子非弾力的 ➡ IS曲線垂直 ┘➡ 金融政策は無効
　　　　　　　　　　　　　　　　　　　　　　　　　　　財政政策はきわめて有効

【5】ピグー効果

そのような初期ケインジアンの主張に対し，**ピグー**は，経済は物価の下落によって自動的に安定化すると考えます。

ピグーは古典派に属する学者ですから，不況で有効需要が少なく超過供給の状態であれば物価は下落すると考えます。その結果，実質貨幣供給量は増加します。貨幣は資産ですから，資産の実質的な価値が上昇すれば消費が増加し財の需要が増加すると考えます。これは，政府支出による需要拡大と同様の効果がありますから IS 曲線をシフトさせ国民所得を増加させます。そしてこのプロセスは完全雇用国民所得となるまで続きます。

補足

ピグーはミクロ経済学でも，ピグー税を考案した人物として登場します。

補足

ケインズ型消費関数のように，消費は可処分所得のみで決まるのではなく，資産の影響も受けるとしています。

用語

このように，**物価の下落が実質貨幣量を増加させて消費を増加させること**をピグー効果と呼びます。

グラフ化 graph

これは，図表19−6，19−7の拡張的財政政策と同様の効果となります。

3. 緊縮的財政政策の効果

Movie 123

当初の経済は，図表19−8において IS と LM の交点 E であったとします。

政府支出削減，増税などの緊縮的財政政策により財の需要が減少すると，IS 曲線が左シフトし，IS から IS′ となります。その結果，経済は E′ へと移動し，利子率は下落し（$r_e → r_e′$），国民所得は減少します（$Y_e → Y_e′$）。

図表19−8 ●緊縮的財政政策の効果

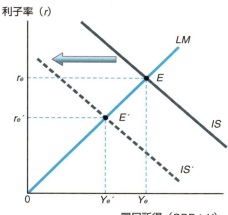

【問題19−1】

縦軸が利子率，横軸が国民所得のときのIS曲線，LM曲線に関する記述として，妥当なのはどれか。

Movie 124

1. IS-LM分析は，IS曲線とLM曲線を用いてケインズ理論の枠組みを説明するもので，サミュエルソンの著書「経済分析の基礎」において初めて示された。
2. 財政支出を減少させると，IS曲線は右方にシフトするので，利子率は上昇し，国民所得は減少する。
3. 貨幣供給量を増加させると，LM曲線は左方にシフトするので，利子率は下落し，国民所得は減少する。
4. 流動性のわなの状態の場合，IS曲線は水平となり，財政支出を増加させても国民所得は増加しない。
5. 貨幣需要の利子弾力性がゼロの場合，LM曲線は垂直となり，財政支出を増加させても国民所得は増加しない。

（地方上級）

（解説・解答）

1. ×　IS-LM分析はヒックスが考案しました。サミュエルソンが考案したのは45度線分析です。
2. ×　財政支出を「減少」ではなく「増加」させるとIS曲線は右シフトします。また，ケインズ派の通常のケース（IS曲線右下がり，LM曲線右上がり）では国民所得は増加します。
3. ×　貨幣供給量を増加させるとLM曲線は「左方」ではなく「右方（下）」シフトし，国民所得は増加します。
4. ×　流動性の罠の状態では「IS曲線」ではなく「LM曲線」が水平となります。
5. ○　1から4が明らかに誤りなので，5が正解とわかります。また，貨幣需要の利子弾力性が無限大のときにLM曲線が水平なので，貨幣需要の利子弾力性が0という逆のケースではLM曲線は垂直になるというのは正しいのではないかと予想することができます。次に，LM曲線が垂直なときには，財政支出を増加させてIS曲線を右シフトさせると，右図のように，経済は点E_0から点E_1となり，利子率はr_0からr_1へと上昇しますが，国民所得（Y）はY_0のまま増加しません。

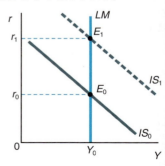

正解　5

今度はクラウディング・アウトに関する計算問題を解いてみましょう。

【問題19－2】（過去トレ・マクロ p.54 問題4－2より）

次のA～D図は，縦軸に利子率を，横軸に国民所得をとり，IS曲線とLM曲線を描いたものであるが，それぞれの図の説明として，妥当なのはどれか。ただし，A図はIS曲線が横軸に対して垂直である状態，C図はLM曲線が横軸に対して水平である状態，D図はLM曲線が横軸に対して垂角である状態をそれぞれ表している。

Movie 125

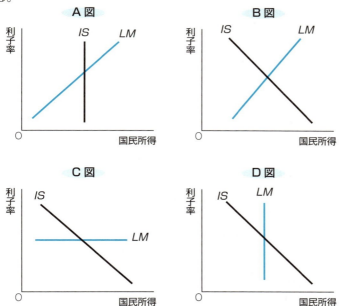

1．A図は，投資の利子弾力性が無限大の場合であり，政府支出を増加させても国民所得は変化しない。
2．B図では，金融緩和により貨幣供給量を増加させるとIS曲線が右にシフトし，国民所得が増加する。
3．C図は，流動性のわなに陥っている場合であり，政府支出を増加させても国民所得は変化しない。
4．C図では，政府支出を増加させると，利子率が上昇することにより民間投資が減少するクラウディング・アウト効果が生じる。
5．D図は，貨幣需要の利子弾力性がゼロの場合であり，政府支出を増加させても国民所得は変化しない。

（特別区）

(解答・解説)
1. ×　A図（垂直な*IS*曲線）は投資が利子非弾力的なときです。ちなみに投資の利子弾力性が無限大のときには*IS*曲線は水平となります。
2. ×　貨幣供給量を増加させると*LM*曲線が右シフトします。
3. ×　C図は流動性の罠ですが，政府支出を増加させ*IS*曲線を右シフトさせると国民所得は増加します。

財政政策の効果（流動性の罠）

4. ×　上図のように，政府支出を増加させると，経済はEからE'へ移動し，利子率はr_0のまま上昇しないので，投資は減少せず，クラウディング・アウトは生じません。
5. ○　正しい。貨幣需要の利子弾力性がゼロとは資産需要（L_2）がなく取引需要（L_1）だけのときであり，古典派のケースであり，*LM*曲線は完全雇用国民所得（Y_F）で垂直となります。このとき政府支出を増やして*IS*曲線を右シフトさせると，政府支出の増加と同じ分だけクラウディング・アウトが生じ，国民所得はY_0のまま増加しません（完全なクラウディング・アウト）。

財政政策の効果（古典派のケース）

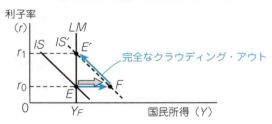

したがって，正解は5。

正解　5

Chapter 20
公債の経済効果
―政府の借金は誰の負担？―

Point

1 公債を中央銀行以外が引き受ける市中消化の場合，LM曲線は動かないが，公債を中央銀行が引き受ける中央銀行引受けの場合にはLM曲線が右シフトする。

2 フリードマンは，市中消化の公債発行による拡張的財政政策は，公債という資産の増加による消費増加（IS曲線右シフト）と，資産に占める公債比率上昇にともなう貨幣需要の増加（LM曲線左シフト）があり，国民所得を増やすかどうかはわからないと考える【フリードマンの資産効果】。

3 リカードとバローは，拡張的財政政策の財源が増税でも公債発行による借金でも経済効果は変わらないとした【リカード＝バローの中立命題】。

Movie 126

難易度　C

出題可能性
国家一般職（旧Ⅱ種）	B
国税専門官	A
地方上級・市役所・特別区	B
国家総合職（旧Ⅰ種）	A
中小企業診断士	B
証券アナリスト	B
公認会計士	A
都庁など専門記述	B
不動産鑑定士	A
外務専門職	A

　この章では政府の借金である公債について学びます。日本は国と地方合わせて900兆円近くの巨額の公債残高，すなわち，借金残高を抱えています。もし公債の経済効果があるのであれば，日本には大きく影響するはずですから，最近注目されています。応用論点ですが近年出題が多くなっていますから，しっかりとマスターしましょう。

1. 公債の市中消化と中央銀行引き受け

Movie 127

【1】 公債の市中消化の原則

新規に発行される公債を中央銀行が購入することを**公債の中央銀行引受け**といい，政府が中央銀行から借り入れることになります。これに対し，**新規に発行される公債を中央銀行以外の金融機関や企業・個人が購入することを公債の市中消化**といい，政府が市中（中央銀行以外）から借り入れることになります。

公債の中央銀行引受けを認めてしまうと，政府は紙幣を発行できる中央銀行から借金すればよいことになり，安易に借入れを行い財政破綻となるおそれがあります。しかも，中央銀行引受けの場合，貨幣供給量も増加（後述）するため，激しいインフレとなり，貨幣価値が著しく下落します。その結果，人々は貨幣を持ちたがらなくなり貨幣経済は崩壊してしまい経済は混乱することになります。

したがって，このような事態を回避するために，**多くの国では，公債の中央銀行引受けは禁止とし公債の市中消化を基本**としています（**市中消化の原則**）。日本においても，財政法において，公債の中央銀行引受けは原則として禁止されています。

ですから，「公債の発行による政府支出の増加」という場合には，特に断わりがなければ市中消化であることを前提とします。

【2】 公債の市中消化の効果

公債の市中消化を整理すると図表20−1のようになります。
①政府が公債を発行し，民間が公債代金を政府に振り込みます。
②政府はその貨幣を財源として政府支出を行いますから，公共工事などの財の供給を民間か

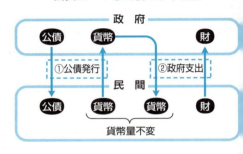

図表20−1 ● 公債の市中消化

図表20−2 ● 公債の市中消化の効果

ら受けて，その代金として貨幣を支払います。

以上より，政府支出分だけ財の需要が増加し，IS-LM分析でいえばIS曲線が右シフトしますが，民間の貨幣量には変化がなく，LM曲線はシフトしません。

【3】 公債の中央銀行引受け

公債の中央銀行引受けを整理すると，図表20－3のようになります。

① 政府が公債を発行し中央銀行は公債代金を政府へ支払います。これは中央銀行が直接に供給する現金なのでハイパワード・マネーです。
② 政府はその貨幣を財源として政府支出を行いますから，公共工事などの財の供給を民間から受けて，その代金として貨幣を支払います。

以上より，**政府支出分だけ財の需要が増加しIS曲線が右シフトするとともに**，中央銀行から政府を経由して貨幣が新たに供給されるので**ハイパワード・マネーが増加**します。このハイパワード・マネーは預金と貸出を繰り返しながら預金を創造し，貨幣乗数倍の貨幣を供給し，**LM曲線を右シフトさせます**。

図表20－3 ● 公債の中央銀行引受け

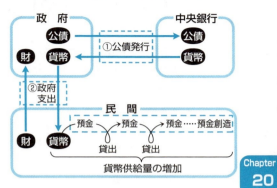

図表20－4 ● 公債の中央銀行引受けの効果

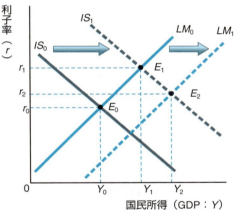

2. フリードマンの資産効果

Movie 128

フリードマンは，（市中消化による）公債発行による財政政策の効果は定かではないので行うべきではない，と主張します。

フリードマンは，公債発行による政府支出の効果について，単に政府支出の効果だけではなく，公債という資産の増加の効果も考えています。

① 公債発行による財政政策により，まず，IS曲線が右シフトします。

② 国民が公債発行により資産が増えたと考えた場合，消費が増加し，さらにIS曲線はIS′からIS″へ右シフトし，国民所得を増加させます。

③ また，公債発行により，資産に占める債券の比率が高まり，貨幣の比率が低下するので，元の貨幣・債券比率に戻そうとするならば，貨幣需要が増加し，LM曲線は左シフトし，国民所得は減少します。

▶▶ 徹底解説 ◀◀

LMは貨幣需要が増加する前に$\frac{M}{P}=L$となっているので，貨幣需要増加後は超過需要となっています。超過需要であれば，超過需要がなくなるまで利子率が上昇し，やがて貨幣市場が均衡します。したがって，新しく貨幣市場が均衡する点は利子率が上昇し上に移動しているはずです。つまり，LM曲線はLMからLM′へと上シフトしているのです。上シフトは左シフトともいいます。

人物

ミルトン・フリードマン（1912-2006）
貨幣の実物経済に与える影響を重視するマネタリストの中心人物。1971年ノーベル経済学賞を受賞。

実証データに基づく理論構築を重視し，著書『合衆国貨幣史』において，データに基づき，「貨幣供給量の変化は短期的には国民所得に影響するが，長期的には物価に影響する」と主張しました。そして，ケインズ派が効果があると主張する裁量的金融政策の効果を疑問視し，貨幣供給量は経済成長に合わせて一定の比率で増加させればよいという「ルール」による金融政策を主張しました。→第31章

政府の経済への介入を最小化し，市場原理による経済運営を主張するシカゴ学派（シカゴ大学を中心に市場機能を重視し，小さな政府を主張する学者グループで，マネタリストや合理的期待形成学派が含まれる）の中心人物として，現在の「小さな政府」の考えにも大きな影響を与えています。他にも，自然失業率仮説（第25章），消費における恒常所得仮説（第29章），公債の資産効果など多くの理論を生み出しました。

― 理 由 ―

ケインズ型消費関数を修正し，消費は資産価値にも影響されるとしています。

― たとえば ―

安全な資産である貨幣と危険な資産である債券の比率には望ましい比率があり，1：1であったとします。その後，公債発行により債券が増加し，貨幣：債券が4：6になったとします。これでは，望ましい比率1：1に比べて貨幣が少なく，債券が多いので，危険資産の比率が高まってしまい，元の望ましい比率1：1に戻そうとするであろうということです。

230

④ 公債発行の資産効果による国民所得の増減は，ISの右シフトと，LMの左シフトの大きさにより決まり，**一義的にはいえません**。

⑤ したがって，**財政政策の効果は不明であり，効果のわからない政策は行うべきではない**ということになります。

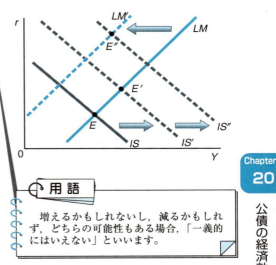

図表20－5 ● フリードマンの資産効果

用語

増えるかもしれないし，減るかもしれず，どちらの可能性もある場合，「一義的にはいえない」といいます。

Chapter 20 公債の経済効果

公債発行による 政府支出 G↑ ➡ 財の需要 Y^D↑〈IS右シフト〉➡ 国民所得 Y↑

貨幣＋ 債券 ↑＝資産↑ ➡ 消費↑ ➡ 財の需要 Y^D↑〈IS右シフト〉➡ 国民所得 Y↑

債券比率上昇 ➡ 貨幣需要 L_2 増加〈LM左シフト〉➡ 国民所得↓

最終的な効果は不明
↓
行うべきではない

231

3. リカード＝バローの中立命題

Movie 129

公債発行は，政府の借金（負債）であり，公債償還（返済）時に増税で返済することになるので，将来の増税であると国民が考えたとします。

【1】公債の償還が現代世代の場合

現代世代は償還時に増税となります。現代世代は公債発行＝将来の増税＝将来の可処分所得の低下に備えて，現在の消費を減らし貯蓄を増加させます。つまり，この前提の下では**公債の発行は増税の先延ばしにすぎず，現在の消費を減少させるので増税と効果は同じ**となります。つまり，公債発行と増税による資金調達は価値が同じという意味で**リカードの等価定理**といいます。

【2】公債の償還が将来世代の場合

このとき，現代世代は償還時の増税の負担を負いません。したがって，公債の発行により現代世代は償還時の増税という負担を将来世代に押しつけ負担を回避できるので，消費は減少せず増税とは経済効果は違います。

しかし，この場合でも，バローは，現代世代（親）が将来世代（子）のときの将来の増税に備えて遺産を残すため，現在の消費を減らすと考えます。つまり，現在の増税による資金調達と同じ経済効果となります。

Point!
ケインズ型消費関数を修正し，消費は現在の所得のみならず一生を考えて合理的に消費を決定すると仮定します。

補足
つまり，リカードの等価定理は成立しません。

仮定
現代世代が，公債発行による将来世代の税負担の増加分を遺産として残すという前提があります。これを「子（将来世代）想いの親（現代世代）の前提」といいます。

Point!
「子想いの親」の前提をおき遺産を考えることにより等価定理が成立します【バローの等価定理（中立命題）】。

Part 6

Movie 130

AD-AS分析・IAD-IAS分析

―物価も同時に考えたい！―

　マクロ経済（一国経済全体）では，市場は，財市場，資産市場，労働市場，の3つがあります。これらの市場が，お互いに影響を与えながら，経済は，刻一刻と変わっていきます。

　しかし，3つすべてを考えると複雑なので，第3部では財市場だけを，第4部では資産市場だけを分析し，第5部の*IS-LM*分析では財市場と資産市場を分析しました。このように今までは労働市場を分析せず，労働市場との関係で決まる物価は一定と仮定しました。

　この第6部では，いままで分析を避けてきた労働市場を分析し，労働市場との関係で決まる物価についても変動するものとして扱います。

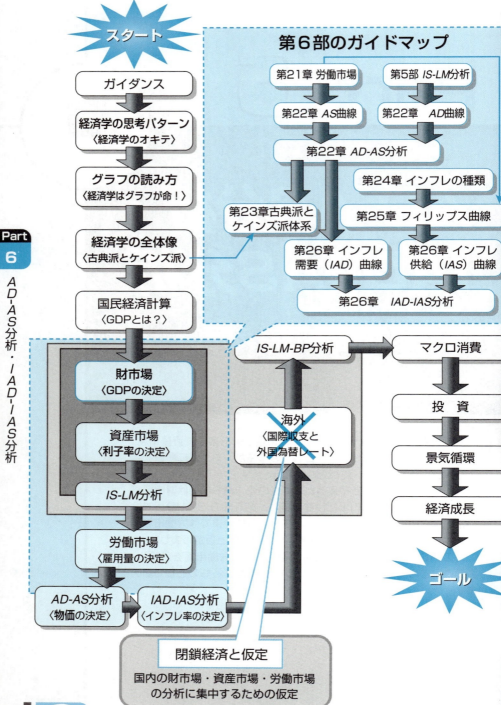

第6部の舞台・登場人物・ストーリー

現実経済　財市場・資産市場・労働市場が密接に関わり複雑

　マクロ経済（一国経済全体）では，市場は，財市場，資産市場，労働市場，の3つがあります。これらの市場が，お互いに影響を与えながら，経済は，刻一刻と変わっていきます。ですから，本当は財市場・資産市場・労働市場の3市場を同時に検討することが望ましいのです。

たとえば
　資産市場の一つである貨幣市場で住宅ローンの金利（利子率）が上がれば，マイホームを買う人が減ります。マイホームの購入は財市場の投資なので，財の需要の減少となります。財の需要が減少とは企業の注文が減るわけですから生産活動も低調となり，国民所得（GDP）は減少します。このような状況では，企業はリストラを行い，労働市場では失業が生じます。

舞台（分析対象）—財市場・資産市場・労働市場を同時に分析—

　ですが，いきなり3市場を同時分析すると，複雑で大変なので，第3部では財市場，第4部では資産市場の分析だけに集中しました。そして第5部では，財市場と資産市場を同時に分析しました。
　しかし，この部ではさらに労働市場も分析し，財市場，資産市場，労働市場の3つを同時に考えます。
　ただし，この部では海外を考えない閉鎖経済とします。

Point!
　それによって，労働市場との関係で決まる物価も一定ではなく動いてきます。

閉鎖経済の仮定→海外を考えない

登場人物（経済主体）

財市場・資産市場・労働市場において次のような人物が登場します。

	需要者	供給者
財市場 （第3部）	家計（消費・投資） 企業（投資） ~~外国（輸出ー輸入）~~	企業
貨幣市場 （第4部）	家計・企業	中央銀行（ハイパワード・マネー供給） 市中銀行（預金創造）
労働市場 （この部の第21章）	企業	家計（労働者）

閉鎖経済を仮定するので登場しません

ストーリーの流れ（構成）

第5部では財市場と資産市場を同時に考えましたが、第6部では、さらに労働市場も考慮します。そのことによって、国民所得と利子率に加えて物価も動きます。

「第21章 労働市場」では、古典派の考えとケインズの考えを学びます。第22章では、その労働市場についての考えを基礎として総供給（AS）曲線を求め、次に、IS-LM分析を基礎として総需要（AD）曲線を求めます。そして、総需要曲線と総供給曲線の交点で財市場・資産市場・労働市場の3つの市場が同時均衡する国民所得と物価が決定されることを理解します【AD-AS分析】。このAD-AS分析を使って、物価変動を考慮したときの金融・財政政策の効果について考えます。

このAD-AS分析によって、ケインズ派の体系ができあがりますので、第23章では、今まで説明してきた古典派とケインズ派の理論について体系的に説明します。

第24章では、物価が持続的に変動するインフレーションの種類について学び、第25章では、インフレーションと失業の関係について、ケインズ派、マネタリスト、合理的期待形成学派という学派の考え方の違いを理解します。

そして、第26章では、IAD-IAS分析を学び、その枠組みを使ってインフレ率（物価上昇率）の決定について考えます。

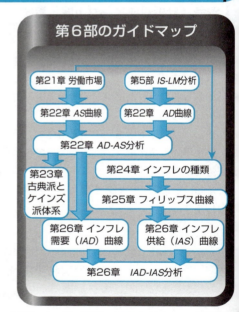

第6部のガイドマップ

Chapter 21
労働市場
―お給料はどう決まる？―

Point

1 企業は，限界生産力＝実質賃金率で利潤最大となる労働需要量に決定する【古典派の第一公準】。これから労働需要曲線を求める。

2 家計は，限界不効用と実質賃金率が等しくなるように労働供給量を決定する【古典派の第二公準】。これから労働供給曲線を求める。

3 古典派は，労働市場の需要と供給が等しくなるよう実質賃金率が決まると考える。非自発的失業は実質賃金率の下落によって解消される。

4 ケインズは古典派の第一公準は受け入れるが，古典派の第二公準を否定し，貨幣（名目）賃金率は下がりにくいので非自発的失業は持続すると考える。

Movie 131

難易度　C

出題可能性

国家一般職（旧Ⅱ種）　C
国税専門官　C
地方上級・市役所・特別区　C
国家総合職（旧Ⅰ種）　C
中小企業診断士　C
証券アナリスト　C
公認会計士　C
都庁など専門記述　B
不動産鑑定士　C
外務専門職　C

　この章では，IS-LM分析では取り扱わなかった労働市場を分析します。
　登場人物としては，労働の供給者として家計（労働者），労働の需要者として企業が登場します。
　まず，古典派の考えを説明し，次に，古典派の考えを批判し失業の継続を説明したケインズの考えを説明します。特に，古典派の第一公準は次章のAD-AS分析における総供給（AS）曲線の基礎となるので，しっかりとマスターしてください。

1．労働需要量の決定【古典派の第一公準】

Movie 132

【1】基本的考え方〈利潤最大化〉

労働者を1人追加で雇うごとに利潤が増加するのであれば労働需要量を増やし続け，追加で雇ってももうこれ以上利潤は増加しなくなった時点で追加雇用をやめると考えます。

> **Point!**
> この時点での労働需要量が「もうこれ以上利潤が増加しない」ので利潤最大の労働需要量となります。つまり，企業は利潤最大となるように労働需要量を決定するのです。

【2】用語の定義と仮定

① 労働の限界生産力

労働者を1人追加で雇ったときの生産量の増加量を労働の限界生産力といいます。この労働の限界生産力（MPL）は労働需要量の増加とともに減少すると仮定します。これは，労働者をたくさん雇っていくと，1人追加で雇ったときの生産量の増加量は減少していくという仮定です。

> **略語**
> 英語でMarginal Product of Labourなので，MPLと略します。

> **用語**
> 労働の限界生産力逓減の仮定といいます。

これをグラフで表すと図表21－1のようになります。まず，縦軸に限界生産力，横軸に労働需要量をとり，労働需要量と限界生産力の関係を示した限界生産力曲線を描きます。労働の限界生産力曲線が右下がりであるのは，限界生産力逓減を仮定しているからです。これは，1人目は10個生産量が増加する，つまり限界生産力が10です。しかし，2人目を1人追加で雇うと，そのときの生産量の増加は8個に減少し，限界生産力は8。さらに，3人目を1人追加で雇うと，そのときの生産量の増加は6個に減少し，限界生産力は6，と労働需要量の増加に伴い限界生産力は減少しています。

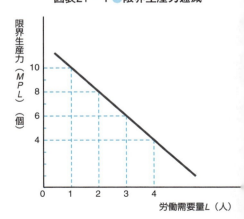

図表21－1 ●限界生産力逓減

② 実質賃金率

古典派は時給何円という貨幣賃金率ではなく、「財何個分に相当する賃金率か」という実質賃金率で考えます。なぜなら、企業にとっても家計（労働者）にとっても、金額そのものではなく、モノ何個分の賃金率を支払うのか、もらうのかが重要だからです。

そして、実質賃金率は貨幣（名目）賃金率（W）を価格（P）で割ることによって求めることができます。

$$実質賃金率 = \frac{W}{P}$$

> **用語**
> 名目賃金率とも呼ばれます。

> **略語**
> 賃金はwageなので、貨幣（名目）賃金率はWで表します。

> **たとえば**
> 名目賃金率を1,000円、生産物（生産される財）の価格を100円とすると、実質賃金率は、名目賃金率（1,000円）÷生産物価格（100円）＝10個と、生産物10個分の賃金率だと計算されます。

【3】労働需要量の決定（古典派の第一公準）

図表21－1の限界生産力のグラフを図表21－2にも描きます。さらに、図表21－2に実質賃金率（$\frac{W}{P}$）を書き込みます。ここでは、実質賃金率は市場において6個であったとします。

> **用語**
> 公準とは法則と似たものです。

そうすると、最初の1人目を雇うと10個生産量が増加し6個分の賃金を支払うので、差し引き4個分儲かります。同様に、2人目も8個－6個＝2個分儲かり、3人目で6個－6個＝0個と儲からなくなり打ち止めとなります。なぜなら、これ以上、需要量を増加させ4人目を需要すると、限界生産力逓減の仮定より、生産量の増加は4個へと減少するにもかかわらず、支払う賃金（実質賃金率）は6で変わりませんから、企業にすれば4個－6個＝－2個で2個分損をしてしまいます。

結局、企業が利潤最大となる労働需要量とは、労働の限界生産力と実質賃金が等しい点Eのときです。**企業は利潤最大となる、つまり、労働の限界生産力と実質賃金率が等しくなる労働需要量に決めることを古典派の第一公準**といいます。

図表21－2 ● 労働需要量の決定
（古典派の第一公準）

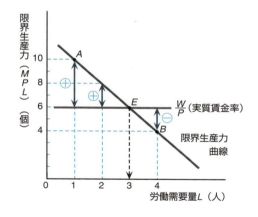

> 〈古典派の第一公準〉
> 企業は利潤最大となる労働需要量，つまり，労働の限界生産力＝実質賃金率となる需要量に決定する

【4】労働需要曲線

労働市場で決まる実質賃金率（$\frac{W}{P}$）が変わるにつれ，労働需要量（L_d）は限界生産力曲線に沿って決まります。たとえば，図表21－2において，実質賃金率（$\frac{W}{P}$）＝10個のとき，限界生産力曲線の点Aでぶつかった1人を需要します。同様に，$\frac{W}{P}$＝6個に下落すると，需要量は点Eでぶつかった3人になり，$\frac{W}{P}$＝4個のときには，需要量は点Bでぶつかった4人となります。

以上より，実質賃金率と需要量の関係，つまり，労働の需要曲線を描くと図表21－3のようになります。

この図表21－3の労働需要曲線と図表21－2の限界生産力曲線とは，まったく同じ右下がりの形状の曲線ですが，その意味するところは違います。

図表21－2の限界生産力曲線が右下がりであることは，労働需要量が増えると，限界生産力逓減の仮定を置いているので，限界生産力が減り，限界生産力も減少するということを意味します。これに対し，図表21－3の労働需要曲線は，縦軸の実質賃金率が下がると，労働需要量が増加するということを意味します。

そして，市場の労働需要量は各企業の需要量を足したものなので，<mark>市場の労働需要曲線は図表21－4のように各企業A，B，……の需要量をヨコに足したものとなります。</mark>

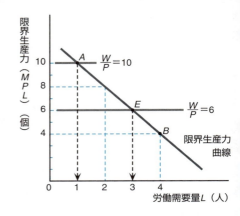

図表21－2（再掲） ●労働需要量の決定（古典派の第一公準）

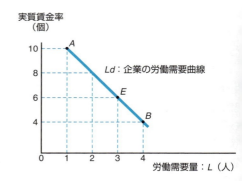

図表21－3 ●企業の労働需要曲線

図表21－4 ●労働市場の需要曲線

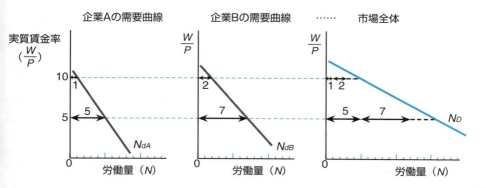

実質賃金率が10個のとき，企業Aの需要量は需要曲線（N_{dA}）より1人，Bの需要量はN_{dB}より2人……とすべての企業の需要量を求め合計したものが，実質賃金率が10のときの市場全体の需要量ということです。また，実質賃金率が5個に下がると，企業Aの需要量は需要曲線（N_{dA}）より5人，Bの需要量はN_{dB}より7人……とすべての企業の需要量を求め合計したものが，実質賃金率が5のときの市場全体の需要量となります。

2. 労働供給量の決定【古典派の第二公準】

Movie 133

【1】 基本的考え方〈効用最大化〉

　家計（労働者）は効用（満足度）を最大にするように働く時間（＝労働供給時間）を決めると考えます。そして，1時間働くごとに，効用が増加するならば労働時間を増やし，もうこれ以上効用が増加しなくなった時点で労働時間の増加をやめ，その労働時間に決めると考えます。

【2】 用語の定義と仮定

　労働を1時間追加で行ったときの不満足の増加を労働の限界不効用といいます。そして，この限界不効用を財何個分と金額で表示できるとします。

　たとえば，図表21－5のように，1時間

目を1時間働く限界不効用は1（財1個分）だが、2時間目は2（財2個分）、3時間目は3（財3個分）、4時間目は4（財4個分）と、労働量の増加とともに、限界不効用が増加するとします。これらの労働量と限界不効用の関係をグラフにしたものが限界不効用曲線です。この限界不効用曲線は、限界不効用逓増を仮定しているので右上がりとなります。

> **たとえば**
> 今まで3時間働いていて、4時間目を1時間追加で働いたら財4個分だけ不満足（＝財4個もらえれば解消できる不満足）が増えたとします。このとき、限界不効用は4といいます。そして、この限界不効用が労働時間とともに増加すると仮定します。

> **用語**
> 限界不効用逓増の仮定といいます。

【3】労働供給量の決定（古典派の第二公準）

図表21-6に、図表21-5の限界不効用曲線を描きます。そして、当初の実質賃金率を$\left(\frac{W}{P}\right)_0$の記号で表すこととし、具体的には時給が生産物3個分であったとしましょう。

このとき、1時間目は限界不効用は1ですが実質賃金率3を得ることができるので、その差の2だけ効用が増加します。同様に、2時間目は限界不効用は2ですが実質賃金率3を得ることができるので、その差の1だけ効用が増加します。3時間目は限界不効用は3ですが実質賃金率3を得るので、効用はもう増えません。さらに、4時間目を働くと、4時間目は限界不効用は4ですが実質賃金率3しか得られないので限界不効用の方が大きいので、効用は低下してしまいます。

ですから、効用が最大となるのは、限界不効用と実質賃金率が等しい点Eの労働量3（時間）と決めます。

この「**家計が効用最大となる、つまり、限界不効用と実質賃金率が等しくなる労働供給量に決める**」ことを**古典派の第二公準**といいます。

図表21-5 ● 限界不効用曲線

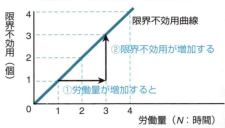

図表21-6 ● 労働供給量の決定
　　　　　（古典派の第二公準）

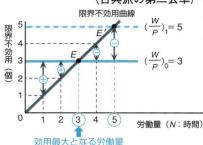

効用最大となる労働量

> **Point!**
> 簡単に言ってしまえば、1時間働く不満足（＝限界不効用）よりももらえるモノ（＝実質賃金率）が多い限り労働時間を増やし続け、2つが等しくなった時点で労働時間の増加をやめるので労働供給量が決まると考えるのです。

【4】労働供給曲線

労働市場で決まる実質賃金率（$\frac{W}{P}$）が変わるにつれ，労働供給量（L_S）は限界不効用曲線に沿って決まります。たとえば，図表21－6において，実質賃金率（$\frac{W}{P}$）＝3個のとき，限界不効用曲線の点Eでぶつかった3時間だけ供給します。同様に，$\frac{W}{P}=5$個に上昇すると，供給は点E'でぶつかった5時間となります。

以上より，実質賃金率と供給量の関係，つまり，労働の供給曲線を描くと図表21－7のようになります。

この図表21－7の労働供給曲線と図表21－5の限界不効用曲線とは，まったく同じ右上がりの形状の曲線ですが，その意味するところは違います。

図表21－5の限界不効用曲線が右上がりであることは，労働供給量が増えると，限界不効用逓増の仮定を置いているので，限界不効用が増えるということを意味します。これに対し，図表21－7の労働供給曲線は，縦軸の実質賃金率が上がると，労働供給量が増加するということを意味します。

そして，市場の労働供給量は各家計の供給量を足したものなので，図表21－8のよう

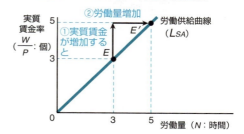

図表21－7 ● 家計の労働供給曲線

たとえば

実質賃金率が3個のとき，家計Aの供給量は3時間，家計Bの供給量は2時間……とすべての家計の供給量を求め合計したものが，実質賃金率が3のときの市場全体の供給量です。また，実質賃金率が5個に上がると，家計Aの供給量は5時間，家計Bの供給量は4時間……とすべての家計の供給量を求め合計したものが，実質賃金率が5のときの市場全体の供給量となります。

に各家計A，B，……の供給量をヨコに足したものとなります。

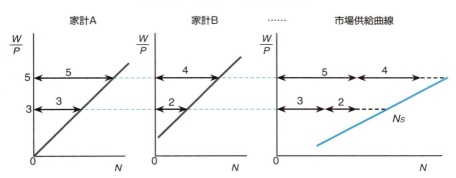

図表21－8 ● 市場の労働供給曲線

3. 古典派の労働市場についての考え方

右下がりの市場の労働需要曲線（図表21−4）と右上がりの市場の労働供給曲線（図表21−8）を図表21−9に描きます。

古典派は，労働市場における需要と供給が等しくなるように実質賃金率が決まると考えます。いいかえれば，実質賃金率が動くことによって労働市場の需要量と供給量は等しくなります。ですから，**失業**，つまり，超過供給**があっても**，それは実質賃金率が $\left(\frac{W}{P}\right)_1$ のように高いからであり，**実質賃金率の下落によって解消する**と考えます。ですから，経済は常に完全雇用ということになります。

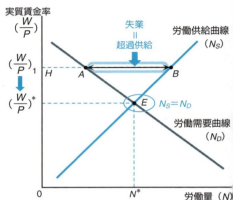

図表21−9 古典派の労働市場

4. ケインズの労働市場についての考え方

Movie 135

ケインズは，古典派の第一公準から導いた右下がりの需要曲線を受け入れます。しかし，古典派の第二公準から導いた右上がりの供給曲線は受け入れず，貨幣（名目）賃金率（W）は古典派が主張するようには自由に動かず，下がりにくいとします。これを**貨幣（名目）賃金率の下方硬直性**といいます。

ケインズの考えを図表21−10に描くと，貨幣（名目）賃金率の下方硬直性を表現するために，縦軸は実質賃金率ではなく，貨幣（名目）賃金率とします。横軸は労働量です。

ケインズも古典派の右下がりの需要曲線は受け入れているので，右下がりの労働需要曲線（N_D）です。

供給曲線（N_S）については貨幣（名目）賃金率の下方硬直性を仮定するので，ここでは，W_1より貨幣（名目）賃金率は下がらないとすると，供給曲線はW_1で水平の部分が

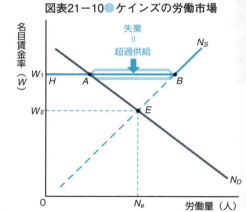

図表21−10 ケインズの労働市場

できます。

　図表21−10において，需要曲線（N_D）と供給曲線（N_S）の交点はAとなります。このとき，働きたいという供給量はHBですが，雇いたいという需要量HAであり，**ABだけ超過供給**，つまり，働きたいのに働くことができないという（非自発的）失業が生じています。

　古典派であれば失業がなくなる点Eまで（実質）賃金率が下がりますが，**ケインズは貨幣（名目）賃金率の下方硬直性を仮定しているので，失業は解消せず継続**します。

> **Point!**
> このようにして，ケインズは，世界大恐慌において大量失業が継続することを説明したのです。

5. 古典派とケインズ派のどちらが正しいか？

Movie 136

　では，古典派とケインズ派のどちらが正しいのでしょうか。

> **Point!**
> 経済学は，現実経済を分析する学問ですから，どちらが正しいかは，どちらが現実経済をより説明できるかで判断すべきです。

　不況期には，失業が生じすぐには解消しませんから，古典派の考えは妥当ではなく，ケインズの考えが当てはまります。しかし，好況期には，失業はなく需要と供給はイコールでハッピーですから，古典派の考えが妥当すると言えそうです。このように，古典派とケインズ派のどちらかをとらなくてはならないのではなく，状況に応じて，どちらが，より現実経済を説明しうるかを考えていけばよいのです。

Chapter 21 労働市場

245

【問題21－1】
　古典派の雇用理論およびケインズの雇用理論に関する記述として，妥当なのはどれか。

Movie 137

1．労働供給曲線について，古典派は，貨幣賃金率の関数であるとしたが，ケインズは，実質賃金率の関数であるとした。
2．古典派は，現行の賃金で働く意思をもちながらも，労働需要が不十分なため雇用されない失業を，摩擦的失業とした。
3．古典派は，非自発的失業の存在を否定し，貨幣賃金が伸縮的でなくても，完全雇用が実現されるとした。
4．ピグーは，貨幣賃金の低下は物価の下落をもたらし，これによって実質貨幣残高が増加すれば，消費は拡大し，雇用量も増大するとした。
5．ケインズは，非自発的失業者間の競争によって実質賃金が低下した場合は，貯蓄はすべて投資されることから，長期的に雇用量は増大するとした。

（地方上級）

〔解答・解説〕
1．×　古典派が実質賃金率，ケインズが貨幣賃金率（名目賃金率）なので誤りです。
2．×　現行賃金で働く意思を持ちながら，労働需要が不十分なため雇用されない失業は「摩擦的失業」ではなく「非自発的失業」ですし，「非自発的失業」を指摘したのは古典派ではなくケインズなので誤りです。
3．×　古典派は貨幣賃金は伸縮的と考えるので誤りです。
4．○　ピグー効果（p.223）の正しい説明です。
5．×　ケインズは貨幣賃金率の下方硬直性を仮定することによって，失業が長期間継続すると主張しました。また，ケインズは賃金の低下は労働者の消費を減退させ有効需要を減少させるので，不況が深刻化するおそれがあると指摘したので誤りです。

正　解　4

Chapter 22
AD-AS分析
―物価はどう決まる？―

Point

1 ケインズ派は，総供給曲線を「企業が利潤最大となるように労働需要量を決定する国民所得と物価の組み合わせの集合」とし，古典派の第一公準と貨幣賃金率一定の仮定から右上がりとする【賃金フロアモデル】。

2 古典派は，総供給曲線を「労働市場が均衡する国民所得と物価の組み合わせの集合」とし，物価水準にかかわらず常に完全雇用であるため，総供給曲線は完全雇用国民所得で垂直となる。

3 総需要曲線とは財市場と貨幣市場が同時均衡する国民所得と物価の組み合わせの集合であり，右下がりのIS曲線と右上がりのLM曲線のときには右下がりとなる。

4 右上がりの総供給（AS）曲線と右下がりの総需要（AD）曲線のときには，金融緩和策，拡張的財政政策は総需要（AD）曲線を右シフトさせることによって国民所得を増加させるとともに物価が上昇する。物価上昇により実質貨幣供給量が減る分LM曲線が左シフトし政策の効果は小さくなる。

5 古典派の垂直な総供給（AS）曲線の場合，金融緩和策，拡張的財政政策によって総需要（AD）曲線を右シフトさせても，国民所得は増加せず物価が上昇するだけである。

Movie 138

難易度　C

出題可能性

国家一般職（旧Ⅱ種）	B
国税専門官	B
地方上級・市役所・特別区	B
国家一般職（旧Ⅱ種）	B
中小企業診断士	B
証券アナリスト	A
公認会計士	B
都庁など専門記述	A
不動産鑑定士	A
外務専門職	B

この章では，IS-LM分析で検討した財市場と貨幣市場に，さらに労働市場をも同時に分析するAD-AS分析をマスターします。まず，労働市場が均衡する総供給（AS）曲線を学び，次に，財市場と貨幣市場が同時に均衡する総需要（AD）曲線を学びます。そして，AD曲線とAS曲線の交点Eが財市場，貨幣市場，労働市場が同時均衡する点となることを理解します。そして，AD-AS分析を使って，物価の変動が経済政策にどのように影響するかを考えます。

図表22－1　●AD-AS分析の概要

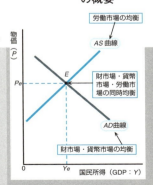

1. 総供給（AS）曲線

Movie 13

【1】ケインズ派

（賃金フロアモデル）

ケインズ派は，総供給曲線を「**企業が利潤最大となるように労働需要量を決定する国民所得と物価の組み合わせの集合**」とします。「企業が利潤最大となるように労働需要量を決定」するとは，労働の限界生産力と実質賃金率が等しくなるような労働需要量になっているということです。また，ケインズ派は貨幣賃金率の下方硬直性を仮定するので，ここでは**貨幣賃金率（W）を一定と仮定**します。

貨幣賃金率（W）が一定であれば，**物価（P）が上昇すれば，実質賃金率（$\frac{W}{P}$）は下落**します。実質賃金率が下落すれば**労働需要量が増加**します。これは，図表21－2でいえば，実質賃金率が8個のときには労働需要量は2人ですが，6個に低下すれば需要量は3人に増加することがわかります。

そして，**労働需要量が増えれば生産も増加**するので国民所得（国内総生産：GDP）も**増加**します。

以上より，物価が上がると国民所得は増加するということがわかり，グラフ化すると図表22－2のように**右上がりの総供給曲線**となります。

> **略語**
>
> 英語で総供給とは Aggregated Supply（集計された供給）なのでASと略します。

> **用語**
>
> 名目賃金率が下がらないで一定とするため，床（フロア）に張り付いたようなので賃金フロアモデルといいます。

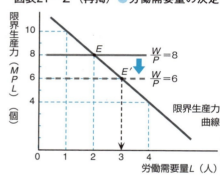

図表21－2（再掲）●労働需要量の決定

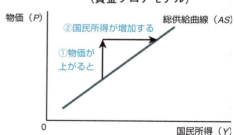

図表22－2●ケインズ派の総供給曲線
（賃金フロアモデル）

〈ケインズ派の右上がりの総供給曲線（賃金フロアモデル）〉

$P\uparrow \Rightarrow \dfrac{W\leftarrow 一定}{P\uparrow} \Rightarrow \dfrac{W}{P}\downarrow \Rightarrow$ 労働需要量↑ ⇒ 国民所得↑

【2】古典派の総供給曲線

古典派は，労働市場において，実質賃金率の調整により常に需要と供給が等しく失業がなく完全雇用です。ですから，物価水準がP_0でもP_1でも常に国民所得は完全雇用国民所得になります。これをグラフ化すると図表22-3のように，**総供給曲線はY_Fで垂直**となります。

図表22-3 ●古典派の総供給曲線

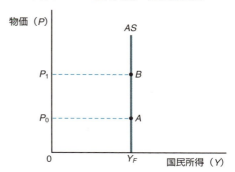

2. 総需要（AD）曲線

Movie 140

【1】ケインズ派の通常ケース

総需要曲線とは，**財市場と貨幣市場を同時均衡させる国民所得と物価の組み合わせの集合**をいいます。総需要曲線の導出は，IS-LM分析の交点より求められますので，まず，IS-LM分析を考えましょう。

1) IS-LM分析では，①物価一定，②閉鎖経済を前提とし，また，IS曲線は右下がり，LM曲線は右上がりと仮定します。
2) 総需要曲線の定義より，総需要曲線上の点は，財市場と貨幣市場を同時均衡させるので，IS曲線とLM曲線の交点の経済状態です。したがって，物価の変化にともない移動するIS-LMの交点の国民所得を求め，その物価と国民所得をグラフに表せば，総需要曲線となります。

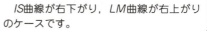

補 足

IS曲線が右下がり，LM曲線が右上がりのケースです。

Point!

IS曲線とLM曲線の交点の状態ということです。ただし，IS曲線とLM曲線の交点は国民所得と利子率の組み合わせなので，利子率を物価に変える必要があります。

復 習

IS-LM分析は，財市場の均衡する国民所得と利子率の組み合わせの集合であるIS曲線と，貨幣市場の均衡する国民所得と利子率の組み合わせの集合であるLM曲線を用いて，財市場と貨幣市場を同時分析します。

当初，物価はP_0，名目貨幣供給量（M）は一定でM_0とし，IS曲線はIS_0，LM曲線はLM_0で，経済は交点Eで国民所得（GDP：Y）はY_0であったとします（図表22－4〈1〉）。今，物価がP_0からP_1に下落すると，実質貨幣供給量は，$(\frac{M_0}{P_0})$から$(\frac{M_0}{P_1})$へと増加し，LM曲線は，LM_1へと右（下）シフトします。その結果，経済は，新しい交点E′となり，国民所得はY_0からY_1へ増加します。

このような物価の下落によるIS-LMの交点の移動を，縦軸に物価（P），横軸に国民所得（Y）で表すと図表22－4〈2〉のように右下がりのAD曲線を描くことができます。

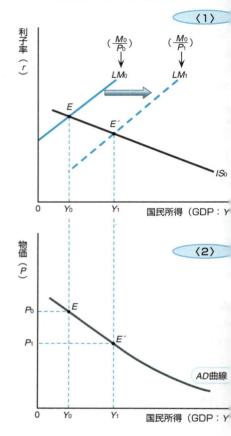

図表22－4 ●総需要曲線

> **右下がりの総需要曲線**
> $P↓ \Rightarrow \frac{M}{P↓}↑ \Rightarrow LM曲線右シフト \Rightarrow Y↑$

ところで，物価が下落すると実質貨幣供給量が増加し，LM曲線を右シフトさせますが，これは，物価一定で名目貨幣供給量を増加させるというIS-LM分析の金融緩和策と同じ効果です。金融緩和策によってLM曲線を右シフトさせても，流動性の罠や投資が利子非弾力的なケースでは国民所得を増やすことができませんでした。実は，このことは，物価が下落してLM曲線が右シフトした場合にも当てはまるので，詳しく見ていくことにしましょう。

2 垂直な総需要曲線

① 投資が利子非弾力的なケース

図表22-5〈1〉のようにIS曲線が垂直な場合、物価が$P_0 \to P_1$と下落し、実質貨幣供給量が増加し、LM曲線が$LM_0 \to LM_1$と右（下）シフトしても、国民所得はY_0のままであり、AD曲線は垂直となります。

② 流動性の罠のケース

図表22-6〈1〉のようにLM曲線が水平な場合、物価下落によりLM曲線が右（下）シフトしても、国民所得はY_0のままであるので、垂直なAD曲線となります。

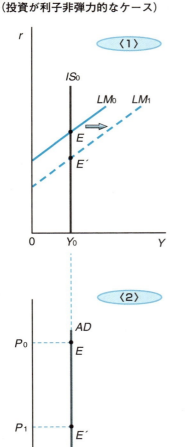

図表22-5 ●垂直な総需要曲線
（投資が利子非弾力的なケース）

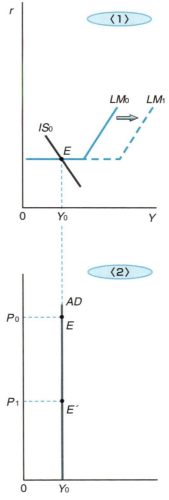

図表22-6 ●垂直な総需要曲線
（流動性の罠のケース）

3. AD-AS均衡

ケインズ派の場合,総供給曲線上の点であれば,企業が利潤最大になるように労働需要を行っているという意味で労働市場が均衡しています。総需要曲線上の点であれば財市場と貨幣市場が均衡しています。ですから,**総需要曲線と総供給曲線の交点Eは,総需要曲線上にあり,かつ,総供給曲線上にもあるので,財市場・貨幣市場・労働市場が同時均衡する点となります。そして,国民所得はY_e,物価はP_eと決まります。**

それでは,AD-AS分析の均衡点の値を求める計算問題を解いてみましょう。

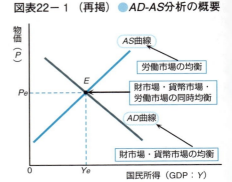

図表22-1 (再掲) ●AD-AS分析の概要

【問題22-1】

政府と海外部門を捨象したマクロ経済モデルが次のように与えられている。

$C = 30 + 0.6Y$
$I = 20 - 2i$
$L = 0.2Y - 4i$
$\dfrac{M}{P} = \dfrac{400}{P}$

[Y:国民所得, C:消費, I:投資, i:利子率, L:貨幣需要, $\dfrac{M}{P}$:実質貨幣供給量, P:物価]

この経済の総供給関数が,$P = \dfrac{1}{6}Y$で与えられるとすると,総需要曲線と総供給曲線の均衡点における国民所得と物価水準はいくらになるか。

	国民所得	物価水準
1.	60	10
2.	120	20
3.	180	30
4.	240	40
5.	300	50

(国家Ⅱ種)

計算に必要な知識

● 総需要曲線（AD）の導出

> **鉄則11　総需要関数（曲線）の計算**
>
>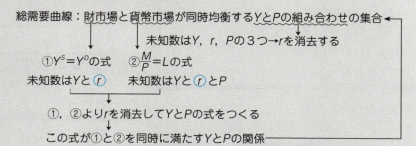

● AD-AS分析の均衡

> **鉄則12　AD-AS均衡**
>
>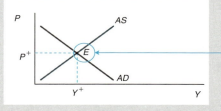

戦　略

Step 1　総需要関数を求め
Step 2　AD-AS均衡を求めます

（解説・解答）

Step 1 総需要関数の計算

鉄則11に沿って，

① $Y^S=Y^D$ の式 〈財市場の均衡〉

$$Y=C+I$$
$$Y=30+0.6Y+20-2i$$
$$2i=50-0.4Y$$

両辺を2倍して

$$4i=100-0.8Y$$

② $\frac{M}{P}=L$ の式 〈貨幣市場の均衡〉

$$\frac{400}{P}=0.2Y-4i$$
$$4i=0.2Y-\frac{400}{P}$$

テクニック

①と②を $4i$ でそろえるために両辺を2倍します

$$4i=100-0.8Y=0.2Y-\frac{400}{P}$$

$$Y=100+\frac{400}{P} \quad \cdots\cdots③ \quad \leftarrow 総需要関数（AD）$$

Step 2 AD-AS均衡

鉄則12に沿って，総供給関数 $P=\frac{1}{6}Y$ を③に代入し

$$Y=100+\frac{400}{\frac{1}{6}Y}$$

$$Y=100+\frac{6\times400}{Y}$$

両辺に Y をかけて

$$Y^2=100Y+6\times400$$
$$Y^2-100Y-2400=0$$
$$(Y-120)(Y+20)=0$$
$$Y=-20,\ 120$$

ここで $Y>0$ なので $Y=\boxed{120}$ ……④

④を総供給関数 $P=\frac{1}{6}Y$ に代入し

$$P=\frac{1}{6}Y=\frac{1}{6}\times\boxed{120}=20$$

正 解　2

4. 経済政策の効果（ケインズ派の通常のケース）

Movie 143

それでは，経済政策の効果についてAD-AS分析で考えましょう。物価が変動するAD-AS分析のときの経済政策の効果は，物価一定と仮定したIS-LM分析と比べるとどうちがうのかをしっかりと理解しましょう。

まずは，総供給曲線が右上がりであるケインズ派の通常のケースを考えます。

【1】金融政策の効果

① IS-LM分析

金融緩和策により，図表22－7〈1〉において，LMはLM'へ右シフトします。物価一定の下（$P=P_0$のまま不変）でのIS-LM分析においては，図表22－7〈1〉のように，均衡はEからE'へ変化し，国民所得はY_0からY_1へ増加します。これは，〈1〉では点E（Y_0，r_0）から点E'（Y_1，r_1）と表されます。

このIS-LM分析での点Eから点E'への変化を，〈2〉のYとPのAD-AS分析のグラフに描くと，両方とも，物価は$P=P_0$で一定なので，E（Y_0，P_0）からE'（Y_1，P_0）への移動となります。つまり，財市場と貨幣市場を同時均衡させるISとLMの交点はEからE'へ移動したので，これは，AD曲線自体が，Eを通るADからE'を通るAD'と右にシフトしたことになります。

② AD-AS分析

しかし，物価変動をも考慮する図表22－7〈2〉のAD-AS分析では，均衡点はE'ではなく，E''（Y_2，P_1）です。これは，**国民所得の増加にともない物価が上昇し（P_0→P_1），実質貨幣供給量（$\frac{M}{P}$）が減少し，〈1〉において，LM'からLM''へ左シフト**してしまうからです。

図表22－7 ●金融緩和策の効果
（ケインズ派の通常のケース）

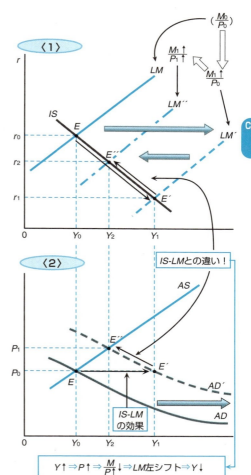

その結果，均衡はE'からさらにE''へ変化し，国民所得はY_1からY_2へ減少してしまいます。つまり，**IS-LM分析の効果に比べ，金融政策の効果は小さくなります。**

【2】財政政策の効果

① IS-LM分析

拡張的財政政策により，図表22－8〈1〉において，ISはIS′へ右シフトします。物価一定の下（$P=P_0$のまま不変）での〈1〉のIS-LM分析においては，均衡はEから$E′$へ変化し，国民所得はY_0からY_1へ増加します。これは，〈1〉では，点E（Y_0, r_0）から点$E′$（Y_1, r_1）と表されます。

このIS-LM分析での点Eから点$E′$への変化を，〈2〉のYとPのAD-AS分析のグラフに描くと，両方とも，物価は$P=P_0$で一定なので，E（Y_0, P_0）から$E′$（Y_1, P_0）への移動となります。つまり，財市場と貨幣市場を同時均衡させるISとLMの交点はEから$E′$へ移動したので，これは，総需要曲線自体が，ADからAD′と右にシフトしたことになります。

② AD-AS分析

しかし，物価変動をも考慮する〈2〉のAD-AS分析では，均衡点は$E′$ではなく，$E″$（Y_2, P_1）です。これは，**国民所得の増加に伴い物価が上昇し（$P_0 \to P_1$），実質貨幣供給量（$\frac{M}{P}$）が減少し，〈1〉において，LMからLM′へ左シフト**してしまうからです。その結果，均衡は$E′$からさらに$E″$へ変化し，国民所得はY_1からY_2へ減少してしまいます。つまり，**IS-LM分析の効果に比べ，財政政策の効果は小さくなります**。

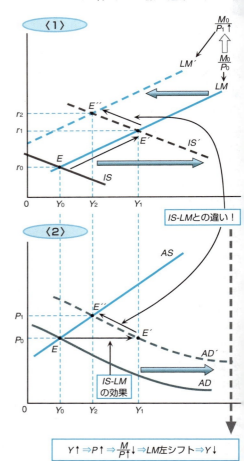

図表22－8 ●拡張的財政政策の効果
（ケインズ派の通常のケース）

5. 経済政策の効果（古典派のケース）

Movie 144

古典派の場合，国民所得は常に完全雇用国民所得ですから，総供給曲線はY_Fで垂直となります（図表22−9のAS）。

このとき，金融緩和策あるいは拡張的財政政策によって総需要曲線をADからAD'へと右シフトさせても，経済は点E（Y_F, P_0）から，点E'（Y_F, P_1）となり，国民所得はY_Fのまま，物価が上昇するだけです。すなわち，**経済政策は無効**となります。

しかし，これは，もともとY_Fで完全雇用なのですから，経済政策は無効というより，そもそも経済政策を行う必要がない状態ということができます。

図表22−9 ● 経済政策の効果
（古典派のケース）

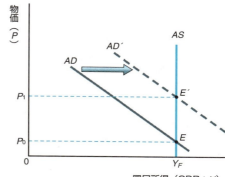

【問題22－2】

国民所得と物価水準の関係を表す総需要曲線と総供給曲線に関する次の記述のうち，最も妥当なのはどれか。

Movie 145

1. 政府支出の増加は，IS曲線の右上方へのシフトを通じて総需要曲線を右上方へシフトさせるが，総需要の増加に対応して生産が拡大するので総供給曲線を右下方へシフトさせることになる。
2. 貨幣市場が流動性のわなに陥っている場合には，ピグー効果が働かないとすれば，物価の下落によって実質貨幣供給量が増加してもそれが国民所得の増加をもたらさないので，総需要曲線は垂直となる。
3. 総供給曲線の傾きは投資の利子弾力性の大きさによって決定され，利子弾力性がゼロの場合には，総供給曲線は垂直になり，弾力性が無限大の場合には水平となる。
4. 貨幣供給量の増加は，物価の上昇を通じて総供給曲線を左上方にシフトさせるだけでなく，利子率の低下を通じて投資を増加させるので，総需要曲線を右上方へとシフトさせる。
5. 貨幣賃金が上昇する場合には，労働供給量の増加により生産が拡大するので，総供給曲線は右下方にシフトするが，賃金上昇が消費需要を拡大させるので，総需要曲線は右上方にシフトすることになる。

(国家Ⅱ種)

(解答・解説)

1. ×　政府支出の増加は総供給曲線をシフトさせないので誤りです。
2. ○　ピグー効果が働くと，「物価（P）下落→実質貨幣量（$\frac{W}{P}$）増加→人々の実質資産増加→人々の消費増加→IS曲線右シフト→IS-LMの交点のY増加」となりPの下落によりYが増える（p.223）ので総需要（AD）曲線は右下がりになります。したがって，厳密にはADが垂直となるためには，「ピグー効果が働かない」という条件が必要となるので，正しい記述です。
3. ×　投資の利子弾力性はIS曲線の傾きに関係するので総需要曲線に関係し，総供給曲線とは関係ないので誤りです。
4. ×　貨幣供給量の増加によって総供給曲線はシフトしないので誤りです。
5. ×　総供給曲線は，古典派の第一公準を変形した$P=\frac{W}{MPL}$（Wは一定と仮定）からいているので，一定と仮定した貨幣賃金が上昇すれば，物価は上昇し，総供給曲線は上方シフトするので誤りです。また，AD-AS分析では労働市場で決まる資金率が上昇しても総需要曲線をシフトさせません。

正　解　2

Chapter 23
古典派体系とケインズ派体系
―古典派とケインズ派を正確に説明すると―

Point

1 ケインズ派は財市場で国民所得，資産市場で利子率，労働市場との関係で物価が決まる。雇用量は最後に決まる。

2 古典派は労働市場で雇用量が決まる（常に完全雇用）。したがって，国民所得は完全雇用国民所得となる。財市場で利子率が決まり，貨幣市場で物価が決まる。

3 ケインズ派では，財市場の需要（有効需要）が少ないと国民所得も小さく失業が発生するが，古典派では常に完全雇用なので完全雇用国民所得となる。

Movie 146

難易度　**C**

出題可能性

国家一般職（旧Ⅱ種）	**C**
国税専門官	**C**
地方上級・市役所・特別区	**C**
国家総合職（旧Ⅰ種）	**C**
中小企業診断士	**B**
証券アナリスト	**C**
公認会計士	**B**
都庁など専門記述	**C**
不動産鑑定士	**C**
外務専門職	**C**

　この章では，今まで学んだケインズ派の理論と古典派の理論を体系的に説明します。国民所得と雇用量のどちらが先に決まるのかという順番が重要となってきます。

1. ケインズ派の体系

Movie 147

ケインズ派において、国民所得（Y），利子率（r），物価（P），雇用量（N）がどのように決まるかを考えましょう。ケインズ派において最も重要な理論は「**有効需要の原理**」です。これは、**有効需要の大きさによって国民所得や雇用量が決まるという考え**です。

当初，有効需要が少なく，財の需要曲線（Y^D）が図表23－1のY^D_0のようにかなり低い位置になったとしましょう。そうすると，経済はY^D_0とY^Sの交点E_0となり，国民所得はY_0となります。今までは，Y_Fが完全雇用国民所得だとすると，Y_0はY_Fよりも小さいので，労働需要量（雇用量）は減少し，その分，失業が発生すると説明していました。しかし，この部分を正確に説明するには図表23－2のマクロ生産関数を用います。

図表23－2の**マクロ生産関数**とは**労働雇用量と国民所得の関係を示したもの**です。労働雇用量が増えれば国民所得（ここでは，国内総生産を生産量と考えるとわかりやすいでしょう）も増えるのですが，だんだんと国民所得の増加は頭打ちになってきます。これは，労働の限界生産力逓減を仮定しているからです。労働の限界生産力とは，労働量を1単位増加させたときの生産量（ここでは国民所得）の増加です。図表23－2でいえば，生産関数の傾きは横の労働雇用量が1単位増えたときの縦の国民所得の増加量ですから，まさしく，労働の限界生産力に他なりません。したがって，労働の限界生産力逓減を仮定すれば，図表23－2の生産関数の傾きは段々小さくなり，傾きは緩やかになるので，左上に凸な曲線となるのです。

用語

雇用量（N）とは労働量と同じ意味です。

図表23－1 ● 有効需要の原理（45度線分析）

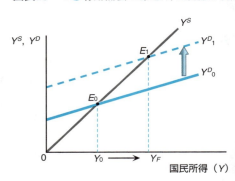

図表23－2 ● マクロ生産関数

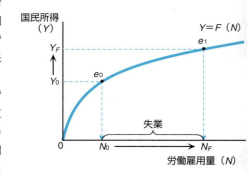

図表23−2のマクロ生産関数を使えば、国民所得がY_0で小さければ、労働雇用量もN_0と小さいことがわかります。完全雇用となる雇用量をN_Fとすると、N_Fに比べN_0は小さいことよりN_F-N_0分だけ、失業が発生していることになります。

そして、図表23−2より、完全雇用の労働雇用量N_Fを実現するためには、国民所得Y_Fを実現できればよいことがわかります。そこで、図表23−1において政府が政府支出増加などによって有効需要を増加させ、需要曲線をY^D_0からY^D_1へと上へシフトさせれば、国民所得はY_CからY_Fへと増加し、完全雇用の雇用量N_Fが実現できます。

以上を整理すると右のようになります。

以上の有効需要の原理の説明では、国民所得と雇用量は説明していますが、**物価と利子率について説明していません**。これらも取り入れた体系の説明をします。

まず、財市場において、供給と需要が等しくなるように国民所得が決定されます。これを式で表すと、

　　$Y^S = Y^D$

ここで、$Y^S = Y$、$Y^D = C + I + G$とすると、

　　$Y = C + I + G$　…①

となります。

次に、**資産市場において、供給と需要が等しくなるように利子率が決定**されます。これを式で表すと、

　　$\dfrac{M}{P} = L$　…②

となります。

最後に物価ですが、これはAD-AS分析により求められます。総需要(AD)曲線は式①と式②を同時に満たします。

ケインズ派の基本的な考え
〈有効需要の原理〉
↓
有効需要の大きさ
↓ ←45度線分析
国民所得の大きさを決定
↓ ←マクロ生産関数
労働雇用量を決定

＋ 補　足

利子率はIS-LM分析において説明し、物価はAD-AS分析において説明します。ここでは、利子率、物価も説明するAD-AS分析をケインズ派の枠組みと考えて、ケインズ派のマクロ経済体系を説明しています。

理　由

総需要(AD)曲線は財市場と資産市場が同時均衡するので、財市場の均衡式①と貨幣市場の均衡式②を同時に満たすからです。

総供給曲線（AS）は式③の**古典派の第一公準**を満たしているので，

労働の限界生産力（MPL）＝実質賃金（$\frac{W}{P}$） …③

そして，**図表23－2**で説明した生産関数を下のように

$Y=F（N）$ …④

と表すことにしましょう。

しかし，**図表23－2**において，ケインズ派はYが決まった後に，そのときのNを求めており，$Y=F（N）$すなわち，「Nが決まればYが決まる」のとは逆のことをさしています。ですから，厳密には，$Y=F（N）$の式を$N=\sim$の形に変形した式にする必要があります。このように，$Y=F（N）$という生産関数を$N=\sim$の形に変形した式を逆生産関数といいます。そして，この逆生産関数をGとすると$N=G（Y）$となります。

$N=G（Y）$ …⑤

以上より，方程式は①，②，③，⑤の4つあります。私たちが求めたい数（未知数）は国民所得（Y），雇用量（N），利子率（r），物価（P）なので，4つです。数学の世界では，未知数の数と方程式の数が同じであれば，方程式は解けるということがわかっています。これで無事，国民所得（Y），雇用量（N），利子率（r），物価（P）を解くことができるのです。

復習

総供給曲線（AS）は企業が利潤最大となるように労働雇用量を決定しているという意味で労働市場が均衡する国民所得（Y）と物価（P）の組み合わせの集合で，式③の古典派の第一公準から求めました。

これは，（ ）内の労働雇用量（N）の値が決まれば＝の左側のYの値が決まる（YはNの関数である）ということを表しています。

数学入門 Mathematics

これは，未知数がx 1つだけなら，$x+5=2x$のように方程式1本でとけますが，未知数が$x,\ y$の2つになったら，方程式も2つ必要だということです。4つの未知数の場合，4つの方程式が必要なのです。

2. 古典派の体系

Movie 148

古典派では，労働市場において雇用量が完全雇用量（N_F）の水準に決まります（図表21－9）。

雇用量が完全雇用量（N_F）と決まれば，図表23－2のマクロ生産関数$Y=F(N)$より国民所得は完全雇用国民所得（Y_F）と決まります。

古典派のシンプルなモデルでは，貯蓄は国民所得によって決まると考えます。ですから，国民所得（Y）が完全雇用国民所得（Y_F）と決まれば，貯蓄量もS_Fと決まります。

古典派においては，**利子率は実物資本（機械）のレンタル価格**であり，**実物資本の需要（借りたい）と供給（貸したい）によって決まります（財市場）**。

以上で，労働市場から労働雇用量が決まり，生産関数から国民所得が決まり，財市場から利子率が決まります。残りは物価の決定です。古典派は貨幣ベール観ですから，**貨幣は実物経済に影響せず，物価水準を決める**だけだと考えます。

> **復習**
> 古典派は労働市場において，賃金率が動くことによって常に需要と供給は等しくなり，働きたいのに働くことができないという失業（非自発的失業）はなく完全雇用であると考えます。

> **復習**
> 貯蓄のある人は利子を稼ぐために，貯蓄で実物資本を購入し貸し出すと考えます。ですから，実物資本の供給量は貯蓄と等しくなります。また，実物資本の需要は，新たな機械を借りたいということですから投資です。したがって，「利子率は実物資本の需要と供給によって決まる」ということを，「利子率は投資＝貯蓄となるように決まる」と言い換えることができます。投資と貯蓄の両方に消費を足すと，
> 　投資＋消費＝貯蓄＋消費，
> となり，
> 　財の需要＝財の供給
> と財市場の均衡式となります。

図表23－3 ● 古典派のマクロ経済体系

まず，雇用量が決まる！

労働市場⇒雇用量（N）の決定（完全雇用）
　↓
生産関数⇒国民所得（Y）の決定（完全雇用国民所得）
　↓
貯蓄量の決定
　↓
財市場⇒利子率（r）の決定

貨幣市場⇒物価（P）の決定
〈貨幣ベール観〉

3. ケインズ派VS古典派

ケインズ派の有効需要の原理は，有効需要の原理が国民所得の大きさを決め，労働雇用量を決めました。古典派では逆に，はじめに完全雇用となる労働雇用量が決まり，次に，その雇用量での国民所得が決まります。そして，国民所得は財市場の供給量（Y_S）となり，この供給量と需要量（Y_D）を等しくするように利子率が決まります。つまり，利子率の調整によって，財の需要（有効需要）は国民所得と等しくなります。

図表23-4 ● ケインズ派と古典派の体系

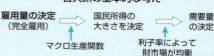

【問題23-1】
古典派とケインズの体系に関する次の記述のうち，妥当なものはどれか。

1．ケインズの体系では利子率の調整によって投資と貯蓄が均等するが，古典派の体系では所得が変化することによって投資と貯蓄が均等する。
2．ケインズの体系では労働雇用量が決定されたのちに産出量が決定されるが，古典派の体系では産出量が決定されたのちに労働雇用量が決定される。
3．ケインズの体系では貨幣市場において利子率が決定されるが，古典派の体系では貨幣数量説によって物価水準が決定される。
4．古典派の体系では労働の限界生産性は実質賃金率に等しいという「古典派の第一公準」が成立するが，ケインズは古典派の第一公準を否定している。
5．財政支出を増加させると，古典派及びケインズの体系のいずれかにおいても完全なクラウディング・アウトが発生する。

（地方上級）

（解答・解説）
1と2．×　ともにケインズ派と古典派が逆です。
3．○　正しい記述です。
4．×　ケインズは古典派の第一公準は受け入れています。
5．×　「完全なクラウディング・アウト」とは，財政政策の効果がクラウディング・アウトによって完全になくなることをいいます。IS曲線右下がり，LM曲線右上がりというケインズ派の通常のケースでは財政政策によって国民所得は増加し，完全なクラウディング・アウトはおこらないので誤りです。

正　解　3

Chapter 24
インフレの種類と効果
―インフレにもいろいろある！―

Point

1 インフレーションとは物価の持続的上昇をいい，クリーピング・インフレーション，ギャロッピング・インフレーション，ハイパー・インフレーションと順に激しくなる。

2 予想されたインフレーションは激しいものでなければ実物経済に影響しないが，予想されないインフレーションは影響を与える。

3 ディマンドプル・インフレーションは需要が多いことによるもので国民所得の増加をともなうが，コストプッシュ・インフレーションは供給コストの上昇によるもので国民所得の減少をともなう。

Movie 151

難易度　A

出題可能性

国家一般職（旧Ⅱ種）	C
国税専門官	C
地方上級・市役所・特別区	B
国家総合職（旧Ⅰ種）	C
中小企業診断士	B
証券アナリスト	B
公認会計士	B
都庁など専門記述	A
不動産鑑定士	C
外務専門職	B

　この章では，まず，インフレーションの定義と経済効果について説明し，次に，インフレーションの原因に関する学説を学びます。

265

1. インフレーションの定義と種類

Movie 152

インフレーションとは物価の持続的上昇のことをいいます。その程度によって，クリーピング・インフレーション，ギャロッピング・インフレーション，ハイパー・インフレーションと呼ばれます。

> **落とし穴**
> インフレーションを「物価の上昇」という人が多いのですが，1回限りの物価の上昇でその後物価が落ち着けば問題ありません。物価がどんどん上昇し悪循環におちいることがこわいので，インフレーションは「物価の持続的上昇」と定義します。

インフレーションの程度による分類
- クリーピング・インフレーション　　　年2～3％程度の物価上昇が継続。
- ギャロッピング・インフレーション　　年5～10％程度の物価上昇が継続。
- ハイパー・インフレーション　　　　　年10％を超える激しい物価上昇が継続。

2. インフレーションの経済効果

Movie 153

インフレの経済効果は，人々が予想したインフレであるかどうかで大きく異なります。なお，ここでは，単純化のため，すべての価格や貨幣（名目）賃金率などが一律に上昇すると仮定します。

【1】予想されたインフレ

予想されたインフレとは，たとえば，貨幣（名目）賃金率が5％上昇したときに物価上昇率も5％と予想するので実質賃金率は変化していないということに人々は気づいており，労働供給量や生産量は変わりません。すべての財の価格が一律に5％上昇しているので相対的な価格には変化がなく，消費量にも変化はありません。つまり，**実物経済には影響を与えない**のです。

しかし，だからといって，予想されたインフレが全く実物経済に影響しないかというと，そうではありません。たとえば，年50％を超えるような激しいインフレ（ハイ

> **補足**
> これは合理的期待形成学派の世界であり古典派の貨幣ベール観の世界でもあります。それもそのはず，インフレが予想されているということは，人々が合理的に期待を形成している（合理的期待形成学派の前提）か，情報が完全（古典派が前提とする完全競争市場）である可能性が高いのです。

> **復習**
> だからこそ，貨幣経済を守るためには中央銀行は激しくインフレを起こさせない，つまり物価を安定させる必要があるのです。

パー・インフレ）の場合には，現金をもって
いると，現金で買えるものが毎年半減してし
まいます。つまり，**貨幣（通貨）の価値が著
しく下落するので，誰も貨幣を持とうとはし
なくなり，貨幣経済は崩壊**してしまいます。
その結果，物々交換経済という大変効率の悪
い経済となってしまうのです。

【2】 予想されないインフレ

予想されないインフレでは，わかっていれ
ばもっと効率的な行動ができたはずなのに，
人々がそのインフレを考慮せずに行動してし
まう結果，**非効率**が生じることになります。

また，予想されないインフレは**債務者に有
利，債権者に不利な所得再分配効果**を与えま
す。このことを，新宿銀行が利子率10％で
100万円を青山商事に貸したという例（図表
24－1）で説明しましょう。

20X0年に新宿銀行が青山商事へ利子率
10％で100万円を貸出しました。100万円と
はちょうど自動車1台分の価値であったとし
ましょう。そして，翌20X1年に青山商事は
元本100万円に10％の利子10万円をつけた
110万円（元本と利子の合計なので元利とい
います）を新宿銀行へ支払います。

この1年間に予想されないインフレが
10％生じたとしましょう。すると，青山商
事は利子込みで110万円支払いますが，物価
が10％上昇しているので自動車1台分の金
額です。つまり，物何個という「実質」で考
えると，20X0年に自動車1台分の金額を借
り，20X1年に自動車1台分の金額を返して
いるので，上乗せ，つまり，利子はないこと
になります。つまり，10％の名目利子率で
すがインフレ率が10％なので実質利子率は
0％となったのです。これでは，貸した側の
新宿銀行にとってはたまったものではありま

図表24－1 ●予想されないインフレの
経済効果

20X0年

| 物　価 | 100 |

自動車価格

100万円

新宿銀行

100万円 ← 自動車1台分
の貨幣

↓ 貸出

青山商事

20X1年

| 物　価 | 110 | 10％上昇 |

自動車価格

110万円

新宿銀行

↑ 返済

110万円 ← 自動車1台分
青山商事　の貨幣

Chapter 24

インフレの種類と効果

理　由

どうしてこのような事態になったかとい
うと，インフレは貨幣価値を下落させてし
まうからです。インフレが起こるときには，
1年後の100万円は現在の100万円ほどの
価値がありません。なぜなら，インフレに
よって商品の価格が上昇し100万円で買え
る量が少なくなっているからです。

➕ 補　足　∵□

実質利子率＝名目利子率－インフレ率
あるいは，この式を変形した
名目利子率＝実質利子率＋インフレ率
という式はフィッシャーが考えたので**フ
ィッシャー方式**と呼びます。

せん。

そのことを皆が予想していれば，そのことも考慮して高めの名目利子率を設定することもできますが，金銭貸借の契約後に予想できずに起こったインフレであれば対応することができません。

このように，予想されないインフレは，貨幣価値を下落させるため，金額の決まっている債権・債務の価値を下落させます。債権の価値の下落により債権者は損失を被り，債務の価値の下落により債務者は負担が軽減され利益を得ます。つまり，債権者から債務者への所得移転が生じたのと同じ効果が起こるのです。これを，元々分配されている所得の分け方を変えるということで「所得の再分配効果」と呼びます。

なお，予想されないインフレの時にも，ハイパー・インフレになれば，貨幣経済は崩壊します。

図表24－2 ●インフレの経済効果

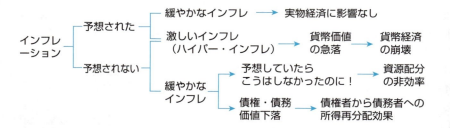

3. インフレーションの原因

Movie 154

インフレーションの原因については，需要面を原因とする①ディマンドプル・インフレ論，②需要シフト・インフレ論，供給面を原因とする③コストプッシュ・インフレ論，④生産性格差インフレ論，国際経済に原因を求める⑤輸入インフレ論，⑥為替インフレ論，そして⑦貨幣的要因を重視する理論（古典派とマネタリスト）があります。

【1】ディマンドプル・インフレ論

ディマンドプル・インフレ論とは，**完全雇用国民所得を上回る需要が原因となってインフレーションが発生するという考え**です。

たとえば、ケインズ派の45度線分析において、財の需要が図表9−2のY^{D*}となっていたとします。図表9−2においてY_Fを完全雇用国民所得とすると、Y_Fは生産能力の上限となり、Y^{D*}とY^Sの交点E_1の国民所得Y_1は生産できません。生産能力の上限であるY_Fまで生産したとしても、需要（Y^Dの高さ）が供給（Y^Sの高さ）よりもHF多くなっており超過需要が発生します。生産能力の上限まで生産しても超過需要があるので物価はどんどん上昇しインフレとなります。

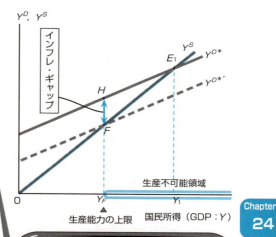

図表9−2（再掲） ●インフレ・ギャップ

復習
完全雇用国民所得のときの超過需要をインフレ・ギャップといいました（p.112）。

【2】需要シフト・インフレ論

需要シフト・インフレ論とは、需要構成が変化したとき（つまり、ある産業の需要は減って、代わりに他の産業の需要が増えた場合）、需要が増えた産業の製品価格は上昇し、需要が減った産業の製品価格は下落せず下方硬直的であるために、経済全体での価格の平均値である物価は上昇し続けインフレーションを引き起こすという考えです。

【3】コストプッシュ・インフレ論

コストプッシュ・インフレ論とは、賃金率や石油価格などの生産要素価格上昇や寡占企業の価格支配力などによって製品価格が上昇し続けインフレーションとなるという考えです。

このコストプッシュ・インフレは供給面を重視しており、AD-AS分析を用いれば、図表24−3のように総供給（AS）曲線の上方シフト（$AS_0 \rightarrow AS_1 \rightarrow AS_2$）による物価の持続的上昇と考えることができます。

図表24−3からわかるように、総供給（AS）曲線の上方シフトによる物価上昇は国民所得（Y）の減少を伴います。ですから、図表24−3のAD-AS分析では、コストプッ

図表24−3 ●コストプッシュ・インフレ

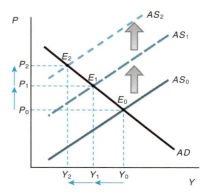

シュ・インフレは継続的な国民所得の減少も伴うことになります。なお，国民所得が減少していくとは不況になることなので，このような国民所得の減少と物価の持続的上昇は不況下のインフレであり，スタグフレーションと呼ばれます。スタグフレーションとはスタグネーション（不況）とインフレーションの合成語です。

ところで，先ほど説明したディマンドプル・インフレを AD-AS 分析の枠組みで図解すると図表24－4のようになり，図表24－3と対照的なものになります。ディマンドプル・インフレは，総需要（AD）曲線の上方（右方）シフト（$AD_0 \rightarrow AD_1 \rightarrow AD_2$）により生じますが，国民所得の継続的増加（$Y_0 \rightarrow Y_1 \rightarrow Y_2$）を伴っています。

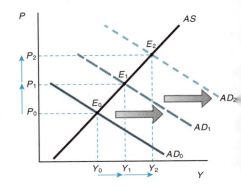

図表24－4 ●ディマンドプル・インフレ

【4】生産性格差インフレ論

生産性格差インフレ論とは，生産性の向上した産業が賃金率を引き上げると，生産性の向上していない産業でも人材確保のため賃金率を引き上げざるをえず，その賃金率引上げが生産物価格上昇となってインフレーションを引き起こすという考えです。

労働生産性の向上した産業が，生産性向上の範囲内で賃上げを行う分には，生産物価格を引き上げる必要はありません。しかし，労働生産性が上昇していない産業が，人材確保のため同様に賃上げを行うと，その分費用が上昇してしまうので生産物価格も上昇しインフレとなります。

【5】輸入インフレ論

輸入インフレ論とは，外国における超過需要から生じたインフレが，自国の輸出増加，輸入減少を引き起こし，自国の需要を増加させる結果，自国のインフレを引き起こすとい

たとえば

労働生産性が向上し労働の限界生産力が2倍になったとしましょう。このとき，賃金率が2倍になったとしても，労働者追加1人あたりの生産量も2倍になっていますから，商品1個あたりの賃金は変わりません。

補　足

なお，賃上げによる費用増加が価格上昇となるプロセスは，ミクロ経済学の理論を使って次のように説明することができます。寡占企業であればフルコスト原則にしたがって，費用増加分だけ値上げをすると説明することができます。また，完全競争企業であれば，賃金率の上昇は可変費用の増加となり，平均可変費用曲線，限界費用曲線が上方シフトし，企業の供給曲線が上方シフトする結果，市場供給曲線も上方シフトすることによって市場価格が上昇すると説明することができるでしょう。

う考えです。

アメリカ（外国）の財市場が超過需要でインフレーションが起こったとします。アメリカでは超過需要ですから，アメリカでは他国製品への需要が増加する結果，日本（自国）からアメリカへの輸出が増加します。また，アメリカは超過需要ですから，アメリカ製品の多くはアメリカ国内で需要されるため，アメリカから日本への輸出が減少する結果，日本がアメリカから輸入する量は減少します。このように，自国の輸出が増加し，輸入が減少すると，自国の財の需要（Y^D）が増加します。その結果，自国でも超過需要が発生し，インフレとなるのです。

【6】為替インフレ論

為替インフレ論とは，**自国通貨安となることによって，輸入財の自国通貨での価格が上昇し，インフレーションを引き起こすという考え**です。たとえば，1個1＄のオレンジを輸入するとして，1＄＝100円であれば，オレンジ1個＝1＄＝100円ですが，1＄＝200円と円安ドル高になると，オレンジ1個＝1＄＝200円と2倍に値上がりしてしまいます。オレンジ以外にも石油，食料，衣料品，工業製品などすべての輸入品の円での価格が2倍となり，インフレを引き起こすのです。

【7】貨幣的要因を重視する理論

古典派は貨幣は実物経済（実質国民所得：Y）には影響を与えず，物価水準を決めるだけだと考えます（貨幣ベール観，古典派の二分法）。これは次の貨幣数量方程式によって説明されます。

図表24-5 ●古典派の貨幣数量方程式

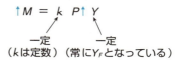

古典派では常に完全雇用なので，$Y = Y_F$（完全雇用国民所得）で一定です。kは定数で一定ですから，**貨幣数量方程式より，貨幣供給量（M）を増やし続ければ，物価（P）も上昇し続け，インフレーションになります。**つまり，古典派は，貨幣の過大な供給がインフレーションの原因と考えます。

マネタリストは，古典派とは異なり，貨幣供給量の増加によって一時的には国民所得を増やすと考えていますが，基本的には，古典派同様に過大な貨幣供給がインフレの原因と考えます。このマネタリストの考えについては後ほど自然失業率仮説として詳しく検討します。

図表24-6 ●インフレーションの原因（整理表）

- 需要面 ─┬─ ディマンドプル・インフレ論 ----- インフレ・ギャップ（ケインズ派）
         └─ 需要シフト・インフレ論
- 供給面 ─┬─ コストプッシュ・インフレ論
         └─ 生産性格差インフレ論
- 国際経済 ─┬─ 輸入インフレ論
           └─ 為替インフレ論
- 貨幣的要因 -------------------------- 古典派，マネタリスト

【問題24−1】
インフレーションに関する記述として，妥当なのはどれか。ただし，総需要曲線は右下がり，総供給曲線は右上がりであるとする。

Movie 155

1．インフレーションとは，一般物価水準の上昇をいうが，いくつかの財・サービスの価格が，持続的ではなく1回限り上昇した場合であっても，上昇幅が大きいときはインフレーションと定義される。
2．クリーピング・インフレーションには，第1次世界大戦後のドイツでみられたように，天文学的な物価上昇を引き起こすという特徴がある。
3．コスト・プッシュ・インフレーションとは，名目賃金や材料の価格など費用の上昇率が生産性の上昇率を上回ることによって起こる物価上昇をいい，総供給曲線は左上方にシフトする。
4．ディマンド・プル・インフレーションとは，総需要が総供給を上回ることによって起こる物価上昇をいい，総需要曲線は左下方にシフトする。
5．ハイパー・インフレーションには，景気が停滞し失業率が上昇しているにもかかわらず，物価水準が緩慢に上昇し続けるという特徴がある。

（地方上級）

（解答・解説）
1．× インフレーションとは「持続的な物価上昇」であって，1回だけ物価が上昇しても，その後安定すればインフレーションとはいわないので誤りです。
2．× 天文学的なインフレーションはハイパー・インフレーションなので誤りです。
3．○ ここでは「生産性の上昇率」を「1個作るのに必要な労働量や原材料の削減率」と考えてください。生産性が5％上昇すれば5％だけ労働や原材料を削減できるので，その範囲で賃金率や原材料価格が上昇しても費用は増加しません。生産性を超えて賃金率や原材料価格の上昇が起こると費用が上昇しインフレーションの原因となります。
4．× ディマンドプル・インフレーションは総需要曲線が右シフトするので誤りです。
5．× 不況時のインフレーションはスタグフレーションなので誤りです。

正解　3

Chapter 25
フィリップス曲線
― インフレと失業の関係は？ ―

Point

1 フィリップスは貨幣（名目）賃金上昇率と失業率の負の関係を発見した【フィリップス曲線】。

2 1960年代のケインズ派は，（物価版）フィリップス曲線を根拠に，インフレを我慢すれば失業率は低下させることができると考えた。

3 マネタリストのフリードマンは，短期的には経済政策によって失業率を自然失業率よりも低下させることはできるが，長期では自然失業率に戻ってしまうと主張した【自然失業率仮説】。

Movie 156

難易度　B

出題可能性

国家一般職（旧Ⅱ種）	B
国税専門官	B
地方上級・市役所・特別区	B
国家総合職（旧Ⅰ種）	B
中小企業診断士	B
証券アナリスト	B
公認会計士	B
都庁など専門記述	B
不動産鑑定士	B
外務専門職	B

　この章では，インフレーションと失業の関係について考えます。まず，失業について学び，次に失業とインフレの関係を表したフィリップス曲線について学びます。そして，フィリップス曲線について，ケインズ派，マネタリスト，合理的期待形成学派という3つの学派の考えを理解します。

1. 失業の種類と経済効果

Movie 157

通常，失業とは，職を失うことをいいますが，ケインズは失業を以下の3つに分類しました。

【1】種　類
① **摩擦的失業**：労働市場における情報の不完全で一時的に失業したり，産業構造の変化にともなって失業している状態。
② **自発的失業**：現行賃金率で働く意思がなく，自発的に失業している状態。
③ **非自発的失業**：働く意思と能力があるにもかかわらず，景気が悪いので失業している状態。

【2】自然失業（率）
自然失業率とは，**労働市場において需要と供給が一致した状態の失業率**です。ですから，自然失業率の水準は摩擦的失業と自発的失業によって決まるのですが，摩擦的失業は労働市場における情報の不完全や産業構造の転換などが原因であり，労働市場の構造などにより決まります。また，自発的失業は職業観や保有資産などによって決まると考えられます。

【3】経済効果
失業は，就業していれば生産に貢献できるのに，職に就けないので生産に貢献できず，**労働資源の浪費であるという意味で非効率**なのです。

たとえば
希望の職があるのですが，まだ探している最中なので，失業している状態です。

たとえば
石炭産業が衰退しIT産業が成長しても，石炭産業で働いていた労働者は急にIT産業で働くスキルはないので失業してしまいます。

Point!
需要量（雇いたい量）と供給量（働きたい量）が等しいので，働きたいのに働けないという非自発的失業はありません。自然失業率における失業とは，摩擦的失業と自発的失業です。

たとえば
転職情報が入手しにくければ，転職できるまで失業する人は増えるので，摩擦的失業者は増加します。

補　足
自発的失業は自分の意思で働かないのだから致し方ない面があるにしても，非自発的失業は，働く意思も能力もあるのに就業機会がないだけですので，何らかの対策を講じるべきです。また，摩擦的失業についても，一時的に失職し生産に貢献しないので，一時的な資源の浪費といえます。

2. フィリップス曲線

Movie 158

【1】フィリップス曲線
　　　（オリジナルのフィリップス曲線）
　フィリップス曲線とは，図表25－1のように，**名目賃金上昇率と失業率の間の負の関係**，つまり，名目賃金上昇率が低いときには失業率が高いという関係を表す曲線です。

> **補足**
> フィリップスは長年の名目賃金上昇率と失業率の関係を調べ，名目賃金上昇率と失業率の間に負の関係があることを明らかにしました。

【2】物価版フィリップス曲線
　名目賃金上昇率と物価上昇率の間には正の相関関係，つまり，名目賃金の上昇率が高いときには物価上昇率も高いという関係があります。ですから，名目賃金上昇率と失業率の関係を表したフィリップス曲線については，**物価上昇率と失業率の負の関係**と置き換えることができます。これを，**物価版フィリップス曲線**といい，名目賃金上昇率と失業率の関係を表したフィリップス曲線をオリジナルのフィリップス曲線といいます。
　この物価版フィリップス曲線，図表25－2において，点Aから失業率を減らそうとすれば物価上昇率が増加してしまうことがわかります。つまり，**失業率を減らそうとすると物価上昇率（＝インフレ率）が増加してしまい，物価の安定を図ろうとすると失業率は減らせないこととなり，失業率の減少と物価安定は同時には実現できない**ことになります。このことを，**インフレと失業のトレード・オフ**といいます。

図表25－1 ●オリジナルのフィリップス曲線

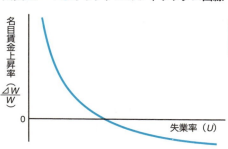

図表25－2 ●物価版フィリップス曲線

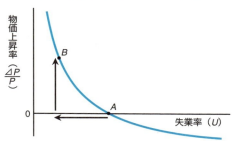

3. 1960年代のケインズ派の考え

Movie 159

　1960年代のケインズ派は右下がりの物価版フィリップス曲線（図表25－2）を根拠に，「インフレさえ我慢すれば，失業率を減

らすことは可能だ」と考えました。

しかし、インフレを我慢しても失業率が減らず、**インフレの激化にともなって失業率も増加するという事態も生じました**。

> **用語**
>
> 不況とインフレの同時進行を**スタグフレーション**といいます。

4. 自然失業率仮説─マネタリストの考え─

Movie 160

【1】定　義

インフレが激化しても失業率が低下しないという経済状況を背景に、**マネタリストのフリードマンは、短期的には物価上昇率の増加を我慢すれば失業率を減らすことができるが、長期的には、失業率は自然失業率で一定となると主張**しました。これを、**自然失業率仮説**といいます。

【2】短期フィリップス曲線と長期フィリップス曲線

初期の経済が自然失業率（U_N）で賃金上昇率がゼロである図表25－3〈1〉のA点であったとします。**労働者が現実の物価上昇率に気がつかない短期においては、名目賃金上昇率が上昇すると労働者は実質賃金率が上昇したと考え、労働供給を増加させるので失業率は低下し点Bとなります**。つまり、短期において、労働者が現実の物価上昇率に気がつかないことにより、名目賃金率の上昇を実質賃金率の上昇と錯覚してしまうのです。これを、**貨幣錯覚**といいます。

ところで、名目賃金上昇率と物価上昇率の間には正の相関関係があり、名目賃金上昇率が増加すれば物価上昇率も増加します。**労働者が現実の物価上昇率に気がつく**（労働者の予想物価上昇率と現実の物価上昇率が一致する）**長期においては、賃金上昇率が増加しても、物価上昇率も増加していれば実質賃金率は変わっていないことに気づき、労働供給を元の水準に戻すので失業率は元の水準に戻ってしまいます**（図表25－3〈1〉点C）。したがって、図表25－3〈2〉の物価版フィリップス曲線も、短期においては右下がりになりますが、長期においては自然失業率で垂直になります（自然失業率仮説）。

そして、経済が点Cとなったので、この点Cをスタートに短期フィリップス曲線を描くことができます。つまり、人々の期待物価上昇率が上昇すれば短期フィリップス曲線は上方シフトするのです。

【3】評　価

自然失業率仮説では、政策を行う前の経済（点A）は自然失業率ですから、労働市場の需要と供給が等しく、非自発的失業はない状態です。したがって、ことさら、それ以上に失業率を減らす必要もない状態であり、無理に失業率を減らそうとしても長期的にみれば不可能だということです。

5. 合理的期待形成学派の考え

Movie 161

　合理的期待形成学派は，情報はかなりあると想定するので，マネタリストのような貨幣錯覚は起こりません。ですから，金融政策によって貨幣供給量を増加させると，**短期においても労働者は物価上昇に気づきますので，賃金上昇率が増加しても物価上昇率も増加すれば実質賃金は変わらないことに気づき，労働供給をはじめから増やそうとはせず，失業率は変わりません。**

　したがって，図表25－3の〈1〉，〈2〉において，短期においてもAからCへと，垂直なフィリップス曲線となります。

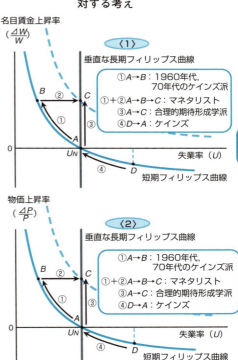

図表25－3 ●各学派のフィリップス曲線に対する考え

6. どの考えが正しいか？

Movie 162

　図表25－4（次頁）からわかるように，1970年代のアメリカ経済は，物価上昇率が上がりインフレは激化しましたが，ケインズ派の主張するようには失業率はどんどんは低下せず，一定の水準で下げ止まってしまいました。つまり，フリードマンの自然失業率仮説や合理的期待形成学派の主張を裏付けるような経済状態だったのです。

しかし，よく考えると，当時のケインズ派は自然失業率の状態，すなわち，完全雇用の好況の状態よりも，失業率を減らそうとしたのです。そもそも，完全雇用の状態でそれ以上に失業率を減らす必要はないでしょうし，経済が不況ではなく好況であれば，それは古典派が前提とする世界となり，古典派に近いマネタリストや合理的期待形成学派の考えが説得力を持つのは当然といえるでしょう。

ケインズ派としては，「インフレさえ我慢すれば，失業率を減らすことは可能だ」という考えは**図表25-3**の「$D \rightarrow A$」までとし，「点Aで完全雇用が実現するので，それ（自然失業率）以上には失業率を減らす必要はない」と主張すべきであったと考えられます。

図表25-4 ●1970 年代のアメリカ経済

		実質GNP成長率	物価上昇率 *1	失業率
第一次オイルショック	1970	0.2%	5.3%	4.9%
	1971	3.4%	0.5%	5.9%
	1972	5.3%	4.3%	5.6%
	→1973	5.8%	5.6%	4.9%
	1974	−0.5%	9.0%	5.6%
第二次オイルショック	1975	−0.2%	9.5%	8.5%
	1976	5.3%	5.8%	7.7%
	1977	4.6%	6.4%	7.1%
	1978	5.6%	7.0%	6.1%
	→1979	3.2%	8.3%	5.8%
	1980	−0.2%	9.1%	7.2%
	1981	2.5%	9.4%	7.7%
	1982	−1.9%	6.1%	9.7%
	1983	4.5%	3.9%	9.6%
	1984	7.2%	3.8%	7.5%
	1985	4.1%	3.0%	7.2%

継続的な物価上昇（インフレーション）

高いとはいえ，世界大恐慌時（20%台）ほど高くない失業率

＊1　GNPデフレータという物価指数の上昇率

出所：アメリカ合衆国商務省長期統計

【問題25-1】

自然失業率仮説について，フィリップス曲線を用いて説明せよ。

（東京都庁，国税専門官類問）Movie 163

《参考答案》

1. (1)フィリップスは長期データより，〈図1〉のような失業率と名目賃金上昇率の右下がりの関係を明らかにした（オリジナルのフィリップス曲線）。(2)物価上昇率と名目賃金率上昇率には正の相関関係があるので，失業率と名目賃金率上昇率の右下がりの関係は，〈図2〉のような失業率と物価上昇率の右下がりの関係に置き換えることができる（物価版フィリップス曲線）。(3)右下がりの物価版フィリップス曲線より，失業とインフレーションのトレード・オフが指摘され，ケインズ派は「インフレーションを受け入れれば，失業率を低くできる」と主張した。

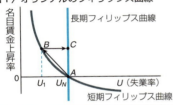

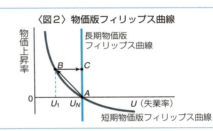

2. (1)これに対しフリードマンは，経済政策によって一時的に自然失業率より失業率を低下させることができても，長期的には，失業率を自然失業率より低下させることはできないと主張した（自然失業率仮説）。なお，自然失業とは，労働市場が均衡している完全雇用のときの失業率であり，非自発的失業がなく自発的失業と摩擦的失業しかない状態をいう。(2)フリードマンは，物価・名目賃金率の伸縮性，情報不完全を仮定する。(3)たとえば，自然失業率（U_N）であった初期状態（〈図1〉，〈図2〉の点A）よりも失業率を減らそうと，中央銀行が金融緩和によって貨幣供給量を増加させたとする。物価・名目賃金率の伸縮性を仮定しているので，物価（P）も名目賃金率（W）も上昇し，実質賃金率（$\frac{W}{P}$）は変わらない。しかし，情報不完全により，労働者は自分の名目賃金率の上昇はわかるが物価の上昇には気づかないとすると，実質賃金率（$\frac{W}{P}$）が上昇したと勘違いし（貨幣錯覚），労働供給量を増加させる。その結果，失業率は自然失業率よりも減少し，U_1となる（〈図1〉，〈図2〉の点A→点B）。(4)しかし，長期においては，労働者も物価が上昇し，実は実質賃金率は変化していないことに気づき，増やした労働供給量を元に戻す。その結果，失業率はU_1から自然失業率に戻ってしまう（点B→点C）。(6)以上のように，短期においては，点Aから点Bへと失業率を減らすことができ，フィリップス曲線，物価版フィリップス曲線とも右下がりの曲線である。しかし，長期においては，点Aから点Cとなり自然失業率から失業率を減らすことはできず，フィリップス曲線，物価版フィリップス曲線ともに，垂直となり，自然失業率仮説が成立する。

以上

【問題25−2】
フィリップス曲線又は自然失業率仮説に関する記述として，妥当なのはどれか。

Movie 164

1．フィリップス曲線とは，名目賃金上昇率と失業率との間の正の相関関係を示す右上がりの曲線をいい，スタグフレーションを実証的に説明したものである。
2．フィリップス曲線は，期待インフレ率の大きさに依存しており，期待インフレ率が上昇した場合，下方にシフトする。
3．自然失業率とは，労働市場において，完全雇用が成立していない場合に存在する失業率をいい，ケインズが唱えた非自発的失業に対応する失業率である。
4．自然失業率仮説によると，政府が総需要拡大政策をとった場合，企業や労働者の錯覚が生じるため，短期的に失業率を引き下げることができる。
5．自然失業率仮説によると，長期的には，フィリップス曲線が垂直となり，金融政策や財政政策によって，自然失業率よりも低い失業率が実現される。

（特別区）

（解説・解答）

1．× フィリップス曲線は名目賃金率と失業率の「負」の相関関係なので誤りです。なお，相関関係とは2つの変数（ここでは名目賃金率と失業率）の関係をいい，因果関係（原因と結果）まで特定するものではありません。
2．× 期待インフレ率が上昇した場合，短期フィリップス曲線は上方シフトするので誤りです。
3．× 自然失業率は完全雇用のときの失業率なので誤りです。
4．○ 正しい記述です。
5．× 金融財政政策によっても，長期的には自然失業率以下の失業率にはできないと主張するので誤りです。

正解　4

Chapter 26
IAD-IAS曲線
―人々の予想がインフレを引き起こす!?―

Point

1 インフレ需要（IAD）曲線とは，財市場と貨幣市場が同時均衡する国民所得とインフレ率（物価上昇率）の組み合わせの集合であり，次のように表現される。$Y = Y_{-1} + \beta(m - \pi) + \gamma g$（$Y_{-1}$：前期の国民所得，$m$：名目貨幣供給量増加率，$\pi$：インフレ率，$g$：政府支出増加率，$\beta$, γは正の定数）

2 インフレ供給（IAS）曲線とは，労働市場（フィリップス曲線）を考慮した国民所得とインフレ率（物価上昇率）の組み合わせの集合であり，次のように表現される。
$\pi = \alpha(Y - Y_F) + \pi e$（$\pi$：インフレ率，$\alpha$：正の定数，$\pi e$：期待インフレ率）

3 マネタリストは静学的期待を前提とするため，インフレ供給（IAS）曲線は右下がりの曲線となる。

4 合理的期待形成学派は，合理的期待を前提とするため，インフレ供給（IAS）曲線は完全雇用国民所得（Y_F）で垂直な直線となる。

5 マネタリストは金融政策によって短期的に国民所得は増加するが長期的には完全雇用国民所得に戻り，インフレ率が上昇するだけだと考える。

6 合理的期待形成学派は，金融政策によって短期的にも国民所得を完全雇用国民所得から増やすことはできず，インフレ率が上昇するだけだと考える。

Movie 165

難易度　ウルトラC

出題可能性

国家一般職（旧Ⅱ種）	C
国税専門官	B
地方上級・市役所・特別区	C
国家総合職（旧Ⅰ種）	C
中小企業診断士	C
証券アナリスト	B
公認会計士	C
都庁など専門記述	C
不動産鑑定士	C
外務専門職	C

　この章は，マクロ経済で最も難しい論点といってよいでしょう。ですから，一度読んで，よくわからなくても気にせずに次へ進んでいただいても結構です。合格者でもよくわからない論点ですから，理解できなくても自信を失う必要は全くありません。
　さて，前章ではインフレーションと失業の関係を学びましたが，この章ではインフレーションと国民所得の関係について考えます。まず，財市場と貨幣市場が同時均衡する国民所得とインフレ率（物価上昇率）の組み合わせの集合であるインフレ需要（IAD）曲線を学び，次に，労働市場（フィリップス曲線）を考慮した国民所得とインフレ率（物価上昇率）の組み合わせの集合であるインフレ供給（IAS）曲線を学びます。そして，インフレ率と国民所得はインフレ需要曲線とインフレ供給曲線の交点に決まることを理解します。最後に，人々のインフレーションへの予想の仕方（期待形成）によってインフレ供給曲線の形状が違い，経済政策の効果についても結論が変わってくることを理解します。

281

1. インフレ需要（*IAD*）曲線

Movie 166

【1】定　義

インフレ需要（*IAD*）曲線とは，**財市場と資産（貨幣）市場が同時均衡する（実質）国民所得（*Y*）とインフレ率（物価上昇率：*π*）の組み合わせの集合**のことをいいます。

*IAD*曲線は，財市場と貨幣市場が同時均衡する国民所得と物価（*P*）の組み合わせの集合である*AD*曲線から導いたものです。

どのように導いたかという詳細は，対数の微分などの数学的知識が必要となるので，ここでは省略し，大まかな説明をします。

【2】式と意味

*IAD*曲線の式（インフレ需要関数）は，次のように表されます。

$$Y = Y_{-1} + \beta(m - \pi) + \gamma g \cdots ①$$

（*Y*：今期の国民所得，Y_{-1}：前期の国民所得，*m*：名目貨幣供給量増加率，*π*：物価上昇率，*g*：政府支出増加率，*β*，*γ*は正の定数）

ここで$m - \pi$は名目貨幣供給量（*M*）の増加率から物価（*P*）上昇率を引いたものなので実質貨幣供給量（$\frac{M}{P}$）の増加率を意味します。

$m - \pi$が実質貨幣供給量の増加率とわかれば，$m - \pi > 0$，つまり，実質貨幣供給量の増加率を増やせば，金融緩和を行っているので，*Y*（今期の国民所得）はY_{-1}（前期の国民所得）よりも大きくなり，

$Y = Y_{-1} + \underline{\beta(m - \pi)}$ となるのです。

　　　　　　　↑
　　　この分だけY_{-1}より大きくなる。

同様に*g*は政府支出の増加率で*g*を増加させれば，拡張的財政政策を行っているので，*Y*（今期の国民所得）はY_{-1}（前期の国民所得）より大きくなり，$Y = Y_{-1} + \gamma g$となる

＋　補　足

*γ*はガンマと読み，ギリシア文字で英語のCを意味します。

たとえば

たとえば，名目貨幣供給量（*M*）を10％増加（*m* = 10％）させたとき，物価（*P*）の上昇率が8％（*π* = 8％）であったとします。すると，$\frac{M}{P}$は分子*M*を10％増やしましたが，分母*P*も8％増えてしまったので$\frac{M}{P}$は10％ − 8％ ＝ 2％しか増えないということです。

のです。

なお、Y_{-1}は前期の国民所得ですからもう決まっており、変化することのない定数です。図表26－1は今期の国民所得Yと今期のインフレ率πの式であることに注意してください。

この①式を$\pi=$〜の形に変えると、

$$\pi = -\frac{1}{\beta}\underbrace{Y}_{傾き} + \underbrace{\frac{Y_{-1}}{\beta} + m + \frac{Y}{\beta}g}_{切片}$$

となり、図表26－2のIADのように、右下がりの曲線となります。

また、金融政策だけを行い、財政政策については特に行わない場合には、政府支出の増加率$g=0$として、IAD曲線は、

$$Y = Y_{-1} + \beta(m - \pi)$$

と表します。

【3】インフレ需要（IAD）曲線のシフト

図表26－2と同じIAD曲線を図表26－3にも描きます。

縦軸切片が$\frac{Y_{-1}}{\beta} + m + \frac{Y}{\beta}g$なので、$Y_{-1}$、$m$、$g$が増えれば、縦軸切片の値が大きくなり、切片が$A$から$A'$へと上へ移動するので$IAD$曲線は上方シフトすることがわかります。

図表26－3より、景気対策として一層の金融緩和（mの増加）や財政拡張（gの増加）を行えば、IAD曲線はIADからIAD'へと上方シフトすることがわかります。上方シフトは右方シフトということもできます。

なお、Y_{-1}は前期の国民所得で決まっている定数なので、今期になってから増減することはありません。

図表26－1 ●インフレ需要（IAD）関数

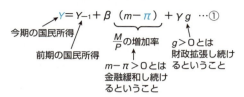

図表26－2 ●インフレ需要（IAD）曲線

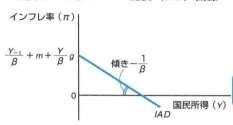

図表26－3 ● IAD曲線の上方シフト

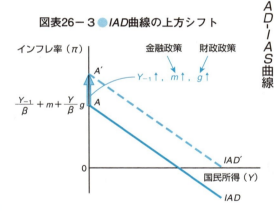

Point!

これは、AD-AS分析において金融緩和策や拡張的財政政策を行うと、AD曲線が上（右）方シフトするのと似ているのでイメージしやすいと思います。

2. インフレ供給（IAS）曲線

Movie 167

インフレ供給（IAS）曲線は，（物価版）フィリップス曲線をオークンの法則を用いて変形することにより求めることができます。

【1】オークンの法則

オークンは，失業率（U）と国民所得（Y）の間の負の関係つまり，Yが大きいときUが小さいという関係を発見しました（**オークンの法則**）。

オークンは過去のデータよりこのようなYとUの関係を見つけたのですが，これは，Yが小さいときは生産量が少ないので労働需要量も少なく失業率（U）が高く，Yが大きいときは生産量が多いので労働需要量も多く失業率（U）は低いということを表していると解釈することができます。

【2】インフレ供給（IAS）曲線

オークンの法則を用いることによって，次のようにフィリップス曲線のπとUの関係から，πとYの関係に変換したインフレ供給（IAS）曲線を導出することができます。

たとえば，（物価版）フィリップス曲線が図表26－4〈A〉のように右下がりだったとします。$U_A \to U_B \to U_C$と失業率が増加するとインフレ率は$\pi_A \to \pi_B \to \pi_C$と低下します。

ところで，オークンの法則より失業率が増加すると国民所得は減少することがわかっています。そこで，$U_A \to U_B \to U_C$と失業率が増加したとき，国民所得は$Y_A \to Y_B \to Y_C$と減少したとしましょう。

すると〈A〉の**右下がりのフィリップス曲線は，〈B〉のように右上がりのYとπの関係のグラフ**となります。**これがインフレ供給曲**

図表26－4 ●右下がりの（物価版）フィリップス曲線とIAS曲線の関係

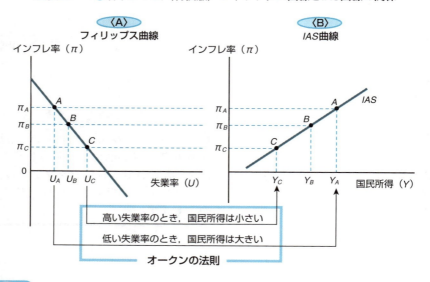

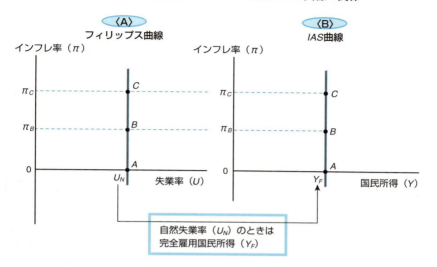

図表26-5 ●垂直なフィリップス曲線とIAS曲線の関係

線（IAS）です。

　また，図表26-5〈A〉のように**垂直なフィリップス曲線は，失業率が自然失業率（U_N）のときには国民所得は完全雇用国民所得（Y_F）なので，〈B〉のように垂直なインフレ供給（IAS）曲線**となります。

補足

　ところで，フィリップス曲線とは失業率とインフレ率の関係ですから，労働市場の需給を考慮したインフレ率の決定といえます。ここで気をつけなくてはならないのは，必ずしも労働市場の需給が等しく労働市場が均衡しているわけではないということです。なぜなら労働市場が均衡するのは，失業率（U）が自然失業率（U_N）のときだけだからです。

　ですから，フィリップス曲線を$π$とYの関係におきかえたインフレ供給（IAS）曲線は，労働市場の需給を考慮した（「均衡する」ことはありません！）国民所得（Y）とインフレ率（$π$）の組み合わせの集合と定義することができます。

3. IAD-IAS均衡

Movie 168

たとえば，図表26－6のようにインフレ供給（IAS）曲線がIAS_0，インフレ需要（IAD）曲線がIAD_0であったとしましょう。IAD-IAS分析の均衡は，インフレ需要曲線（IAD_0）とインフレ供給曲線（IAS_0）の交点E_0となります。交点E_0はIAD_0上にあるので，財市場と貨幣市場が均衡しており，IAS_0上にもあるので労働市場における需給も考慮したYとπの関係（これは，IASはフィリップス曲線を変形したものなのでフィリップス曲線上にあるということです）にもなっているのです。

以上のようにIAD-IAS均衡は，財市場，貨幣市場，労働市場という3つの市場を考慮した均衡なのです。

図表26－6 ● IAD-IAS均衡

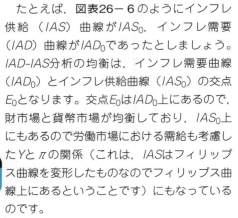

4. マネタリストの考え

Movie 169

【1】経済政策の効果〈短期〉

マネタリストは，短期フィリップス曲線は右下がりとする（図表25－3）ので，インフレ供給（IAS）曲線は図表26－7のIAS_0のように右上がりとなります。

既に図表26－3で説明したように，金融政策でm（名目貨幣供給量増加率）を増やしたり，財政政策でg（政府支出増加率）を増やすと，インフレ需要（IAD）曲線は，上（右）方シフトします。したがって，図表26－7のように，金融政策や財政政策によってIADが上（右）方シフトすると国民所得はY_0からY_1へと増加し，インフレ率もπ_0からπ_1へと上昇します。

図表26－7 ● 経済政策の効果（短期）

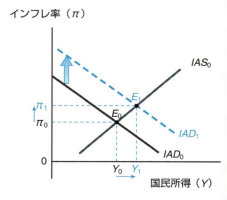

【2】経済政策の効果〈長期〉

マネタリストは長期ではフィリップス曲線は自然失業率（U_N）の水準で垂直となると考えます（自然失業率仮説）。垂直なフィリップス曲線のときには図表26－5より，Y_Fで垂直なインフレ供給（IAS）曲線になります。

垂直なIAS曲線のときには，経済政策によってIAD曲線を図表26－8のようにIAD$_0$からIAD$_1$へと上方シフトさせても，経済はE_0からE_1となり，インフレ率が上昇するだけで国民所得は変わりません。

では，ここで，IAD-IAS分析における長期均衡を求める問題を解いてみましょう。

図表26－8 ●経済政策の効果（長期）

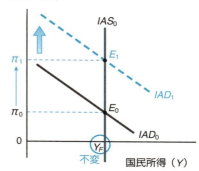

5. 合理的期待形成学派の考え

Movie 170

合理的期待形成学派は，フィリップス曲線は**短期でも**自然失業率で垂直と考えます（図表25－3）。

図表26－5より，垂直なフィリップス曲線のときには**インフレ供給曲線は**図表26－8のように**垂直**になります。

このとき，経済政策によってIAD$_0$からIAD$_1$へとIADを右シフトさせても，図表26－8のように経済はE_0からE_1となりインフレ率が上昇するだけで，国民所得は変わりません。

したがって短期においても経済政策の効果はないと主張します。

【問題26-1】

マクロ経済が動学モデル

$$\pi = \pi^e + \lambda(Y - Y^*)$$
$$Y = Y_{-1} + \mu(m - \pi)$$
$$\pi^e = \pi_{-1}$$

Movie 171

π：インフレ率，π^e：期待インフレ率，Y：産出量（国民所得）
Y^*：完全雇用産出量，m：貨幣供給増加率，Y_{-1}：前期の産出量
π_{-1}：前期のインフレ率，λ，μ：正のパラメータ

で示されるとする。

今期以降貨幣供給増加率 m が m_1 に上昇したときのインフレ率 π と産出量 Y に関する次の記述のうち、妥当なものはどれか。ただし、前期まで経済は長期均衡の状態にあり、m は m_0 で一定であったとする。

1. π は短期的にも長期的にも上昇する。
2. π は短期的には上昇するが長期的には不変である。
3. Y は短期的には減少するが長期的には不変である。
4. Y は短期的には増加するが長期的には減少する。
5. Y は短期的にも長期的にも増加する。

（国家Ⅱ種）

（解答・解説）

$\pi^e = \pi_{-1}$ とありますが、これは、今期の期待インフレ率（π^e）が前期のインフレ率（π_{-1}）と等しい、つまり、前期のインフレ率が今期も続くという予想（期待）であり、今期のインフレ率が変わっても気付かないということです。これは合理的期待形成学派ではなくマネタリストであることがわかります。

マネタリストであれば、貨幣供給量の増加率（m）を増加させ IAD 曲線を上シフトさせると、短期では**図表26-7**のように π も Y も増加しますが、長期では**図表26-8**のように π は上昇しますが Y は増加しません。

以上より，

1. 短期，長期ともに π は上昇するので正しい記述です。
2. π は「長期的には不変」の部分が誤りです。
3. Y は「短期的には減少する」の部分が誤りです。
4. Y は「長期的には減少する」の部分が誤りです。
5. Y は「長期的にも増加する」の部分が誤りです。

正 解 1

Part 7

IS-LM-BP 分析

―円高・円安の影響も考えたい！―

Movie 172

　第5部の *IS-LM* 分析や第6部の *AD-AS* 分析・*IAD-IAS* 分析は閉鎖経済を仮定し海外を考えませんでした。しかし，円高，円安などの外国為替レートの変動は日本経済に大きな影響を与えます。そこで，第7部では，財市場と資産市場を同時分析する *IS-LM* 分析に海外をも考慮する *IS-LM-BP* 分析を学びます。ただし，単純化のため，労働市場は分析しないこととし，労働市場との関係で決まる物価は一定と仮定します。

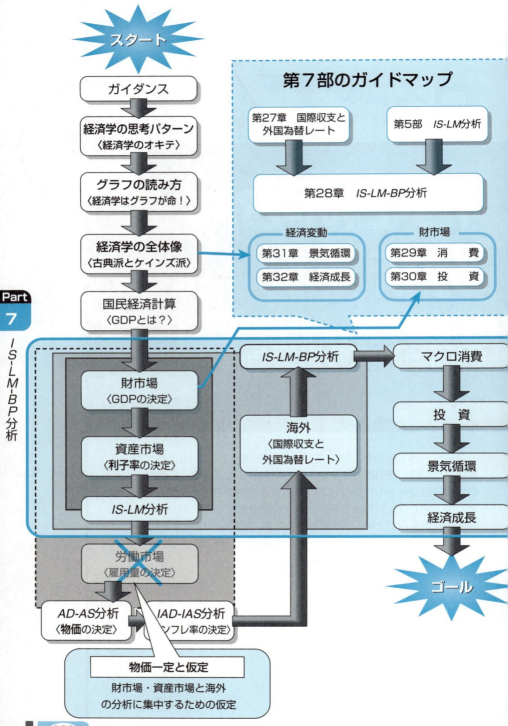

第7部の舞台・登場人物・ストーリー

現実経済 —円高・円安など国際経済が大きく影響する—

　円高，円安などの外国為替レートの変動は日本経済に大きな影響を与えます。円高になると日本の輸出企業の商品が外国で売れなくなり景気が悪くなります。たとえば，昭和60年に起こった円高不況では，円高が日本経済に大打撃を与えました。

　国際経済という場合，輸出や輸入などの財の移動だけではなく，国境を越えたマネーの移動の影響も大きくなっています。

舞台（分析対象）—財市場・資産市場・海外を同時に分析—

そこで，この第7部では，海外，具体的には輸出入と国際資本移動について考えます。
ただし，この部では単純化のため，労働市場は考えず物価一定とします。

物価一定→労働市場を考えない

第7部の位置づけ

財市場 ― 45度線分析

資産市場
（貨幣市場・債券市場）

⎫ 財市場と資産市場の
⎬ 同時分析〈IS-LM分析〉
⎭

⎫ 財市場・資産市場・
⎬ 国際収支の同時分析
⎭ 〈IS-LM-BP分析〉

第7部で分析

海外部門 第7部で分析

生産要素市場
（労働市場）

＊第7部では検討しない。 ⟶ 物価一定

登場人物（経済主体）

海外を考慮すると，外国為替市場が登場してきます。外国為替市場とは円とドルを交換する市場です。外国為替市場でのドルの需要者として，外国製品の輸入者と国境を越えて資金を移動させる国際投資家が登場してきます。ドルの供給者として，輸出企業と国境を越えて資金を移動させる国際投資家が登場します。

	需要者	供給者
財市場 （第3部）	家計（消費・投資） 企業（投資） 外国（輸出－輸入）	企業
貨幣市場 （第4部）	家計・企業	中央銀行（ハイパワード・マネー供給） 市中銀行（預金創造）
外国為替市場 （この部の第27章）	（ドルの需要者） 輸入者 国際投資家	（ドルの供給者） 輸出企業 国際投資家

ストーリーの流れ（構成）

第7部では財市場と資産市場に加え，さらに海外を考慮します。国民所得と利子率に加えて国際収支や外国為替レートが登場し変動します。

第27章で学ぶ国際収支と外国為替レートの知識を基に，第28章では，財市場，貨幣市場，海外を同時に考えるIS-LM-BP分析を学びます。海外を考えることによって閉鎖経済のIS-LM分析とは経済政策の効果が違うことを理解します。

そして，第28章以降では，その他の論点を学びます。第29章と第30章では，ケインズ以外の消費と投資の理論を学びます。そして，第31章では短期的に好況や不況が繰り返す景気循環について学び，第32章では長期的な変動である経済成長について学びます。ここでも，古典派に近い学派とケインズ派の理論の対立を理解します。

Chapter 27
国際収支と外国為替レート
―円高や円安の経済への影響は？―

Point

1 国際収支とは一国の資金の収入と支出を総合的に記録したものであり，経常収支と金融収支からなる。

2 外国為替市場とはある通貨と他の通貨の交換比率をいい，「1＄＝100円」のように，自国通貨（円）を基準に表す自国通貨建て（邦貨建て）為替レートが日本では一般的である。これは，円ではなくドルの価格を表している。

3 外国為替レートは外国為替市場の需要と供給によって決まる。需要と供給には，超短期では各国の資産収益率の違いによる国際資本移動が影響し【アセット・アプローチ】，短期では輸出入が影響し【フロー・アプローチ】，長期では物価水準が影響する【購買力平価説】。

4 外国為替レートを市場の需要と供給による決定に委ねる通貨制度を変動相場制といい，外国為替レートを人為的に一定に固定する通貨制度を固定相場制という。固定相場制は外国為替レートを固定するために中央銀行が介入義務を負う。

5 変動相場制であれば，外国為替レートの調整によって国際収支（経常収支＋資本収支）は均衡する。

6 円高は，ドル表示の輸出製品の価格を引き上げるので通常は輸出を減らす。また，円表示の輸入製品の価格を引き下げるので通常は輸入を増やし，財の需要（Y^D）を減らす。逆に，円安は，通常は輸出を増やし輸入を減らすので財の需要（Y^D）を増やす。

Movie 173

難易度　B

出題可能性

国家一般職（旧Ⅱ種）	**C**
国税専門官	**C**
地方上級・市役所・特別区	**A**
国家総合職（旧Ⅰ種）	**B**
中小企業診断士	**A**
証券アナリスト	**A**
公認会計士	**B**
都庁など専門記述	**B**
不動産鑑定士	**B**
外務専門職	**A**

　この章では，閉鎖経済の*IS-LM*分析を拡張し，海外をも考慮した*IS-LM-BP*分析の前提知識として必要となる国際収支と外国為替レートについて学びます。

293

1. 国際収支

Movie 174

【1】国際収支とは？

国際収支とは，**一国の資金の収支（収入＝受取と支出＝支払い）を総合的に記録したも**のです。つまり，一国における資金の流入から流出を差し引いたものなのです。

補　足

例えば，財を輸出すれば代金として資金を受け取ります。このように，財の移動と資金の移動は表裏一体の関係になっており，財の移動についても記録します。

【2】国際収支の形式

国際収支は，大きく，経常収支と金融収支に分けられます。図表27－1に沿って，詳しく見ていきましょう。

【経常収支】

経常収支とは，財貨（モノ），サービス，投資収益などによる資金の流れですが，具体的には，**①貿易・サービス収支，②第一次所得収支，③第二次所得収支，の３つがあります。資金の流入をプラス（黒字），流出をマイナス（赤字）として計算**します。

補　足

国際収支は，統計上，収入と支出は等しくなる仕組みになっています。これは，現実に，収入と支出がバランスしているかどうかとは関係なく，三面等価の原則のときのように，統計上，等しくするように調整（「外貨準備増減」という項目で統計上のインチキ）をしているのです。

図表27－1 ● 国際収支の形式

- 経常収支
  - 貿易・サービス収支
    - 貿易収支 -------- 輸出・輸入
    - サービス収支 ---- 観光・運輸・金融・通信
  - 第一次所得収支 -------------- 利子・配当
  - 第二次所得収支 -------------- 消費財に関する無償資金援助
- 金融収支
  - 直接投資 ---------------- 直接的経営支配を目的
  - 証券投資 ---------------- 株式・債券
  - 金融派生商品 ------------ 他の金融商品や商品等に連動した金融商品
  - その他投資 -------------- 貸出・借入
  - 外貨準備増減 ------------ 金融当局のもつ外貨量の増減
- 資本移転収支
- 誤差脱漏

① 貿易・サービス収支

貿易収支とサービス収支の合計です。

1) 貿易収支

貿易収支とは，**財貨（モノ）の輸出および輸入による資金の流れ**です。モノを外国に輸出すれば，外国から代金を得ますので，黒字となり，プラスで表します。一方，モノを外国から輸入すれば，代金を外国に支払うので，輸入は赤字となり，マイナスで表します。そして，貿易収支＝輸出－輸入と計算します。

2) サービス収支

運輸，観光，金融，通信のように，モノではなく，形の残らない商品をサービスといいます。これらのサービスにかかわる外国からの受取りと支払いをサービス収支といいます。

② 第一次所得収支

第一次所得収支とは，**資本（資金）や労働などの生産要素が得る所得のやり取りのうち，国境を越えてやり取りされるもの**です。具体的には貸付金の利子や株式の配当，出稼ぎの所得の送金などがあります。

③ 第二次所得収支

外国への財の援助や外国への税金の支払い，外国からの税金の受け取り，出稼ぎ労働者の母国への送金など，対価性のない一方的なやり取りです。このような例外的なやり取りを第二次所得収支といいます。この第二次所得収支は，例外的ですので，あまり気にしなくてよいでしょう。

以上が経常収支ですが，次に，金融収支について説明しましょう。

＋ 補 足

日本は輸出のほうが輸入より多いので，貿易収支はプラスで黒字となります。これは，輸出の方が多いので，外国にたくさんモノを売ってお金を儲けているということを意味します。

＋ 補 足

日本では，サービス業が弱く，サービスでは外国のサービスを購入し支払う方が多く，お金が出て行きますので，日本のサービス収支は赤字です。

時 事

日本は長年，貿易黒字で稼いだ資金を海外への貸付や海外の株式購入に回してきました。その結果，毎年，貸付金の利子や株式の配当として外国から日本へ入ってくる金額が多く，第一次所得収支は黒字です。

用 語

通常の取引は，財やサービスを提供すれば資金がもらえるというように，何かを与えなければ資金を得ることができません。これを対価性といいますが，援助や税金は対価性がありません。

Chapter 27

国際収支と外国為替レート

295

【金融収支】

金融収支とは，**対外資産や対外負債の増減を表したもの**で具体的には，①直接投資，②証券投資，③金融派生商品，④その他投資，⑤外貨準備の５つがあります。対外資産の増加を黒字（＋），対外負債の増加を赤字（−）と表します。

① 直接投資

直接投資とは**企業の経営支配を目的に行う株式投資など**をいいます。

② 証券投資

企業の経営支配を目的としない株式投資や債券投資などをいいます。この証券投資は，短期的な売買による利益を目的とした投機資金が多いので，年によって，流入したり流出したり不安定な動きをします。

③ 金融派生商品

その他の金融商品や（実物）商品に連動した金融商品。金融工学を駆使した先物・スワップ・オプションなどがあります。

④ その他投資

国境を越えた資金の貸し借りなどをいいます。

⑤ 外貨準備増減

金融当局（日本銀行）の保有する外貨量の増減です。

【資本移転収支】

無償の資金援助などで相手国の資本形成になるようなものです。

【誤差脱漏】

国際収支統計の誤差や漏れを調整する項目です。

なお，国際収支が赤字とか黒字という場合には，外貨準備増減を除いて考えます。この国際収支は総合収支とも呼ばれます。

▌▌▌▌ 時　事 ▌▌▌▌

日本企業は外国にたくさんの関係企業（子会社）を作っていますから，経営支配を目的に多額の株式投資をしています。ということは，外国企業の株式という対外資産が増加するので，直接投資は黒字となります。この黒字は最近の傾向です。なお，直接投資は金融収支に属するので，国際収支＝経常収支−金融収支という関係から，金融収支が黒字で増加すると，全体の国際収支ではマイナス（＝資金流出）となり赤字化します。

▌▌▌▌ 時　事 ▌▌▌▌

日本の証券投資も年によって黒字になったり赤字になったりしています。

▌▌▌▌ 時　事 ▌▌▌▌

日本が新規に資金を外国に貸すことが多ければ貸出債権という資産が増加するので黒字，貸した資金の回収が多ければ貸出債権という資産が減少するので赤字となり，年により変わります。

➕ 補　足

無償援助によって道路を造る場合などです。

➕ 補　足

この誤差脱漏は，あまり問われませんので，あまり気にしなくてよいでしょう。

理　由

外貨準備増減は国際収支を常に均衡させる調整項目だからです。

国際（総合）収支 = 経常収支 − 金融収支

それでは，図表27−2に日本の国際収支を整理しておきましょう。
ポイントは，
① 経常収支も金融収支も黒字
② 貿易黒字よりも第一次所得収支の黒字の方が大きい

補足
入ってくる利子・配当などの資金をさらに外国の株式購入などに回しているのです。

補足
輸出大国ではなく，今まで輸出で稼いだ資金で外国の株や債券を購入し，今ではその配当金・利子などの収入の方が大きいのです。

図表27−2 ●日本の国際収支（平成29年，2017年）

（単位：兆円）

貿易収支	4.6	
サービス収支	−0.6	
貿易・サービス収支	4.0	
第一所得収支	19.9	
第二次所得収支	−2.2	
経常収支	21.7	
資本移転収支	−0.3	
誤差脱漏	−2.0	
合　計	19.4	

14.3	直接投資
6.5	証券投資
1.9	金融派生商品
−5.6	その他投資
2.3	外貨準備
19.4	**金融収支**

合計 19.4 ＝ 19.4 金融収支

それでは、国際収支に関する問題を解いてみましょう。

【問題27－1】
わが国の国際収支統計に関する記述として、妥当なのはどれか。

Movie 175

1. 国際収支統計は、経済産業省が作成し、国際収支の項目は、経常収支、資本収支及び基礎収支で構成されている。
2. 経常収支の項目は、貿易収支、サービス収支、第一次所得収支、第二次所得収支及び外貨準備増減で構成されている。
3. 貿易収支とは、財貨の取引に伴う支払や受取のことをいい、貿易収支には、輸送に関する取引が含まれる。
4. 第二次所得収支とは、対価を伴わない支払や受取のことをいい、第二次所得収支には、資本形成を除く政府間の無償資金援助や国際機関への拠出金が含まれる。
5. 金融収支の項目は、直接投資、証券投資、金融派生商品、その他投資、外貨準備で構成され、証券投資には、利子や配当の支払や受取が含まれる。

（地方上級を新方式に合わせて一部修正）

(解答・解説)
1. × 国際収支は経常収支・金融収支・資本移転収支・誤差脱漏からなるので誤りです。また、国際収支の作成は財務省・日本銀行である点でも誤りです。
2. × 経常収支には外貨準備増減は含まないので誤りです。
3. × 輸送はサービスなのでサービス収支に入るため誤りです。
4. ○ 正しい記述です。
5. × 利子や配当の受け取りは継続的に起こるものであり、経常収支の中の第一次所得収支に入るので誤りです。

正　解　4

落とし穴
株を買った代金や貸付金の元本は資本収支ですが、毎年得る配当金や利子は経常収支の中の所得収支に入るという点は間違えやすいので気をつけてください。

2. 外国為替レート

Movie 176

【1】外国為替レートとは？

外国為替レートとは，ある通貨と他の通貨の交換比率です。その表し方には自国通貨建てと外貨建ての2つがあります。

① 自国通貨建て為替レート

自国通貨建てとは，「1＄＝100円」のように，自国通貨（円）を基準に表します。この方法が，日本では一般的です。この**自国通貨建て「1＄＝100円」は円ではなく，ドル価格を表している**という点がポイントです。

> 1＄＝○○円とは，
> 1ドルの価格を円で表している

② 外国通貨建て為替レート

これに対し，外国通貨建てとは，「1円＝$\frac{1}{100}$＄」のように，外貨（ドル）を基準に表します。このような表記は，日本ではあまり使われません。この外国通貨建て「1円＝$\frac{1}{100}$＄」が1円の価値，すなわち，円の価格を表しているという点がポイントです。

【2】国際通貨制度

外国為替レートの決定に関する国際通貨制度には，変動相場制と固定相場制の2つがあります。

① 変動相場制

変動相場制とは，**外国為替レートが市場の需要と供給により決定される通貨制度**です。現在の日本円は変動相場制です。

② 固定相場制

固定相場制とは，外国為替レートを一定に

補足

邦貨建て為替レートとも呼ばれます。

たとえば

1＄＝200円から1＄＝100円になると，円高といいますが，皆さんは「どうして200円から100円に安くなるのに，円安ではなく円高なのだろう？」と，違和感を覚えたことはありませんか？

実は，これは，1＄の価格が200円から100円に半減し，ドル安になったということです。ということは，円の価値は2倍になったということで，「円高」となるのです。

たとえば

1円＝$\frac{1}{200}$＄から1円＝$\frac{1}{100}$＄（＝$\frac{2}{200}$＄）になると，円の価値は2倍になっていますので，円高とわかります。

Chapter 27　国際収支と外国為替レート

固定するために，中央銀行が介入義務を負う通貨制度です。かつて，1＄＝360円と，為替レートは固定されていました。

ところで，外国為替レートは外国通貨と自国通貨の相対価格ですので，外国為替市場の需要と供給によって決まります。その価格である**外国為替レートを固定するためには，中央銀行は，常に介入し続ける必要があります。**

なお，中央銀行（日本銀行）が円売りドル買い介入をすれば，日銀の円の供給となるハイパワード・マネーが増加し貨幣供給量が増加します。逆に，円買いドル売り介入は日銀の円の回収となるので貨幣供給量は減少します。このような**外国為替市場への介入による貨幣供給量の変化を打ち消すように，国内の金融政策によって貨幣供給量の量を調整する**ことを**不胎化政策**といいます。

【3】外国為替レートの決定

外国為替レートは外国為替市場における価格ですから外国為替市場における需要と供給により決定され，図表27－3の需要曲線と供給曲線の交点に決定されます。

ここで，縦軸の価格である為替レートに注意する必要があります。図表27－3のように，縦軸に私たちが通常用いる自国通貨建て為替レート（1＄＝○×円）をとれば，それはドルの価格となるので，需要曲線と供給曲線は，日本円ではなくドルの需要曲線と供給曲線になります。そして，ドルの需要と供給の交点Eでドルの価格は1＄＝105円のように決まります。このように，外国為替レートは需要と供給により決まるということがわかりましたが，では，その需要量と供給量は何によって決まるのでしょうか？

この問題は，通常，時間の長さにより，「超短期」「短期」「長期」の3つに分けて説

― **たとえば** ―

円の需要が増加し，超過需要が生じた場合円高になってしまいます。そこで，円高を防ぐため，超過需要の分だけ日銀は円売りドル買い介入を行い，円高を防ぎます。反対に，円超過供給が生じた場合，円安を防ぐため，超過供給の分だけ日銀は円買いドル売り介入を行います。1973年，各国の中央銀行による外国為替レートの固定が困難となり，先進国は変動相場制に移行し現在に至っています。

― **たとえば** ―

円高を防ぐための円売りドル買い介入は，中央銀行が円を供給するので，ハイパワード・マネーを増加させます。売りオペによって，その増加分だけハイパワード・マネーを回収し減少させることにより，ハイパワード・マネーの量を一定量に保つような政策です。

図表27－3 ●外国為替レートの決定

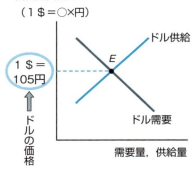

― **補 足** ―

短期，中期，長期と分けることもあります。

明されます。

① 超短期　アセット・アプローチ

アセット・アプローチとは，財の数量が変化しない超短期においては，各国の資産の収益率の違いから**国際資本移動**が起こり外国為替の需要と供給に影響を与える，という理論です。

私たちがテレビニュースを見ているときにも，食事をしているときにも刻一刻と外国為替への需要と供給は変化し，為替レートは変化しています。このような「超短期」では，輸出や輸入などの財の数量は変化しません。ですから，この場合の変化は，**投機的な資金**による素早い資金の動きによるものと考えられます。

② 短期　フロー・アプローチ

「**数カ月という短期においては，すでに投機的な国際資本移動は完了しており，貿易が外国為替の需要と供給に影響を与える**」と考えるのが**フロー・アプローチ**です。

日本の輸出が増加すると，輸出によりドルを受け取った企業は，外国為替市場においてドルを売り円を買うので，円の需要は増加し，ドル安円高となります。

③ 長期　購買力平価説

さらに，長い期間を考えると，物価が変動してきます。「**物価が変化するような長期においては，物価水準が外国為替市場の需要と供給に影響を与える**」と考えるのが**購買力平価説**です。この理論を説明したものとして「ビッグマック・レート」が有名ですから図表27－4で説明しましょう。

用 語

国境を越えた資金の移動のことです。

用 語

投機的な資金とは，資産を何に投資するかという資産運用の資金です。英語で資産をasset（アセット）と呼びますので，このような考えをアセット・アプローチと呼びます。

たとえば

日本円のほうが儲かると思えば，大量の資金で円を買って円で運用し，米国ドルのほうが儲かると思えばドルを買ってドルで運用するのです。

補 足

アセット・アプローチは資産の運用ですのでストックですが，貿易はフローの概念ですので，この考えをフロー・アプローチといいます。

補 足

反対に，日本の輸入が増加すると，輸入をした日本企業は，手持ちの円を売ってドルを購入し外国にドルで支払うので，円の供給が増加しドル高円安となります。

用 語

購買力平価とは，2つの通貨で買う力（＝買うことができる財の量）が同じになるという意味です。

Chapter
27

国際収支と外国為替レート

301

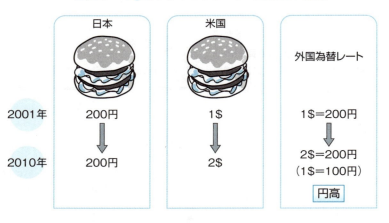

当初2001年には，ビッグマック1個が日本では200円，米国では1＄なので，1＄と200円はビッグマック1個と価値が等しく，為替レートは1＄＝200円となります。

ところが，2010年には，日本は物価が変わらず1個200円ですが，米国は物価が2倍になり1個2＄になったとしましょう。200円も2＄もビッグマック1個分の価値なので，為替レートは2＄＝200円，つまり，1＄＝100円と円高ドル安になります。

④ その他の理論—金利平価説

外国為替決定の理論は他にもいくつかありますが，外務専門職や中小企業診断士でよく出題されている金利平価説を説明しておきましょう。

金利平価説とは，**二国間に金利差があっても収益率が等しくなるように為替レートは決まる**という理論です。

たとえば，日本の金利（rj）が1％，アメリカの金利（ra）が10％，自国通貨建て為替レート（e）が1＄＝100円であったとしましょう。金利平価説によると，1年後の為替レート（e^*）は次のように決まること

たとえば

1＄で買えるものと，100円で買えるものが同じだから，1＄と100円の価値は同じであり，1＄＝100円という為替レートになるのです。

補足

世の中にビッグマックしかないと仮定すると，ビッグマックの価格＝物価となります。

Point!

このように，物価が上昇するとある金額の貨幣で購入できる物の量が減少するため貨幣価値が下落するので，その国の通貨価値は下落し安くなっていきます。

になります。

100万円を国内で運用すると，国内の金利（r_j）は 1 ％なので 1 年後には，100万円×（1 ＋0.01）＝101万円　……①
となります。

次にこの100万円をアメリカで運用するケースを考えましょう。まず，100万円をドルに交換し，100万円÷100円／ドル＝ 1 万ドルとします。そして，その 1 万ドルをアメリカの金利10％で運用し， 1 年後には 1 万ドル×（ 1 ＋0.1）＝1.1万ドルとなります。この1.1万ドルを円に交換すると，1.1万 \$ × e^*円　……②
となります。

金利平価説では，二国間の収益率が等しくなるように為替レートが決まると考えるので，国内で運用した 1 年後の金額（①）とアメリカで運用した 1 年後の金額（②）は等しくなるように 1 年後の為替レート（e^*）は決まります。したがって，

国内運用（①）　アメリカでの運用（②）

101万円　　＝　　1.1万 \$ × e^*

となり

$$e^* = \frac{101万（円）}{1.1万（ドル）} = 約92円\quad と決まる$$

はずだと考えます。

以上を r_j, r_a, e, e^*で表すと，国内の運用は 1 年後に

（ 1 ＋r_j）×100万円　……①

となり，アメリカでの運用は 1 年後には

$$\frac{100万円}{e} × （ 1 ＋r_a） × e^*\quad ……②$$

となります。そして，①と②は等しくなるように e^*は決まるので

（ 1 ＋r_j）×100万円

$$= \frac{100万円}{e} × （ 1 ＋r_a） × e^*$$

この式を整理すると，

Chapter
27

国際収支と外国為替レート

$$e^* = \frac{1+rj}{1+ra} \times e$$

↑ 1年後の為替レート　　現在の為替レート ↑

となり，さらにこの式を変形すると，

国内の収益率　　外国での収益率

$$rj = ra + \frac{e^*-e}{e}$$

国内金利　　外国金利　外貨上昇率

となります。なお，右辺の $\frac{e^*-e}{e}$ は外貨の上昇率を意味し為替変動による利益率（為替差益といいます）です。

テクニック　Technique

次のように変形します。

$$e^* = \frac{1+rj}{1+ra}e$$

$$1+rj = (1+ra)\frac{e^*}{e}$$

$$1+rj = (1+ra)\frac{e-e+e^*}{e}$$

$$= (1+ra)(\frac{e}{e}+\frac{e^*-e}{e})$$

$$= (1+ra)(1+\frac{e^*-e}{e})$$

$$= 1+ra+\frac{e^*-e}{e}+ra\underbrace{\frac{e^*-e}{e}}$$

利子率×為替レート変化率は微小なので0とおくと

$$1+rj = 1+ra+\frac{e^*-e}{e}$$

ここで両辺から1を引くと

$$rj = ra+\frac{e^*-e}{e}$$

たとえば

現在の為替レート（e）が1ドル＝100円で1年後の為替レート（e^*）が1ドル＝120円だとすると1ドルあたり120円－100円＝20円だけ，ドル高円安の利益を得ます。これは，100円を使って1\$を買ったときの利益なので，利益率は，

$$\frac{120-100}{100} = \frac{20}{100} = 0.2 (20\%)$$

となります。

このように，e^*-eはドルの値上がりによる利益を意味し，それを，ドルを買うために必要となった円の金額（e）で割ることによって利益率となるのです。

3. 外国為替レートと国際収支

Movie 177

【1】変動相場制の国際収支調整機能

国際収支が黒字とは，資金の流入が流出を上回ることを意味します。資金の流入とは，外国から日本に資金が入ってくることですが，外国にある外貨は，外国為替市場で外国通貨が円に交換されてから日本に入ってきます。なぜなら，日本国内では外貨のままでは利用できないからです。

反対に，資金の流出は，日本から外国に資金が流出することですが，日本にある円は，外国為替市場で円を外国通貨交換して外貨で海外に出ていきます。なぜなら，外国では円のままでは利用できないからです。

したがって，国際収支の黒字とは，自国に資金が流入するほうが多いので，自国通貨買い外貨売りが多く，自国通貨は超過需要，外貨は超過供給の状態です。したがって，図表27－5のドルの市場では，右上がりの供給曲線と右下がりの需要曲線であればドルの超過供給となり，ドルは下落（＝円が上昇）し需要と供給が一致，すなわち国際収支が均衡する（ゼロとなる）為替レート水準 e^* に落ち着きます。

逆に，国際収支が赤字の場合はドルの超過需要であり，ドルの価値が上昇（＝円が下落）し需要と供給が一致，すなわち国際収支が均衡する（ゼロとなる）為替レート水準 e^* に落ち着きます。このように，**為替レートの調整により国際収支は均衡に向かいます。**

復習

国際収支とは，一国における資金の流入から流出を差し引いたものです。

Point!

ですから，資金の流入とは，自国通貨買い（＝自国通貨の需要），外貨売り（＝外貨の供給）となります。

Point!

ですから，資金の流出とは，自国通貨売り（＝自国通貨の供給），外貨買い（＝外貨の需要）となります。

図表27－5 ●外国為替市場と国際収支

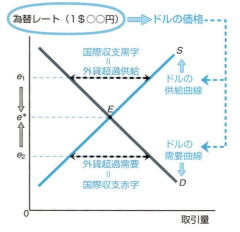

【2】貿易と為替レート
① フロー・アプローチ

貿易収支という場合，数量ではなく金額です。いま，自国通貨は円で貿易収支を円表示としましょう。たとえば，日本の貿易黒字により国際収支が黒字となり，円が上昇し，1＄＝200円から1＄＝100円に変動したとき（円高）を考えましょう。

このとき，外国からの輸入品は外国で1＄の価格がついていますが，1＄の製品は円単位では200円から100円に値下がりします。逆に，外国への輸出品は日本国内で200円の価格の製品が，ドル単位だと1＄から2＄に値上がりすることになります。すると，通常，輸出量が減少し輸入量が増加し，貿易黒字は減少し均衡に向かいます。

② Jカーブ効果

しかし，数量が変化しない短期では，輸出価格は先の例でいえば200円で変わらず，輸入価格は200円から100円に値下がりします。したがって，輸出・輸入ともに数量があまり変わらなければ，輸入価格下落による輸入額減少により貿易黒字はむしろ拡大してしまいます。

このように，**短期的には為替レートの変動により，かえって貿易収支不均衡が拡大する現象**をJカーブ効果といいます。

また，「Jカーブ効果」が発生しない外国為替市場の安定条件として，**輸入の価格弾力性と輸出の価格弾力性の和が1より大きい**というマーシャル＝ラーナーの安定条件があります。これは，正確に計算するのは非常に厄介なのですが，為替レートの変化による輸出品と輸入品の価格の変化に対し，輸出量と輸入量が十分に変化する条件であると理解しておいてください。

> 補 足
> 貿易収支＝輸出量（EX）×輸出価格（P_{ex}）－輸入量（IM）×輸入価格（P_{im}）です。

図表27－6 ●円高が貿易に与える影響

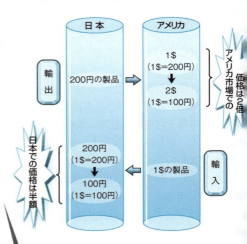

> 補 足
> 短期的には，物理的な商品製造時間，輸送時間や長期契約の存在などから貿易（輸出，輸入）の数量は変化しません。

> 補 足
> 縦軸に貿易収支，横軸に時間を取ると英語のJの文字のような曲線になるのでJカーブといいます。

【問題27-2】

次の文章を読んで，下記の設問に答えよ。

下図は，外国為替（ここではドル）の需要と供給を示している。一般に，外国為替の需要と供給は，国際間における貿易取引や資本取引によって発生するが，ここでは単純化して，貿易取引のみが行われていると考える。縦軸は為替レートを表し，上に進むほど円安・ドル高を意味する。横軸は外国為替の需要量・供給量を表す。いま，外国為替の需要曲線がD，供給曲線がSとして描かれている。

この場合，外国為替の需要と供給を均衡させる為替レートはE_0に決まり，貿易収支の均衡が実現する。しかし，①為替レートがE_1の水準に位置しているとき，貿易収支は黒字になる。したがって，為替レートは円高・ドル安の方向へと進み，E_0まで為替レートが調整されると，外国為替市場が均衡する。

ここでは，外国為替市場における需要と供給の関係に着目して為替レートの変動・決定を見たが，為替レートの決定理論には，②購買力平価説や金利平価説などがある。

Movie 178

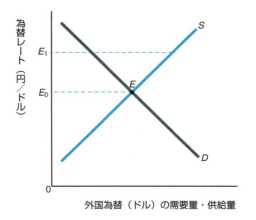

設問1

文中の下線部①に関して，貿易収支が黒字の場合，外国為替市場はどのような状況にあると考えられるか。最も適切なものを選べ。

ア　円の超過供給とドルの超過供給
イ　円の超過供給とドルの超過需要
ウ　円の超過需要とドルの超過供給
エ　円の超過需要とドルの超過需要

設問2

文中の下線部②に関して，購買力平価説に基づく為替レートの変動を説明したものとして，最も適切なものはどれか。

ア　他の条件を一定として，アメリカの所得水準が増加すると，為替レートは円安・ドル高になる。

イ　他の条件を一定として，アメリカの物価水準が上昇すると，為替レートは円安・ドル高になる。

ウ　他の条件を一定として，日本の所得水準が増加すると，為替レートは円安・ドル高になる。

エ　他の条件を一定として，日本の物価水準が上昇すると，為替レートは円安・ドル高になる。

（中小企業診断士）

（解答・解説）

（設問1）

縦軸は円／ドル（1ドル＝○○円）なので，ドルの価格です。ですから，問題文のDはドルの需要曲線，Sはドルの供給曲線です。為替レートE_1では供給の方が多いのでドルの超過供給です。ドルを売って円を買いたい人が多いということなので，円は超過需要となります。

正　解　ウ

（設問2）

購買力平価説に基づくと，日本の物価が上昇すると，1万円で買えるモノの量が減るので円の価値が低下し円安となります。

正　解　エ

Chapter 28
IS-LM-BP分析
―国際経済を考えると経済政策の効果が変わる!?―

Point

1 国際収支が均衡する国民所得と利子率の組み合わせの集合を*BP*曲線という。資本移動が完全に自由な場合には国際利子率で水平，資本移動がない場合にはある国民所得で垂直，資本移動が不完全な場合には右上がりとなる。

2 資本移動が完全に自由で変動相場制の場合，金融政策の効果はきわめて大きいが，財政政策は無効となる。

3 資本移動が完全に自由で固定相場制の場合，金融政策の効果は無効となるが，財政政策の効果はきわめて大きい。

Movie 179

難易度　C

出題可能性

国家一般職（旧Ⅱ種）	C
国税専門官	B
地方上級・市役所・特別区	B
国家総合職（旧Ⅰ種）	B
中小企業診断士	B
証券アナリスト	B
公認会計士	A
都庁など専門記述	A
不動産鑑定士	A
外務専門職	A

この章では，閉鎖経済のIS-LM分析を拡張し，海外をも考慮したIS-LM-BP分析を学びます。まず，BP曲線について学び，次に，変動相場制のときの経済政策の効果について学びます。そして，固定相場制のときの経済政策の効果について学び，変動相場制と固定相場制での経済政策の効果の違いについて理解します。

1. IS-LM-BP分析とは？

【1】単純化のための仮定

現実の国際経済は非常に複雑ですが，現実経済のままでは複雑過ぎて分析できませんので，仮定を置いて単純化したモデル（模型）を分析します。

① 労働市場は考慮しないので**物価は一定**とします。
② 自国通貨を円とし外国通貨はドルのみとし，**経常収支＝貿易収支**とします。
③ マーシャル＝ラーナーの安定条件を満たす，すなわち，円高は経常収支を悪化させ，円安は経常収支を改善させる。
④ 国際投資家は，現在の為替レートが今後も変化しないと期待するという**静態的為替レート期待を仮定**します。
⑤ **分析対象国は外国国民所得や国際利子率に影響を与えない小国とします〈小国の仮定〉**。
⑥ 外国の国民所得，国際利子率などの他の条件は一定とします。
⑦ *IS*曲線は右下がり，*LM*曲線は右上がりとします。

【2】*BP*曲線

*BP*曲線とは，**国際収支が均衡する国民所得（*Y*）と利子率（*r*）の組み合わせの集合**です。この*BP*曲線と*IS*曲線，*LM*曲線を使って，**3つの曲線の交点で財市場，貨幣市場，国際収支の3つが同時均衡する**ことになります。

*BP*曲線の形状は，**国際資本移動がどの程度自由であるかによってかわってきます**。そこで，①資本移動が完全に自由，②資本移動がない，③資本移動が不完全の3つの場合の*BP*曲線を考えましょう。

補足

サービス収支，第一次所得収支，第二次所得収支はないものとし，輸出と輸入だけを考えるということです。

用語

静態的為替レート期待とは，国際資本移動の担い手である国際投資家が為替レートは現状の水準が継続すると予想するという仮定です。この場合，利子率が高い国へと単純に資本を移動させることになります。しかし，現実には，為替レートは刻一刻と変動しており，為替レートは変わらないと予想して国際投資家が行動しているわけではなく，現実的ではない，という問題点もあります。にもかかわらず，この仮定をおくのは，現実経済を単純化し分析しやすくするためです。

理由

自国の利子率や国民所得の変化が外国に影響するとしてしまうと話が複雑になるからです。

用語

国際収支は英語でBalance of PaymentということからBP曲線と呼びます。

補足

復習

国境を越えた資金の移動をいいます。以下，単に資本移動と呼びます。

① 資本移動が完全に自由な場合

資本移動が完全に自由な場合，仮定④で静態的為替レート期待を仮定しているので，たとえば，図表28－1の点Aのように自国の利子率（r）がr_aと国際利子率（r_f）より高いと，高い利子率をめがけて世界中の資本（資金）が流入し国際収支は黒字となります。

反対に，点Bのように，自国の利子率（r）がr_bと国際利子率（r_f）より低いと，国内の資金が利子率の高い外国へと流出し，国際収支は赤字となります。

ですから，**国際収支が均衡するのは$r=r_f$のときなので，BP曲線は$r=r_f$で水平となり，BP曲線の上が黒字，下が赤字**となります（図表28－1）。

② 資本移動がない場合

資本移動はないので，金融収支がゼロとなり国際収支＝経常収支となります。また，仮定②より経常収支＝貿易収支＝輸出－輸入としているので，国際収支＝輸出－輸入となります。輸出は相手国の国民所得によるので一定とし，輸入＝mYとすると，経常収支（＝国際収支）は，Yが増加すると輸入が増えるので赤字化し，Yが減少すると輸入が減るので黒字化します。

ここで，ある国民所得水準Y^*で経常収支＝国際収支＝0と均衡するとします。すると，$Y>Y^*$ならば，輸入が増加し，経常収支＝国際収支＜0となり赤字，$Y<Y^*$ならば，輸入が減少し，経常収支＝国際収支＞0となり黒字，となります。

したがって，BP曲線は$Y=Y^*$で垂直となり，右側がBP＜0（赤字），左側がBP＞0（黒字）となります。

> **用語**
>
> 国際利子率は外国利子率，世界利子率ということもあり，foreign, world, internationalからrf, rw, riと表記されることが多いようです。

図表28－1 ● BP曲線①
（資本移動が完全に自由のケース）

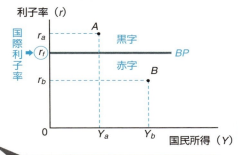

> **補足**
>
> 資本移動はないので，金融収支は常にゼロです。国際収支＝経常収支－金融収支ですが，金融収支がゼロなので，国際収支＝経常収支となります。

図表28－2 ● BP曲線②
（資本移動がないケース）

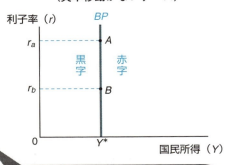

> **補足**
>
> $Y=Y^*$であれば，利子率にかかわらず（r_aでもr_bでも）国際収支が均衡します。

③ **資本移動が不完全な場合**

たとえば，図表28-3の点A（Y_0, r_0）で国際収支が均衡していたとしましょう。点Aから国民所得がY_1に増加し点A′となると，国民所得の増加にともない輸入が増加するので経常収支が赤字化し，その分国際収支が赤字となります。利子率がr_0からr_1へ少し上がれば外国から資本が流入し金融収支がある程度黒字化するので，経常収支の赤字を穴埋めし国際収支を均衡させることができます（点B）。

この国際収支が均衡する点AとBを結んだものがBP曲線となり，右上がりとなります。

なお，BP曲線の右下側は利子率が低いので資本が流出し赤字（あるいは，国民所得が多いので輸入が多く赤字）となります。BP曲線の左上側は利子率が高いので資本が流入し黒字，（あるいは，国民所得が少ないので輸入が少なく黒字）となります。

> ▶▶ **徹底解説** ◀◀
>
> 資本移動が不完全とは資本移動がないわけではないので，高い利子率へと資金が流入します。しかし，資本移動が不完全で完全に自由ではないためある程度しか資金は入ってきませんので，ある程度しか黒字化しません。この点が，「①資本移動が完全に自由な場合」であれば，利子率が高いと大量の資金が世界中から入ってくるのとの違いです。

図表28-3 ● BP曲線③
（資本移動が不完全なケース）

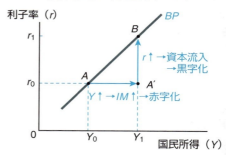

2. IS-LM-BP均衡

Movie 181

それでは，一番取り上げられることが多い①資本移動が完全に自由な場合，つまり，BP曲線が国際利子率（r_f）で水平となるケースを図表28-4に描きます。

経済はIS曲線，LM曲線，BP曲線の交点Eとなり，国民所得はY_e，利子率はr_fとなります。このとき，財市場，貨幣市場，国際収支が同時均衡します。

それでは，IS-LM-BP均衡を求める計算問題を解いてみましょう。

図表28-4 ● IS-LM-BP均衡

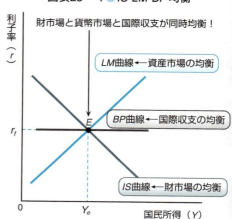

【問題28-1】

次のモデルで表される経済を考える。

Movie 182

$$Y = C + I + G + X$$
$$C = 200 + 0.8 Y_D \qquad r = r^* = 0.1$$
$$I = 500 - 1,000r \qquad L = (0.6Y - 2,000r)P$$
$$X = 150 - 0.1Y + 100e\frac{P^*}{P} \qquad Y_D = (1 - 0.25)Y$$

ただし、$P = P^* = 1$, $G = 200$, $M = 1,000$とする。

Y：国民所得、C：消費、I：投資、G：政府支出、X：経常収支、
Y_D：可処分所得、e：為替レート、P：国内物価水準、P^*：外国物価水準、
r：国内利子率、r^*：外国利子率、L：貨幣需要量、M：貨幣供給量

このとき、政府支出Gが100増加したときの均衡国民所得を求めよ。

1. 1,800
2. 2,000
3. 2,200
4. 2,400
5. 3,000

（国家Ⅱ種）

計算に必要な知識

IS-LM-BPモデル（変動相場制／資本移動が完全に自由）

補足
IS-LM-BPモデルで変動相場制、資本移動が完全に自由なケースをマンデル＝フレミングモデルと呼びます。

鉄則13　マンデル＝フレミングモデルの均衡の計算

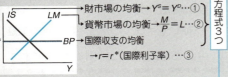

Point!
未知数がY, r, eの3つで方程式が3つなので解くことができます。

戦 略

Step 1 問題文からマンデル＝フレミングモデルであることを確認します。

Step 2 鉄則13を用いて均衡を計算します。

計 算

Step 1 モデルの確認

$Y=C+I+G+X$ ────→ 財市場の均衡（IS）

$C=200+0.8Y^D$

$I=500-1,000r$ ──→ 経常収支→閉鎖経済ではない

$X=150-0.1Y+100e\dfrac{P*}{P}$ ────────→ IS-LM-BP

$r=r*=0.1$ ────────→ 国際収支の均衡条件（BP）

$L=(0.6Y-2,000r)P$ ──→ 貨幣市場の均衡（LM）

$Y^D=(1-0.25)Y$

$P=P*=1$，$G=200+100=300$，$M=1,000$

以上の問題文中の式から IS-LM-BPモデル であることがわかります。

そして，国際収支の均衡条件が　　　　　　為替レート$e=200$のように
　　　　　　$r=r*$　　　　　　　　　　定数にしていない→eは変数

⬇　　　　　　　　　　　　　　　　⬇

国際資本移動は完全に自由　　　　　変動相場制

マンデル＝フレミングモデル ←

Step 2 均衡の計算

(1) 国際収支の均衡

$$r=r*=\boxed{0.1}$$

(2) 貨幣市場の均衡

$$L=(0.6Y-2,000r)P$$

$$\dfrac{L}{P}=\boxed{0.6Y-2,000r}$$

$$\dfrac{M}{P}=\dfrac{L}{P}$$

$$\dfrac{1,000}{1}=0.6Y-2,000r$$

$$0.6Y=1,000+2,000r$$

$$=1,000+2,000\times\boxed{0.1}$$

$$=1,200$$

$$Y=\dfrac{1,200}{0.6}=2,000$$

落とし穴

物価（P）がかかっていることからLは名目貨幣需要です。

通常，$\dfrac{M}{P}=L$という場合，実質貨幣供給量（$\dfrac{M}{P}$）と等しくなるLは実質貨幣需要です。

正 解　2

3. 経済政策の効果①
(資本移動が完全に自由,変動相場制)

Movie 183

それでは,IS曲線,LM曲線,BP曲線を使って金融政策と財政政策の効果を考えます。

なお,資本移動は完全に自由で,かつ,変動相場制を仮定します。

【1】金融政策の効果

まず,当初の経済は,図表28－5の点Eだったとします。

今,中央銀行が名目貨幣供給量を増加させる金融緩和策を行い,LM曲線が右シフトし,LMからLM'になったとします(①)。その結果,経済は点E'となり,利子率は低下し(r_f→r_1),国民所得は増加します($Y_0→Y_1$)。閉鎖経済のIS-LM分析であれば,ここで終わりです。しかし,海外をも考えているIS-LM-BP分析では,この後があります。

点E'では国内利子率はr_1で国際利子率r_fよりも低くなっています。すると,利子率が高い方が儲かりますから,日本の資金は利子率の高い海外へと流出します。日本の円を売ってドルに換えてから海外へと流出するので,円売りドル買いとなり,円安ドル高となります。円安ドル高は輸出を増やし輸入を減らすので,財市場における総需要を増加させIS曲線を右シフトさせます(②)。国内の利子率(r)が$r<r_f$である限り資本は流出しこのプロセスは続き,ISがIS'までシフトすると$r=r_f$となり均衡します。したがって,経済は点E''(Y_2, r_f)で均衡します。

以上より,閉鎖経済に比べ,変動相場制で国際資本移動が完全に自由のケースでは,金融政策の効果はより大きいことがわかります。

> **用語**
> IS曲線,LM曲線,BP曲線を使った分析をIS-LM-BP分析といいます。

> **用語**
> 資本移動は完全に自由で,かつ,変動相場制のIS-LM-BP分析をマンデル＝フレミングモデルといいます。

> **補足**
> これを次のように言いかえることもできます。点E'ではBP曲線の下側ですので国際収支が赤字であり,円が超過供給(ドルが超過需要)となっているので円安ドル高となります。

図表28－5 ● 金融政策の効果
(資本移動完全に自由,変動相場制)

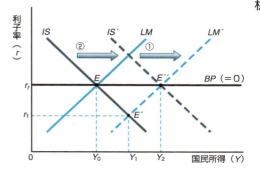

【2】財政政策の効果

まず，当初の経済は，図表28-6の点Eだったとします。

今，拡張的財政政策を行いISをIS′へシフトさせる（①）と，図表28-6において，経済は点E′となり，利子率は上昇し（$r_f→r_1$），国民所得は増加します（$Y_0→Y_1$）。閉鎖経済のIS-LM分析であれば，ここで終わりです。しかし，海外をも考えているIS-LM-BP分析では，この後があります。

点E′では国内利子率はr_1で国際利子率（r_f）よりも高くなっています。すると利子率が高いほうが儲かりますから，世界中の資金が利子率の高い日本に入ってきます。外国の資金はドルですから，ドルを売って円を買うと，日本にドルが流入するので，ドル安円高となります。円高は輸出（EX）を減らし，ドル安は輸入（IM）を増やすので，財市場における総需要（$Y_D=C+I+G+EX-IM$）は減少し，IS曲線を左シフトさせます（②）。$r>r_f$である限り資本は流入しこのプロセスは続き，IS′がISまで戻ると$r=r_f$となり均衡します。

したがって，経済は点E（Y_0, r_f）に戻ってしまいます。

以上より，変動相場制で国際資本移動が完全に自由のケースでは，財政政策は無効となることがわかります。

➕ 補足

これを次のように言いかえることもできます。点E′ではBP曲線の上側であるので国際収支が黒字であり円の超過需要（ドルの超過供給）なので円高ドル安となります。

図表28-6 ●財政政策の効果
（資本移動完全に自由，変動相場制）

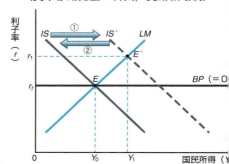

💀 落とし穴

世界中の「資金が流入する」ので「貨幣供給量が増えLMが右シフトする。」と間違える人がいます。しかし，「資金が流入」といっても海外に円があってその円が国内に入ってくるというわけではありませんから国内の貨幣供給量が増えるわけではないのです。

〈変動相場制・資本移動が完全に自由なケース〉
金融政策はきわめて有効，財政政策は無効

4. 経済政策の効果②
(資本移動が完全に自由，固定相場制)

Movie 184

それでは今度は，資本移動は完全に自由ですが，固定相場制のケースを考えましょう。

【1】 金融政策の効果

図表28－7において，金融緩和策を行いLMをLM'へシフトさせる（①）と，経済は点E'となり，利子率は低下し（$r_f \to r_1$），国民所得は増加します（$Y_0 \to Y_1$）。

点E'では国内利子率はr_1で国際利子率r_fよりも低くなっています。すると，利子率が高い方が儲かりますから，**日本の資金は利子率の高い海外へと流出します。日本の円を売ってドルに換えてから海外へと流出するので，円売りドル買いとなり，円安ドル高となってしまいます。**変動相場制であれば，円安は輸出を増やし輸入を減らすので，財市場における総需要を増加させIS曲線を右シフトさせ金融政策の効果をきわめて大きなものとします。

しかし，ここでは，**固定相場制ですから，中央銀行は円安ドル高を防ぎ，為替レートを一定に保つために，円買いドル売り介入をします。**中央銀行が円を買うということは，市中の円が中央銀行の金庫に入ってしまうので，**中央銀行が不胎化政策をとらない限り円のハイパワード・マネーは減少し，LM曲線は左にシフトします（②）。**

結局，国内の利子率rが$r < r_f$である限り資本は流出し，このプロセスは続き，LM'がLMに戻るまで左シフトし，最終的には，元の点Eに戻り，$r = r_f$となり均衡します。

したがって，固定相場制で資本移動が完全に自由なケースでは，金融政策は無効となります。

図表28－7 ● 金融政策の効果
（資本移動完全に自由，固定相場制）

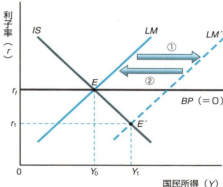

落とし穴

「日本の資金が海外へ流出し，貨幣供給量が減りLM曲線が左（上）シフトする」と間違える人がいます。しかし，「資金が海外に流出」といっても円のまま海外に出るのではないので国内の貨幣供給量は変わりません。

Point!

1＄＝○○円と宣言したからといって，外国為替レートを固定しつづけることはできません。中央銀行が外国為替レートの変動を打ち消すように，徹底的に介入を行う必要があるのです。

【2】 財政政策の効果

図表28－8において、拡張的財政政策を行いISをIS'へシフトさせる（①）と、経済は点E'となり、利子率は上昇し（$r_f \to r_1$）、国民所得は増加します（$Y_0 \to Y_1$）。しかし、**点E'では国内利子率はr_1で国際利子率よりも高くなっています。**すると、利子率が高い方が儲かりますから、**世界中の資金が利子率の高い日本に入ってきます。外国の資金はドルですから、ドルを売って円を買うと、日本にドルが流入するのでドル安円高となります。**

変動相場制であれば、円高は輸出減少、輸入増加となり、IS曲線を左シフトさせます。**しかし、固定相場制では、中央銀行は介入義務を負うので、円高になるのを防止するため、円売りドル買い介入を行います。その結果、中央銀行が不胎化政策をとらない限りハイパワード・マネーが増加し、LM曲線も右シフトします（②）。**

結局、国内の利子率rが$r > r_f$である限り資本は流入し、このプロセスは続き、LMがLM'まで右シフトし、最終的には、$r = r_f$となる点E''で均衡します。

したがって、固定相場制で資本移動が完全に自由なケースでは、経済は点E''（Y_2, r_f）となり、財政政策はきわめて有効となります。

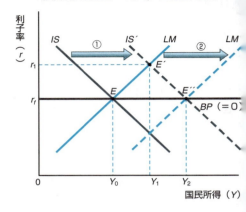

図表28－8 ● 財政政策の効果
（資本移動完全に自由，固定相場制）

〈固定相場制・資本移動が完全に自由なケース〉
金融政策は無効，財政政策はきわめて有効

このように、固定相場制の経済政策の効果は、変動相場制の場合の経済政策の効果（金融政策はきわめて有効，財政政策は無効）とは反対の結論となります。これを図表28－9に整理しましょう。

図表28－9 ● 経済政策の効果
（資本が完全に自由な場合）

	変動相場制	固定相場制
金融政策	きわめて有効	無　効
財政政策	無　効	きわめて有効

【問題28−2】（過去トレ・マクロ p.89 問題6−5より）

図は，変動相場制において，資本移動が完全に自由である小国の仮定の下でのマンデル＝フレミング・モデルを模式的に表したものである。これに関する次の記述のうち，妥当なのはどれか。

なお，図中の点Eは財政金融政策が発動される前の均衡点である。

Movie 185

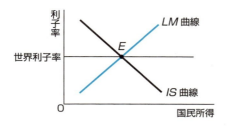

1．拡張的な財政政策が実施されると，IS曲線は上方にシフトするとともに，為替レートの減価によって投資が増加するため，IS曲線はさらに上方にシフトする。
2．拡張的な財政政策が実施されると，IS曲線は上方にシフトするが，為替レートの減価によって貨幣需要が減少するため，IS曲線は元の位置にまで下方にシフトする。
3．拡張的な財政政策が実施されると，IS曲線は上方にシフトするが，為替レートの増価によって貿易・サービス収支が悪化するため，IS曲線は元の位置にまで下方にシフトする。
4．拡張的な金融政策が実施されると，LM曲線は下方にシフトするが，為替レートの増価によって投資が減少するため，LM曲線は元の位置にまで上方にシフトする。
5．拡張的な金融政策が実施されると，LM曲線は下方にシフトするが，為替レートの増価によって貨幣需要が増加するため，LM曲線はさらに下方にシフトする。

（国税専門官）

（解答・解説）

拡張的財政政策によってIS曲線が右シフトすると利子率が上昇し投資家は利子率の低い外貨を売って利子率の高い自国通貨を買うので自国通貨高，すなわち，為替レートは増価します。その結果輸出が減少し輸入が増加することによってIS曲線は左（下）シフトし結局元のIS曲線に戻ってしまいます。したがって1，2は誤りで3が妥当。

拡張的金融政策によってLM曲線が下方シフトすると利子率が低下し投資家は利子率の低い自国通貨を売って利子率の高い外国通貨を買うので自国通貨安外国通貨高，すなわち，為替レートは減価します。その結果，輸出が増加し輸入が減少することによってIS曲線が右（上）シフトします。したがって4，5は誤りです。

正 解　3

それでは，もう一問，論文問題について，どのような構成で答案を書くのかを考えましょう。

【問題28－3】

開放経済下における不況対策について説明しなさい。

（外務専門職）

Movie 186

（参考答案）

1. 「不況対策」とは，不況時に行う総需要拡大策，すなわち，金融緩和策と拡張的財政政策であると定義する。

2. 分析にはIS-LM-BP分析を用いる。IS-LM-BP分析とは，財市場の均衡するIS曲線，貨幣市場の均衡するLM曲線，および国際収支が均衡するBP曲線を用いて，財市場，貨幣市場，国際収支の３つの同時均衡を求める分析方法である。

3. 分析に際して以下の仮定をおく。①変動相場制，②資本移動は完全に自由。③物価一定。④分析対象国は小国。⑤単純化のため，自国通貨を円とし，経常収支＝貿易収支とする。⑥マーシャル＝ラーナーの安定条件を満たす。⑦静態的為替レート期待。⑧IS曲線は右下がり，LM曲線は右上がり。

4. 仮定②，仮定⑦より，自国の利子率（r）が国際利子率（r_f）より高いと，資本が流入し国際収支は黒字となり，自国の利子率（r）が国際利子率（r_f）より低いと，資本が流出し国際収支は赤字となる。したがって，国際収支が均衡するのは$r = r_f$のときであり，BP曲線は$r = r_f$で水平となる（〈図１〉）。

5. 当初，経済が〈図１〉，〈図２〉において，IS，LM，BPの３つの曲線の交点であるEにおいて財市場，貨幣市場，国際収支が同時均衡していたとする。

6. (1) 金融緩和政策を行いLMをLM'へシフトさせると，〈図１〉において，経済は点E'となり，利子率は低下し（$r_f \to r_1$），国民所得は増加する（$Y_0 \to Y_1$）。しかし，点E'ではBP曲線の下側であるので国際収支が赤字であり，円安となる。円安は輸出を増やし輸入を減らすので，財市場における総需要を増加させIS曲線を右シフトさせる。$r < r_f$である限り資本は流出し，このプロセスは続き，ISがIS'までシフトすると$r = r_f$となり均衡する。したがって，経済は点E''（Y_2，r_f）となり，金融緩和策はきわめて有効である。

   (2) 次に，拡張的財政政策を行いISをIS'へシフトさせると，〈図２〉において，経済は点E'となり，利子率は上昇し（$r_f \to r_2$），国民所得は増加する（$Y_0 \to Y_1$）。しかし，点E'ではBP曲線の上側であるので国際収支が黒字であり円高となる。円高は輸出を減らし輸入を増やすので，財市場における総需要を減少させIS曲線を左シフトさせる。$r > r_f$である限り資本は流入し，このプロセスは続き，IS'がISまで戻ると$r = r_f$となり均衡する。したがって，経済は点E（Y_0，r_f）に戻ってしまい，財政政策は無効となる。

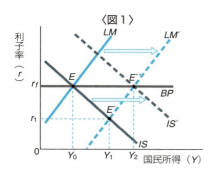 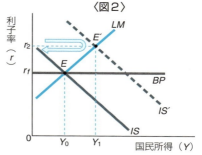

〈図1〉　〈図2〉

7．次に，仮定①を修正し，固定相場制で資本移動が完全に自由の場合を考える。
(1) 金融緩和策を行うと利子率が低下する結果，資本が流出し円安圧力がかかり，中央銀行は，為替レートを固定するために円買いドル売り介入を行う結果，ハイパワード・マネーが減少し金融緩和効果を相殺してしまい，金融政策は無効となる。
(2) 拡張的財政政策を行うと，利子率が上昇し資本流入により円高圧力がかかり中央銀行が円売りドル買い介入を行う結果，ハイパワード・マネーが増加し，財政政策はきわめて有効となる。

8．資本移動が完全に自由の場合，変動相場制では金融政策は有効，財政政策は無効，固定相場制では，金融政策は無効で，財政政策は有効となる。

以上

テクニック Technique

時間がない場合や紙面に制約がある場合にはこの部分は割愛（省略）して，時間内に答案を書き上げるようにしましょう。

MEMO

Chapter 29
消　費
―人は老後も考えて消費する!?―

Point

1 $C=a+bY$というケインズ型消費関数は短期では当てはまるが，長期では$C=0.9Y$というクズネッツ型消費関数が当てはまる。この短期と長期の消費関数を整合的に説明するためにマクロ消費理論が誕生した。

2 ライフサイクル仮説は一生涯で使える金額と消費がバランスする（生涯消費＝生涯所得＋資産）ように消費すると考える。

3 恒常所得仮説は，現在の所得ではなく，恒常所得（長期平均所得）によって消費は決まると考える。

4 相対所得仮説は，消費は現在のその人の所得によってのみ決まるのではなく，過去の自分の消費や現在の他人の消費の影響も受けると考える。

Movie 187

難易度　A

出題可能性

国家一般職（旧Ⅱ種）	A
国税専門官	A
地方上級・市役所・特別区	A
国家総合職（旧Ⅰ種）	A
中小企業診断士	B
証券アナリスト	B
公認会計士	B
都庁など専門記述	A
不動産鑑定士	B
外務専門職	B

　この章では，一国の消費量がどのように決まるのかというマクロ消費理論を学びます。マクロ消費理論とわざわざ「マクロ」がついているのは，ミクロ経済学で学ぶ消費理論と区別するためです。

　マクロ消費理論といえば，既にケインズ型消費関数を学んでいますが，その後の調査によって，ケインズ型消費関数は短期では当てはまるが長期では当てはまらないことがわかりました。

　そこで，短期と長期の消費について説明する理論が次々と登場しました。これらをマクロ消費理論といい，代表的な3つの理論であるライフサイクル仮説，恒常所得仮説，相対所得仮説（以上を三大仮説といいます）を学びます。そして，これらの三大仮説を評価し，最後に，これらの理論を使って，日本の貯蓄率が急速に低下している原因，バブル崩壊によって消費が落ち込んだ理由を考えます。

323

1. マクロ消費論争—短期と長期では違う!?—

Movie 188

【1】ケインズ型消費関数

ケインズは消費（C）を国民所得（Y）の関数と考え，

$C = a + bY$

（a, bは定数，$a > 0$, $0 < b < 1$）

としました。

> **用語**
> ケインズ型消費関数と呼ばれます。

【2】クズネッツ型消費関数

しかし，クズネッツが過去の長期間にわたり国民所得（Y）と消費量との関係を調べた結果，

$C = 0.9Y$

という調査結果が出てきました。

> **用語**
> クズネッツ型消費関数と呼ばれます。

> **補足**
> 同時代において，所得階層別にとった消費データのようなデータはクロス・セクションデータと呼ばれ，時間と共に消費量がどのように変化したかというようなデータ（時系列データ）とは区別されます。

【3】マクロ消費論争

現実経済を調べると，**長期では**クズネッツが調べたように**クズネッツ型消費関数**となりますが，**数年という短期や，同時代の所得階層による消費量はケインズ型消費関数が当てはまる**ことがわかりました。

> 現実経済 → 短期—ケインズ型消費関数
> → 長期—クズネッツ型消費関数

そこで，短期と長期でなぜ消費関数が異なるかという点について論争が起こりました。この論争では，相対所得仮説・ライフサイクル仮説・恒常所得仮説が有力です。

それぞれの仮説が，短期ではケインズ型となり長期ではクズネッツ型となることをいかに矛盾なく説明しているのかが第1のポイントです。そして，現実に私たちの消費行動をいかにうまく説明しているかが第2のポイントとなります。

図表29-1 ● 短期と長期の消費関数

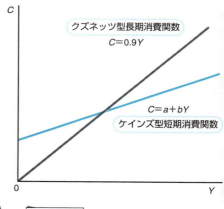

> **用語**
> マクロ消費論争といいます。

> **用語**
> これら3つを三大仮説といいます。

2. ライフサイクル仮説

Movie 189

【1】内　容

ライフサイクル仮説とは，消費量はケインズのいうように現在のその人の所得そのものによってのみ決まるものではなく，**一生涯で使える金額と消費がバランスする（生涯消費＝生涯所得＋資産）ように消費する**という考えです。

> **補　足**
> アンドウとモジリアニ，ブランバーグの考えです。

現在から死亡時までの年数をT，現在から退職までの年数をt年，年間所得をY，初期保有資産をW，年間消費をCとします。

> **補　足**
> もし，それ以上のペースで消費すると途中で資金不足となって老後に困ってしまいます。

なお，単純化のため，
① 利子率はゼロとし，
② 退職および死亡の時期についての不確実性はない，
③ 年間所得Yは退職時まで一定，退職後はゼロ，
④ 年間消費Cも死亡時まで一定，
⑤ 遺産は残さない，と仮定します。

> **補　足**
> この仮定によって，時間差による割引現在価値などを考えなくてよいことになります。

図表29－2　ライフサイクル仮説

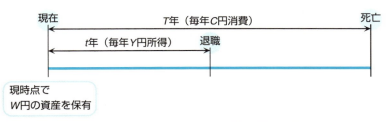

一生涯に使えるのは，$W+tY$　＝　一生涯に消費するのは，CT

一生涯で使える金額は，生涯所得＋初期保有資産ですから，$tY+W$です。一方，一生涯の消費はTCです。この両者がバランスするように消費するのですから，

$$tY+W=TC$$

となります。したがって，1年間の消費（C）は，

$$C = \frac{W}{T} + \frac{t}{T}Y \quad \langle\text{ライフサイクル仮説}\rangle$$

【2】短期と長期の整合的説明

短期では通常,資産（価値）Wはそれほど変動しませんので一定とします。

したがって,

$$C = \frac{W}{T} + \frac{t}{T}Y$$

のうち, $\frac{W}{T}$は一定ですのでaとし$\frac{t}{T}$も一定ですのでbとします。すると,

$$C = a + bY$$

となり,短期のケインズ型消費関数が得られます。

しかし**長期では**資産WはYが増加すると,時間をかけてWも増えていくでしょう。そこで,

W = fY（fは定数で, f > 0）

という単純な関係を仮定します。

すると,

$$C = \frac{W}{T} + \frac{t}{T}Y$$

$$= \frac{(fY)}{T} + \frac{t}{T}Y$$

$$= \frac{f+t}{T}Y$$

となり, $\frac{f+t}{T} = 0.9$とすると, 0.9Yとなり,

長期のクズネッツ型消費関数C = 0.9Yになります。

補足

「通常」とは,バブルによる資産（価値）の短期的大幅上昇や,バブル崩壊による資産（価値）の短期的大幅下落がないという意味です。バブルとその崩壊という特殊ケースは,後ほど分析します。

補足

ここでは, Tは現在から死亡時までの年数, tは現在から退職までの年数なので,決まっており一定です。

Point!

資産（W）が短期では定数なのでケインズ型消費関数の定数（a）があり,長期ではYによって変化するのでfYとすることによって定数（a）がなくなりクズネッツ型消費関数となるのです。

【問題29-1】

ある個人が，ライフサイクル仮説に従って消費と貯蓄の計画を立てるものとする。この個人の稼得期間は25年間であり，この間は毎年400万円の所得がある一方，引退期間は15年間であり，この間は所得がない。また，この個人は稼得期1年目の当初に貯蓄を800万円有している。この個人が生涯にわたって毎年同じ額の消費を行うとき，稼得期1年目の新規の貯蓄額はいくらか。

なお，利子率は0であり，死後に財産を残さないものとする。

Movie 190

1. 130万円
2. 150万円
3. 230万円
4. 250万円
5. 330万円

（国家Ⅱ種）

〈解説・解答〉

個人の一生涯の所得は400万円×25年間＝10,000万円。また，800万円の貯蓄残高があるので，一生涯で使える金額は，10,000万円＋800万円＝10,800万円……①

一方，毎年の消費（C）は，稼得期間と引退期間にわたって行うので，25年間＋15年間＝40年間行います。ですから，一生涯での消費額は40年間×C万円＝40C万円……②

ライフサイクル仮説では，生涯で使える金額①＝生涯での消費額②となるように年間消費額（C）を決定するので，

$$40C = 10,800$$

よって，　　　　　$C = \dfrac{10,800}{40} = 270$（万円）

ところで，求められているのは消費ではなく1年目の貯蓄です。貯蓄＝所得－消費なので，1年目の所得は400万円なので，

貯蓄＝所得（400万円）－消費（270万円）＝130万円

正　解　1

なお，この問題文の貯蓄の記述は，フローとストックの混同が見られます。たとえば，「1年目の当初に貯蓄を800万円有している」とありますが，1年目の当初（ある一時点）での存在量ですからストックであり貯蓄残高と呼ぶのが正確です。また，「稼得期1年目の新規の貯蓄額」とありますが，貯蓄とは一定期間の貯蓄残高の変化量（増加量または減少量）なので，新規という言葉を使うことも適切ではありません。おそらく，この問題文は，経済学の専門用語ではなく，通常の用語としての貯蓄という意味で問題文を作ったのだと思います。

Chapter 29 消費

3. 恒常所得仮説

Movie 191

【1】内　容

恒常所得仮説とは，**消費量**はケインズのいうように現在の所得によって決まるのではなく，**恒常所得（長期平均所得）によって決まるという考え**です。

現在の所得をYとすると，Yは恒常所得（Y_p）と短期的に変動する変動所得（Y_T）から成り立っています（$Y=Y_p+Y_T$）。

景気がよいときは現在の所得Yは長期平均所得Y_pより大きくなるので，Y_Tはプラスです。しかし，景気が悪いと現在の所得Yは長期平均所得である恒常所得（Y_p）より小さくなるのでY_Tはマイナスになります。

補　足

マネタリストの大御所**フリードマン**の考えです。

略　語

pはpermanent「永久の，恒久的な」，Tはtransitory，「臨時の」の略です。

【2】短期と長期の整合的説明

消費は，恒常所得によって決まるので，消費関数は$C=0.9Y_p$であるとします。

たとえば，図表29－3で現在の国民所得がY_0からY_1へ増加した場合を考えましょう。長期では長期平均所得である恒常所得も変化するので，すんなりと$C=0.9Y$に沿って点BのC_bへ消費は増加します（$C_a \to C_b$）。

ところが，短期では，長期平均所得である恒常所得（Y_p）は現在の所得（Y）ほどには増加せず，消費量もC_bほどには消費は増えず，$C_a \to C_c$までしか増えません（点C）。

次に現在の所得がY_0からY_2に減少した場合を考えましょう。長期では$C=0.9Y$に沿って点DのC_dへ消費量は減少しますが，短期では長期平均所得はさほど減らないので，$C_a \to C_e$までしか減少しません（点E）。

以上により，長期の消費関数はDABを結んだクズネッツ型消費関数$C=0.9Y$となり，短期の消費関数はEACを結んだ$C=a+bY$と

図表29－3 ●恒常所得仮説

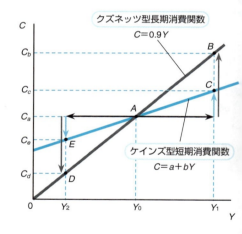

いうケインズ型消費関数になります。

【3】ライフサイクル仮説との関係

恒常所得を一生涯での長期平均所得と考えると，結局，一生涯での所得を考えて消費を行うと考えるので恒常所得仮説はライフサイクル仮説に近いものとなります。

4. 相対所得仮説

Movie 192

【1】内　容

相対所得仮説とは，消費量はケインズのいうように現在のその人の所得そのものによってのみ決まるのではなくて，過去の自分の消費や現在の他人の消費の影響も受けるという考えです。

補　足
デューゼンベリーの考えです。

補　足
これを絶対所得といいます。

【2】短期と長期の整合的説明

① 過去の自分の消費に影響される

まず，長期においては$C=0.9Y$とクズネッツ型消費関数が成立するとします。しかし，消費は急には大きく変動しません。

たとえば，図表29－4で，国民所得がY_0からY_1に減少した場合を説明すると次のようになります。

長期では$C=0.9Y$に沿って点BのC_bへ消費量は減少しますが，短期では，$C_0 \to C_c$（点C）までしか減少しません。そうすると，長期の消費関数はABを結んだ$C=0.9Y$となり，短期の消費関数はACを結んだ$C=a+bY$というケインズ型消費関数になります。

② 周囲の消費量の影響を受ける

今度は周囲の人の消費量の変化がすぐにはわからないということから，短期と長期の消費関数を説明します。

たとえば，国民所得がY_0からY_1に減少した場合，短期では周囲の人が消費を減らしていることに気づかないので自分だけ消費を大きく減らすわけにもいかず，$C_0 \to C_c$（点C）と少ししか消費が減少しません。ですから，短期の消費関数はACとなります。

ところが，長期では周囲も消費を減らしていることに気づき，$C=0.9Y$に沿って点BのC_bまで消費量は減少します。

理　由
短期においては所得が変動しても消費習慣は急にはそれほど変えられない，長期契約で消費を減らせない等の理由が考えられます。

用　語
このように，短期的に所得が減っても，急には消費がそれほど減少しないことを，歯止め効果（ラチェット効果）といいます。

図表29－4 ● 相対所得仮説

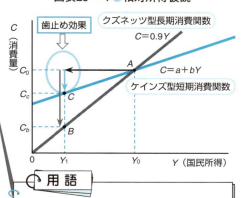

用　語
個人の消費量は自分の所得だけではなく，他人の消費水準の影響も受けることをデモンストレーション効果といいます。

5. 三大仮説のどれが正しいか？

いずれの仮説も長期と短期の消費関数を整合的に説明しています。次のポイントは現実経済を説明できるかです。

【1】 ライフサイクル仮説

私たちは老後（退職後）のことを考えて貯蓄をします。ということは，在職中は，その分消費は減らしています。したがって，ライフサイクル仮説が言うように一生涯を考えての消費というのも納得できます。

【2】 恒常所得仮説

不況で所得が減ってもそれが一時的で長期平均所得は変わらないと思えば，それほど消費は減らさないでしょう。その意味で恒常所得仮説も納得できます。この長期平均所得を一生涯での所得の平均と見れば一生涯の所得全体で考えるライフサイクル仮説とはほぼ同じことになります。

【3】 相対所得仮説

確かに私たちには自分の所得だけで消費を決めるのではなく周囲の人の消費を気にして消費をしているようです。また，過去の自分の消費行動も急には変えられないようです。したがって，相対所得仮説は現実を言い当てている部分があるといえます。

【4】 結　　論

結局，三大仮説とも現実の私たちの消費行動を言い当てている面があります。私たちの消費行動は三大仮説のいずれもが指摘するように多面的で複雑なものであるということができるでしょう。したがって，三大仮説はどれが正しいというのではなく，いずれももっともな面があるので，両立すると考えるべきでしょう。

それでは，次に，マクロ消費理論の諸学説に関する問題を解いてみましょう。

【問題29－2】
消費関数の理論に関する記述として，妥当なのはどれか。

1. クズネッツは，アメリカの長期データを用いて所得と消費の関係を調べ，所得が時間の経過と共に増加すると平均消費性向は低下するとした。
2. ケインズは，消費者は一定の消費習慣を持っていると主張し，現在の消費水準は，現在の所得水準のみならず過去の最高所得水準にも依存するとした。
3. フリードマンは，所得を定期的に受け取ることが確実な恒常所得と臨時的に得られる変動所得とに分け，消費は変動所得に依存して決まるとした。
4. トービンは，消費は所得だけではなく流動資産に依存すると主張し，所得に占める流動資産の割合が変化することにより，平均消費性向も変化するとした。
5. デューゼンベリーは，個人の消費行動は，今期の所得によって決められるのではなく，その個人の生涯所得の大きさによって決められるとした。

（特別区）

〔解説・解答〕

　トービンの流動資産仮説は三大仮説ではない理論です。流動資産仮説を知らなくても，他の４つの選択肢が三大仮説の知識でわかりますから，三大仮説の知識だけで解くことができる問題です。ちなみに，トービンの流動資産仮説とは，消費は現在の所得（Y）だけでなく，流動資産（現金や定期預金など換金しやすい資産）にも依存するというもので，消費関数は
　　$C=fM+bY$（f，bは正の定数，Mは流動資産）
となります。後は，ライフサイクル仮説同様に，短期ではMは定数なのでfMが定数となり，これをaとすると$C=a+bY$でケインズ型消費関数となります。長期では，Mは所得によって変わるので$M=gY$とすると，$C=f(gY)+bY=(fg+b)Y$となり，$fg+b$を0.9とすると，$C=0.9Y$となり，クズネッツ型消費関数となります。

1．× 　クズネッツ型消費関数は$C=0.9Y$なので，平均消費性向$\frac{C}{Y}=0.9$で一定なので誤りです。
2．× 　ケインズではなくデューゼンベリーの相対所得仮説の内容なので誤りです。
3．× 　フリードマンは消費は変動所得ではなく恒常所得に依存するとしたので誤りです。
5．× 　選択肢の内容はライフサイクル仮説なので考案者はデューゼンベリーではなくアンドウ，モジリアニ，ブランバーグですから誤りです。

以上より，消去法で選択肢４が正解とわかります。
　ちなみに，選択肢４を解説すると，流動資産仮説の消費関数 $C=fM+bY$ をYで割ると，
$$\frac{C}{Y}=\frac{fM}{Y}+b$$
$$=f\frac{M}{Y}+b$$
となり，平均消費性向（$\frac{C}{Y}$）は所得に占める流動資産の割合（$\frac{M}{Y}$）によって変化することがわかります。

正　解　４

6．なぜ日本の貯蓄率は急速に低下しているのか

Movie 195

　ライフサイクル仮説によると，若年層は老後に備えて毎年貯蓄をし，資産を形成します。そして，老年期（退職後）には，その資産を取り崩します。
　今までの日本は若年層が多かったので貯蓄する人が多く，貯蓄も多かったと結論づけることができます。

▶▶徹底解説◀◀

　老年期（退職後）は所得Yは年金など少なく，消費量Cはプラスですので貯蓄量$S=Y-C<0$となります。つまり退職者の多くはマイナスの貯蓄なのです。

Chapter 29

消費

331

逆に，近年の急速な高齢化によって，マイナスの貯蓄をする人が増加し，**日本全体の貯蓄率が急速に低下した**と考えることができます。

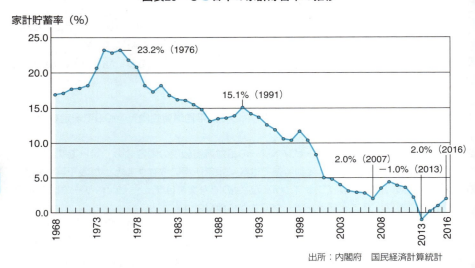

図表29−5 ●日本の家計貯蓄率の推移

出所：内閣府　国民経済計算統計

7. バブル崩壊と消費の落ち込み

Movie 196

1990年代はバブル崩壊や雇用不安で消費が落ち込んでいるといわれています。

まず，バブルの崩壊について考えましょう。バブル崩壊は資産価格の下落です。消費関数に資産価格が入っているのはライフサイクル仮説ですので，ライフサイクル仮説を用いて説明しましょう。

$$C = \frac{W}{T} + \frac{t}{T}Y$$

ですから，**短期的には一定であるはずの資産価値（W）が，例外的に短期間のうちに大きく変動すれば，すなわち，バブル崩壊で株式や不動産などの資産価値（W）が下落すると，消費（C）も落ち込む**ことを説明できます。

また，将来の雇用不安は，ライフサイクル仮説によると，一生涯の所得が減少するかもしれないので，それに備えて，消費を減らし貯蓄を増やそうという行動を説明できます。恒常所得仮説を用いても，雇用不安で自分の長期平均所得＝恒常所得が減少するので，消費が減少すると説明できます。

Chapter 30

投　　資

—工場を建設する，しないは何で決まる？—

Point

1 加速度原理は，投資は国民所得の増加分（ΔY）に比例すると考える。
$I = v\Delta Y$（v：資本係数は一定）

2 ストック調整原理は，望ましい資本量と現在の資本量の差の全部ではなく一部が投資されると考える。

3 トービンは $q = \dfrac{企業の市場価値}{既存資本の買い換え費用}$ が1以上であれば投資を実行すべきと考える。

Movie 197

難易度　B

出題可能性

国家一般職（旧Ⅱ種）	A
国税専門官	C
地方上級・市役所・特別区	B
国家総合職（旧Ⅰ種）	B
中小企業診断士	B
証券アナリスト	A
公認会計士	A
都庁など専門記述	C
不動産鑑定士	C
外務専門職	B

この章では，第14章で学んだケインズの投資の限界効率を簡単に復習し，それ以外の主要な投資理論を学びます。そして，最後に，どの理論が現実経済を説明できるのかを考えます。

1. ケインズの投資の限界効率理論（復習）

Movie 198

投資の限界効率理論は，**投資の限界効率と利子率の比較により投資の決定が行われる**というケインズの考えです。

投資の限界効率は利益率なのですが，それが，銀行から借入をした際に支払う利子率より大きければ，最終的な利益率がプラスとなり投資すべきということになります。

> **用 語**
>
> 投資の限界効率とは，将来得られる投資の収益の現在価値の合計と投資費用が同じになるような割引率です。なんだかよくわからない定義ですが，要するに，投資の利益率を利子率で表示したものです。

2. 加速度原理

Movie 199

【1】 概　要

加速度原理とは，**投資は予想される国民所得の増加量（ΔY）に比例するという考え**です。これは，**ケインズ派**の考えです。

> **落とし穴**
>
> ケインズ派の考えですが，ケインズの考えではないことに注意！　ケインズは投資の限界効率理論です。

【2】 用語説明——資本係数

国民所得を Y，資本を K，資本係数を v とすると，**資本係数**とは，**資本を国民所得で割った比率**であり，$v = \dfrac{K}{Y}$ となります。これは，要するに，国民所得（GDP：Y）を1単位生産するのに何台の機械が必要かということを意味します。この資本係数（v）は，資本のレンタル価格である利子率と，労働のレンタル価格ともいえる賃金率の変動によって，企業の資本と労働の雇用量が変化すれば，変化します。

しかし，**加速度原理では，資本係数（$v = \dfrac{K}{Y}$）は一定であると仮定しています**。これは，労働と資本の振替が起こらないということです。

> **たとえば**
>
> $K = 1{,}000$，$Y = 200$ であれば，$v = \dfrac{K}{Y} = \dfrac{1{,}000}{200} = 5$ となりますが，これは，1,000台の機械で200の Y を生産しているので，平均して，Y を1単位生産するのに5台の機械が必要であるという意味です。

> **たとえば**
>
> 賃金率のみが下落したとしましょう。すると，資本より労働のほうが割安となりますから，企業は利潤最大化のために，資本を減らし労働を増やします。すると資本よりも労働を多く用いる体制になりますから，「国民所得（Y）を1単位生産するのに必要な機械の台数」である資本係数は低下します。

> **補 足**
>
> これはケインズ派の前提です。古典派は，企業が利潤最大となるように機動的に労働と資本を振り替えることによって資本係数は変化すると考えます。

【3】投資量の決定

$v=\frac{K}{Y}$ なので，$K=vY$ という関係が成りたちます（加速度原理ではvは一定）。$K=vY$ とは，「生産量（国民所得：Y）に，Yを1単位作るのに必要な資本量（v）をかけたものが，資本量（K）である」ということです。

$K=vY$の式の変化量だけをとってみると，$\varDelta K=v\varDelta Y$ となり，$\varDelta K$（資本の変化量）とは投資（I）にほかなりませんから，**$I=\varDelta K=v\varDelta Y$** となり，**投資量は国民所得の増分に比例する**ことになります。これをもう少しきちんと導くと，以下のようになります。

昨年度を$t-1$とします。すると，昨年度は$K_{t-1}=vY_{t-1}$。今年をtとし，今年の予想国民所得を$Y_t{}^*$とすると，今年の望ましい資本量$K_t{}^*=vY_t{}^*$。今年の望ましい資本量$K_t{}^*$が完全に実現されるとすると，今年の投資量は，今年の資本量の増加分ですから，

$$\begin{aligned}I_t&=K_t{}^*-K_{t-1}\\&=vY_t{}^*-vY_{t-1}\\&=v(Y_t{}^*-Y_{t-1})\\&=v\varDelta Y\end{aligned}$$

となり，投資量は国民所得の増加分に比例することがわかります。

$$\boxed{\text{加速度原理}\ I=v\varDelta Y\ (v:\text{資本係数は一定})}$$

【4】評　価

① 長　所

利益を明確に意識せず，とにかく生産が追いつかないから機械を増やそうというときの投資の意思決定をうまく説明できます。

② 短　所

1）利潤最大化との関係が明確ではない。
2）望ましい資本量$K_t{}^*$まで投資は行われず，一部しか投資されないのではないか。

たとえば

$v=5$，すなわち，Yを1単位作るのに資本（K）が5だけ必要であったとしましょう。すると，Yを100単位作るとき，資本量は$5\times100=500$だけ必要になるということです。

Point!

要するに，「生産量（国民所得：Y）が昨年よりも増えれば，今の機械では足りず機械を新たにたくさん準備しなくてはならないので，たくさん投資する必要がある」という常識を式で表したのです。

落とし穴

投資は国民所得の増加分に比例

多くの受験生が，「投資は国民所得に比例」と間違えます。国民所得に比例するのは資本量であることに注意してください。

理由

機械メーカーの生産能力の限界もあり，必ず$K_t{}^*$が実現するまで投資が行われるとするのは無理があります。また，急に多量の投資を行おうとすると機械の価格が上昇します。だから，企業は一度に多量の投資を行わないと思われます。

3. ストック調整原理

【1】内　容

望ましい資本量K_t^*が実現するまで投資が行われるのではなく、**その一部が投資として実現されると考える**のが、ストック調整原理です。

【2】投資量の決定

$I_t = \lambda (K_t^* - K_{t-1})$　λ（「ラムダ」と呼びます）は伸縮調整係数と呼ばれ、望ましい資本量（K_t^*）と昨年末の資本量（K_{t-1}）の差の一部（λの割合）しか投資されないことを意味します。$0 < \lambda < 1$ です。

【3】評　価

加速度原理の問題点2）を克服していますが、λ がどのように決まるのかわからなければ投資量は決まらないという問題点や、λ と企業の利潤最大化原理との関係が不明確などの問題点は依然残ります。

＋ 補　足

これは、前ページの加速度原理の問題点「2）望ましい資本量K_t^*まで投資は行われず、一部しか投資されないのではないか。」を克服しようというものです。

たとえば

$\lambda = 0.5$であれば、望ましい資本量と現在の資本量の差の全部ではなく、半分しか投資されません。

たとえば

λ を定数としていますが、λ は投資量が多ければ多いほど慎重になり値は小さくなるかもしれません。

4. トービンの q 理論

【1】内　容

トービンの q 理論とは、

「$\dfrac{\text{企業の市場価値}}{\text{既存資本の買い換え総額}}$」を q と名づけ、

$q > 1$　投資する、
$q = 1$　投資してもしなくても同じ、
$q < 1$　投資しない、

という考えです。

トービンの q の分子（上）が示す企業の市場価値とは、株価総額＋負債総額です。この企業の市場価値は、今後の企業の利益を意味します。トービンの q の分母（下）の既存資本の買い替え費用総額は、まさしく、資本の費用です。

たとえば

株価が高く株価総額が大きい企業を考えましょう。なぜ、株価が高く株価総額が大きいかというと、その企業は将来たくさんの利益が得られるだろうと考えられるからです。株主は、企業の将来の利益から配当金をもらうのですから、将来の利益が大きい会社であれば、将来もらえる配当金が多いと考えるため、株価が高くても買う人はいるのです。

ですから，トービンのqは次のように読むことができます。

$$トービンのq = \frac{企業の市場価値（株価総額＋負債総額）}{既存資本の買い換え費用総額}$$

←利益

←費用

> **補 足**
>
> 「利益」としていますが，正確には，負債を全額返済し，さらに利益が出るかを意味する「負債関連費用＋利益」です。

そうすると，

$q > 1$とは，利益＞費用なので，儲かるから投資する，

$q = 1$とは，利益＝費用なので，儲けゼロで投資してもしなくても同じ，

$q < 1$とは，利益＜費用なので，損をするので投資しない。

つまり，

$$トービンのq = \frac{企業の市場価値}{既存資本の買い換え総額} > 1$$

とは，

企業の市場価値＞既存資本の買い換え費用総額

であり，

企業の将来の利益＞資本の費用ということになります。つまり，投資による利益の方が費用より大きいのだから最終的な利益はプラスなので投資するということになります。

> **補 足**
>
> $q > 1$とは，まだ投資したりないということもできます。
>
> $q = 1$とは，最適な水準まで投資しているので，これ以上投資しなくて良い状態です。
>
> $q < 1$とは，投資しすぎた状態です。

> **補 足**
>
> 限界効率理論でいうならば，投資の限界効率＞利子率ということになります。

【2】評　価

① 長　所

1）**企業の意思決定に大きな影響を与える株式市場を考慮しています。**

2）企業が投資により得る将来の利益を株価総額という形で測定することができます。

3）常に$q = 1$になることを前提としていないので，常に望ましい資本量が実現しているわけではなく，投資の調整費用を考慮しています。

② 短　所

qの大きさと投資量の間にはそれほど強い

> **用 語**
>
> 望ましい資本量まで全部投資しようとすると，大量の投資となり，機械の価格が上昇することなどにより費用が増加してしまいます。いっぺんに全部投資したときの費用増加を投資の調整費用といいます。

Chapter
30

投

資

関係はないという実証研究もあり，現実妥当性が確認されていません。

5. 新古典派の投資理論

Movie 20?

【1】概　要

　新古典派の投資理論とは，「資本の限界生産力逓減を前提とした上で，望ましい資本量は利潤最大となる，すなわち，（実質）利子率（r）＝資本の限界生産力となる資本量と，現在の資本量の差を埋めるように投資量が決まる」という考えです。

【2】投資量の決定

① 最適資本量の決定

　資本の限界生産力（MPK）とは，「資本を1単位増やしたときに生産量が何個増えるか」ということです。

　新古典派の投資理論では，資本の限界生産力逓減を仮定し，限界生産力曲線は図表30－1のように右下がりとなります。また，実質利子率は10，つまり，資本（機械）を1台借りたときのレンタル価格は財10個分とします。

　図表30－1より，資本（機械）3台目をいれると，生産量は20個増え，レンタル価格として10個払いますので，製品10個分儲かります。同様に，資本4台目は15－10＝5個分儲かり，5台目は12－10＝2個分儲かり，資本6台目は10個生産量が増加し，レンタル価格として10個払うので資本（機械）1台の追加による儲けゼロです。

　したがって，企業の利潤最大となる最適な資本量は，限界生産力＝利子率（資本1台のレンタル価格）となる交点Eの資本量K^*です。

　なお，図表30－1は，ケインズの投資の

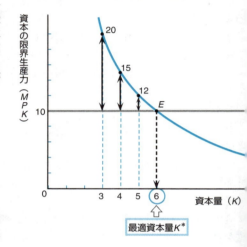

図表30－1 ●最適資本量の決定

図表30－2 ●投資の限界効率理論と新古典派の投資理論の比較

	図表14－6	図表30－1
理　論	ケインズの投資の限界効率	新古典派の投資理論
横　軸	投資量（I）	資本量（K）
縦　軸	投資の限界効率	資本の限界生産力
費　用	利子率	実質利子
決定されるもの	最適投資量（フロー）	最適資本量（ストック）

限界効率理論と混同する人が多いのですが，違うものですので，注意してください。図表30-2に両者の違いを整理しました。

② 投資量の決定

以上のようにして，最適資本量K^*が決まれば，投資量（I）は最適資本量（K^*）と現在の資本量の差の分ということになります。

【3】評　価
① 長　所
利潤最大化との関係が明確です。

② 短　所
1) 常に，最適資本量（K^*）と現在の資本量の差の分のすべてが投資されるという考えは，投資の調整コストを無視しており現実的ではありません。
2) いったん投資が行われて，望ましい投資量（K^*）が実現すれば，その後，投資はなくなってしまいます。これでは，毎年投資が行われていることを説明できません。

6. ジョルゲンソンの投資理論

Movie 203

【1】内　容

ジョルゲンソンは，企業は一度に投資を行うと投資財の費用などの調整費用が高くなるので，利潤最大化の観点からも得策ではなく，したがって**最適資本量に近づくが，すべてではなく一部が投資される**と考えました。

そして，毎年，最適資本量になるための投資に対して投資し残した部分があり，それが，毎年の投資量となると考えました。

➕ 補　足
ジョルゲンソンの投資理論は新古典派の理論をベースとしつつも，前述した新古典派の短所の2）を克服します。

【2】評　価
① 長　所

新古典派の投資理論に，ストック調整理論の考えをとり入れたものと言えます。利潤最大化との関係が明確であり，調整費用も考慮してします。

② 短　所

ジョルゲンソンは望ましい資本量までの投資量の一部λ（0＜λ＜1，λは定数）しかなされないとするのですが，λがどのように決まるかは説明していません。

➕ 補　足
ストック調整原理と同じ問題点です。

7. 各理論の評価

Movie 204

現実に投資を行う企業を観察してみると、利益を重視する投資手法を用いる企業では、ケインズの限界効率理論が多く用いられているようです。しかし、数量を重視する企業も多く、その場合には数量を重視する加速度原理やストック調整原理の方が当てはまりそうです。

いずれにしても、企業の投資の意思決定は多様であり、どれか1つの理論で投資について語り尽くすことはできないということです。

それでは、最後に、各理論のポイントを図表30−3に整理しておきましょう。

図表30−3 ● 各投資理論の整理

	理 論	投資実行の条件
利益派	ケインズの投資の限界効率 新古典派の投資理論 ジョルゲンソンの投資理論 トービンのq理論	投資の限界効率＞利子率 望ましい資本量＞現在の資本量 従来し残した投資量を毎年投資 トービンのq^*＞1
数量派	加速度原理	$I=v\varDelta Y$なので、$\varDelta Y>0$

（右側注記：ストック調整原理の考えを取り入れる）

$$*トービンのq=\frac{企業の市場価値}{既存資本の買い換え費用}$$

ストック調整原理 （一部しか投資されない）	望ましい資本量＞現在の資本量

Chapter 31
景気循環
―景気が良くなったり，悪くなったりするのはなぜ？―

Point

1 サミュエルソンは加速度原理と乗数効果から経済変動を説明する。ヒックスは，その国民所得の変動が天井と床の間で周期的に起こると考える。

2 マネタリストは裁量的金融政策が景気循環の原因であると考える。

3 実物的景気循環論（リアル・ビジネスサイクル理論）は，経済は常に均衡しており，技術革新などの実物的ショックによって景気変動が起こると考える。

Movie 205

難易度　B

出題可能性
国家一般職（旧Ⅱ種）　C
国税専門官　C
地方上級・市役所・特別区　B
国家総合職（旧Ⅰ種）　B
中小企業診断士　B
証券アナリスト　C
公認会計士　B
都庁など専門記述　C
不動産鑑定士　C
外務専門職　B

　景気が良くなったり悪くなったりすることを景気循環といいます。景気が悪くなると国民所得が減少し，失業が発生し，景気が良くなると国民所得が増大し，完全雇用となります。景気循環は国民生活に大きな影響を与えるので，マクロ経済の分析でも常に重要なテーマです。

　この章では景気循環についてのケインズ派の考えと古典派に近いマネタリストの考えとリアル・ビジネスサイクル理論を学びます。

341

1. 景気循環の種類

まずは、景気循環の定義から説明しましょう。景気循環とは、国民所得（GDP：Y）の周期的変動です。「景気の山（好況）→後退→景気の谷（不況）→回復→景気の山（好況）」を1つのサイクル（循環）と考えます。

景気循環といっても、短い循環や長い循環などいろいろあります。以下の4つは、代表的な景気循環です。なお、キチン、ジュグラー、クズネッツ、コンドラチェフは循環を発見した人の名前です。

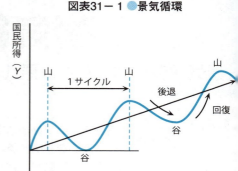

図表31－1 ●景気循環

① **キチンの波**
1周期40カ月ぐらいの波動。在庫投資の調整が原因です。

② **ジュグラーの波**
1周期10年ぐらいの波動。設備投資の調整が原因です。

③ **クズネッツの波**
1周期20年ぐらいの波動。建設活動の変動が原因です。

④ **コンドラチェフの波**
1周期50年ぐらいの波動。戦争や新大陸の発見、技術革新が原因です。

2. ヒックス＝サミュエルソン・モデル（ケインズ派）

ケインズ派の代表的な理論である**ヒックス＝サミュエルソンの理論**では、**価格の硬直性**を仮定し、**数量調整**を前提とします。また、ケインズ派ですので、国民所得は有効需要によって決定されると考え、投資は国民所得の増加分の生産に必要な分だけなされ、投資はその乗数倍の有効需要を創出するとの考えを基礎とします。

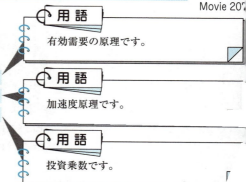

用語　有効需要の原理です。

用語　加速度原理です。

用語　投資乗数です。

【1】説　明

景気の回復期には，国民所得の増加分の拡大→投資の拡大→有効需要の拡大→国民所得の増加分の拡大→投資の拡大→……と**国民所得の増加分と投資の累積的拡大メカニズム**が働きます。一方，景気の後退期には，国民所得の増加分の減少→投資の減少→有効需要の減少→国民所得の減少→投資の減少→……と**国民所得の減少分と投資の累積的縮小（減少）メカニズム**が働きます。**この両者の動きが，天井と床に挟まれて，玉突きのように変動する**と考えます。

> **補足**
> サミュエルソンはこれを数式で精緻なモデルにしました。

> **補足**
> ヒックスの理論です。

以上を図表31－2を用いて説明します。経済が A から回復し，国民所得の増加と投資の累積的拡大メカニズムが働き B となります。B では，労働力がネックとなって生産能力の限界である国民所得（Y_C）にあり，これ以上国民所得は増加することができず，上限という意味で，天井です。したがって，経済は，$B→C$へと推移しますが，国民所得の増分は０となり，投資はゼロに減少します。

すると，今度は，投資と国民所得の増加の累積的縮小メカニズムが働き，経済は，$C→D→E$ と推移します。しかし，E まで来ると，投資は固定資本減耗（減価償却）以上にマイナスに減少させることはできず，投資の減少幅は小さくなり，国民所得の減少にもブレーキがかかります。すると，今度は，Y_L の国民所得水準を達成するために，固定資本減耗（減価償却）分の投資を行わなくてはならず，投資が増加に転じ，有効需要増加→国民所得増加分の拡大→投資の増加と拡大メカニズムが働きます。以上のようにして，**天井（Y_C）と床（Y_L）の間を玉突きのように変動します**。

図表31－2 ●ヒックス＝サミュエルソン・モデル

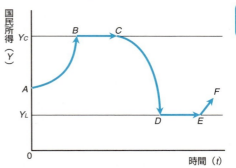

> **用語**
> ですから，この理論を玉突き理論ということもあります。なお，「玉突き」とは，ビリヤードのことです。

3. マネタリスト

Movie 208

【1】金融政策の効果

マネタリストのフリードマンは、①価格の伸縮性と、②情報の不完全性を前提として、金融政策の効果を議論します。

情報が完全であれば、価格の伸縮性を前提とすると、名目貨幣供給量を2倍にすれば、すべての価格が2倍となり、物価が2倍となるだけで、実物経済には影響を与えません。しかしながら、**情報が不完全であるがゆえに、短期的には、裁量的金融政策が実物経済に影響を与え、景気循環を起こすと考えます。**

たとえば、労働者が、物価上昇の情報の入手が遅れる場合を考えます。名目貨幣供給量を2倍にすると、経営者は、自社製品の価格が2倍となるので、名目賃金率（W）を引き上げて、労働需要を増やし、増産を図ろうとします。労働者は、自社製品の価格上昇は、全体の物価（P）上昇となるという情報を知らないので、実質賃金率（$\frac{W}{P}$）が上昇したと錯覚し、労働供給を増やし、増産が図られます。

しかし、やがて、労働者は、物価の上昇を悟り、実は、実質賃金率（$\frac{W}{P}$）は、増産前と変わらないことに気づき、増産前の労働供給量に戻すので、生産量も元の水準に戻ってしまいます。

【2】政策のタイム・ラグ

フリードマンは政策の最終的な効果だけではなく、効果が出てくるまでの時間のずれ（ラグ）も問題にしました。そして、**経済政策には認知ラグ、決定ラグ、実行ラグ、効果ラグがある**とします。

Point!

景気循環の理論では、①価格が伸縮的か、②情報が完全であるかどうかによって次のように整理することができます。

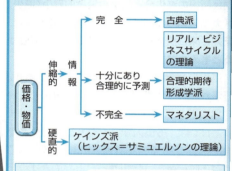

ポイントは、①価格・物価が伸縮的か
　　　　　②情報が完全かどうか

補足
これが古典派の貨幣ベール観の世界です。

補足
フリードマンの金融政策の効果については、自然失業率仮説（p.276）で説明しています。

Point!

このように、金融政策は、短期的には労働者の貨幣錯覚により実物経済に影響を与えますが、長期的には貨幣錯覚であったことに気づき、実物経済に影響を与えないと考えます。

認知ラグ：経済状況の変化からそれに気づくまでの時間。
決定ラグ：経済状況の変化に気づいてから，それに対応した政策を決定するまでの時間。
実行ラグ：政策を決定してから実行するまでにかかる時間。
効果ラグ：政策を実行してから国民所得増大，物価安定などの効果が出るまでの時間。

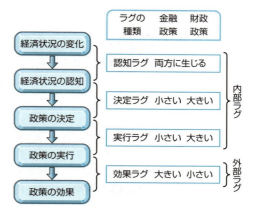

図表31－3 ●政策のタイム・ラグ

○財政政策と金融政策

認知ラグは財政政策，金融政策ともにありますが，その他のラグについては，財政政策と金融政策で違いが出てきます。

財政政策では，国会の議決が必要であるため，決定に時間がかかり，決定ラグは大きくなります。また，予算の執行には時間がかかるので，実行ラグも大きくなります。しかし，実行すれば，政府支出の変化はすぐに総需要の変化となるので，効果ラグは小さくなります。

金融政策は，中央銀行の政策委員会で迅速に決定されるので，決定ラグは小さく，実行も即日行われるほどですので，実行ラグも小さくなります。しかし，実行しても，金融政策は，効果が出るのに時間がかかり，効果ラグは大きいといわれています。ケインズ派は，「実質貨幣供給量の変化→利子率の変化→民間の投資量の変化→総需要の変化」という長い経路を経るのですが，具体的な経路についてはフリードマンは言及していません。

【3】景気変動の原因

フリードマンは，金融政策が実体経済に影響を与えることを認めつつも，金融政策は効果ラグが半年から2年かかるので，不況時の金融緩和の効果が好況期に出てきて景気を過

熱させたり，逆に，景気加熱時の金融引き締め策の効果が不況になってから効いてくるおそれもあると考えます。したがって，経済政策としての**裁量的金融政策はむしろ景気変動を激しくし，経済を不安定化させていると主張**します。

【4】裁量よりルール

マネタリストは，裁量的金融政策が景気変動を引き起こすと考えます。したがって，**裁量的金融政策は行うべきではなく，国民所得の成長に合わせて毎年k％で貨幣供給量を増加させるだけがよいと主張**します。このような考えを**k％ルール**といいます。

> **Point!**
> フリードマンは，景気変動の原因は中央銀行による裁量的金融政策と考えたのです。

> **補足**
> マネタリストも貨幣数量方程式 $M=kPY$ を使い，貨幣需要は kPY とします。名目国民所得（PY）が1％増加すると，貨幣需要は k％増加するので k％ルールと呼ばれます。

4. リアル・ビジネスサイクル理論（実物的景気循環論）

リアル・ビジネスサイクル理論（実物的景気循環論）は，**経済は常に均衡状態であり，それにもかかわらず景気循環が生じるのは，労働供給の異時点間の代替や技術革新などが外部からのショックとして影響を与えるから**だと考えます。

「実物」を強調しているのは，貨幣的要因は実物経済に影響しないと考えているからです。つまり，情報が完全であれば，価格の伸縮性を前提とすると，名目貨幣供給量を2倍にすれば，すべての価格が2倍となり，物価が2倍となるだけで，実物経済には影響を与えないという古典派の貨幣ベール観に近い考えとなります。

> **補足**
> キッドランドとプレスコットが考案しました。

> **補足**
> 古典派は価格調整により常に需要＝供給となり，経済はハッピーであると考えます。つまり，古典派は，経済は価格調整機能により常に均衡すると考えるので，古典派に近い考え方といわれています。

> 労働供給の異時点間での代替とは，今働くか将来働くかということです。たとえば，利子率が上がると，今たくさん働いて貯蓄すれば利子がたくさんもらえます。ですから，利子率が上がると，労働供給は増加し経済変動を起こします。

> ▶▶ **徹底解説** ◀◀
> 外部からのショックを吸収するために，国民所得が上下に変動するのが景気循環と考えます。つまり景気循環を，外部からのショックを吸収しているプロセスと考えるのです。

Chapter 32
経済成長
―経済が成長する国と衰退する国の違いは？―

Point

1 ハロッド＝ドーマー理論は，資本係数を一定と仮定することによって，保証成長率，自然成長率，現実の成長率が一致することは偶然でしかなく，一旦乖離すると乖離が大きくなると考える【ナイフエッジ理論】。

2 新古典派成長理論は，資本と労働の代替により資本係数は変わると仮定することによって，保証成長率，自然成長率，現実の成長率が一致し安定成長が実現すると考える。

3 新古典派のソロー＝スワン・モデルによれば，$sy=nk$（s：貯蓄率，y：1人あたりの国民所得，n：人口増加率，k：1人あたりの資本）となる水準でkが均衡する【定常均衡，新古典派の基本方程式】。

4 $Y=AK^{\alpha}L^{1-\alpha}$というマクロ生産関数を前提とすると，経済成長率 $(\frac{\varDelta Y}{Y})$ ＝技術進歩率 $(\frac{\varDelta A}{A})$ ＋$\alpha\times$資本増加率 $(\frac{\varDelta K}{K})$ ＋$(1-\alpha)$ ×労働増加率 $(\frac{\varDelta L}{L})$

Movie 210

難易度　ウルトラC

出題可能性

国家一般職（旧Ⅱ種）	B
国税専門官	B
地方上級・市役所・特別区	B
国家総合職（旧Ⅰ種）	A
中小企業診断士	A
証券アナリスト	A
公認会計士	A
都庁など専門記述	A
不動産鑑定士	B
外務専門職	B

　この章では，短期的な経済変動である景気循環ではなく，長期的な経済規模の変動である経済成長について考えます。ここでも，物価一定のケインズ派と物価伸縮的な古典派（新古典派）との理論の違いが重要となります。

　なお，経済成長は難関論点であり，特に，ポイント3のソロー＝スワン・モデルは合格者の多くもよく理解していない論点ですから，難しくても気にせず，まずは，ポイント1，ポイント2を確実にマスターし，ケインズ派と新古典派の違いのイメージをつかむようにしてください。

1. 用 語

Movie 21

【1】経済成長

経済成長とは，長期的な傾向としての経済規模の拡大をいいます。景気循環が周期的な経済規模の変動を意味するのに対し，経済成長は長期的な経済規模の変動を分析します。経済規模とは多くの場合，国民所得（GNPやGDP：Y）を用いて表します。

【2】資本係数（復習）

資本係数とは，資本を国民所得で割った比率であり，$v=\dfrac{K}{Y}$です。これは，要するに，国民所得（GDP：Y）を1単位生産するのに何台の機械が必要かということを意味します。

【3】保証成長率（G_w）

保証成長率G_wとは，**資本の完全利用を保証する国民所得の成長率**をいいます。初期の経済が資本を完全利用している状態であり，そのときの資本係数をv，貯蓄率（$\dfrac{S}{Y}$）をsとすると，

$$保証成長率（G_w）= \frac{s}{v}$$

【4】自然成長率（G_n）

自然成長率とは，**労働の完全雇用を実現する国民所得の成長率**をいいます。初期の経済が労働を完全雇用している状態であり，労働市場の需要と供給が一致していると仮定し，労働人口の成長率をn，労働生産性の向上率をλとすると，

$$自然成長率（G_n）= n + \lambda$$

たとえば

資本係数は5であれば，1兆円の国民所得の生産に5兆円の資本が必要ということです。

用 語

適正成長率とも呼びます。

補 足

$G_w=\dfrac{s}{v}=\dfrac{\dfrac{S}{Y}}{\dfrac{S}{Y}}=\dfrac{S}{K}$と変形でき，財市場

が均衡するとき貯蓄（S）＝投資（I）となるので，さらに，$\dfrac{S}{K}=\dfrac{I}{K}$と変形できます。また，投資（$I$）＝資本の増加（$\varDelta K$）なので，$\dfrac{I}{K}=\dfrac{\varDelta K}{K}$と資本の増加率に変形できます。つまり，$G_w=\dfrac{s}{v}$は資本の増加率を意味し，資本が増加するスピードで生産（Y）も増加すれば，資本は完全利用されるということを意味します。

たとえば

労働人口の成長率を10％，労働生産性の向上率を5％としましょう。すると，労働生産性が変わらないとしても，労働人口が10％増加するのですから，生産量（国民所得：Y）は10％成長しなくては，労働は余ってしまいます。同様に，労働生産性が5％増加すれば，労働人口が変わらなくても5％多くのものができるので，生産（Y）が5％成長しなくては，労働は余ってしまいます。以上より，労働人口の成長率が10％，労働生産性の向上率が5％のときには，生産量（国民所得：Y）が10％＋5％＝15％で成長しなくては労働は余ってしまうということになります。

2. ハロッド=ドーマー理論

Movie 212

【1】 仮　定
① 諸価格は硬直的であり，**物価は一定**。
② **資本係数 $v\ (=\dfrac{K}{Y})$ は一定**。

> **補　足**
> ケインズ派は物価一定を仮定します。

【2】 現実の成長率（G）と保証成長率（G_w）が異なるケース

① $G>G_w$ のケース

現実の成長率（G）が資本を完全利用する成長率（G_w）を上回ると，資本不足となるため企業は投資を増やします。投資増加は，その乗数倍だけ国民所得を増加させ現実の成長率（G）を高め，GとG_wの格差は広がり，経済はより資本不足となり過熱状態となります。

> **補　足**
> 資本係数一定という仮定が次節で説明する新古典派成長理論との大きな違いです。

② $G<G_w$ のケース

現実の成長率（G）が資本を完全利用する成長率（G_w）を下回ると，資本過剰となるため企業は投資を減らします。投資減少は，乗数倍だけ国民所得を減らし，より現実の成長率（G）を低め，GとG_wの格差は広がり，資本余剰は拡大し経済は停滞します。

> **Point!**
> 当初，現実の成長率と保証成長率が違い，資本不足あるいは資本過剰で不均衡になった場合，不均衡はどんどん拡大し，経済は不安定となります。

【3】 保証成長率（G_w）と自然成長率（G_n）が異なるケース

① $G_w>G_n$ のケース（図表32－1）

当初経済が点Aで，労働，資本ともに完全利用されていたとしましょう。その後は，小さい方のG_nの制約により，現実の成長率（G）はG_n（$<G_w$）の成長率で$A\to B\to C$と移動します。

しかし，資本を完全利用するには生産量（GDP）はG_w（＝保証成長率）にそって点B'，C'，D'と成長する必要があります。それに比べて点B，C，Dは国民所得が小さいので，資本余剰となってしまいます。しかも，時間がたつにつれて，BB'，CC'，DD'と差は大きくなり，

図表32－1 ● ハロッド=ドーマー理論（$G_w>G_n$のケース）

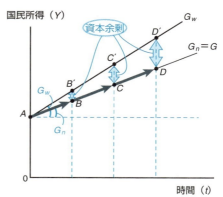

資本余剰は大きくなります。

② $G_w < G_n$ のケース（図表32-2）

当初経済が点Aで，労働，資本ともに完全利用されていたとしましょう。その後は，小さい方のG_wの制約により，現実の成長率（G）はG_w（<G_n）の成長率でA→B→Cと移動します。

しかし，労働を完全利用するには生産量（GDP）はG_n（＝自然成長率）にそって点B′，C′，D′と成長する必要があります。それに比べて点B，C，Dは国民所得が小さいので，労働余剰となり失業が発生します。しかも，時間がたつにつれて，BB′，CC′，DD′と差は大きくなり，失業は拡大します。

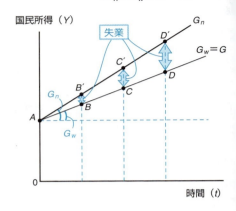

図表32-2 ●ハロッド＝ドーマー理論（$G_n > G_w$のケース）

【4】保証成長率（G_w）と自然成長率（G_n）が等しいケース

このとき，現実の成長率もこれらに等しければ，資本，労働ともに完全雇用の成長率となります。このように**現実成長率（G），保証成長率（G_w），自然成長率（G_n）が等しい望ましい状態を均衡成長**といいます。

しかし，**ハロッド＝ドーマー理論では，資本係数（v）を一定と仮定したので，$G_w = \dfrac{s}{v}$，$G_n = n + \lambda$のs，v，n，λのすべては定数となってしまい，これら3者を一致させる自動調整機能はなく，偶然の一致があり得るだけ**です。また，**いったん3者が少しでも乖離すれば，上記【2】，【3】のケースのように不均衡は拡大**します。

【5】結　論

現実の成長率が，資本，労働ともに完全雇用を実現する成長率となる自動調整メカニズムは存在せず，**安定的成長のためには，政府による介入が必要**と主張します。

> **用語**
>
> そこで，ハロッド＝ドーマーの成長理論はナイフ・エッジ理論と呼ばれることもあります。これは，安定的に均衡成長できるのは，現実の成長率（G）＝保証成長率（G_w）＝自然成長率（G_n）となる偶然しかなく，これはナイフの刃の上にいるようなもので，何かの弾みですぐに落ちてしまうように不安定なものだという意味です。

> **補足**
>
> 政府による政策を主張する点では，今までのケインズ派の考えと共通しています。

【問題32－1】
　次の1から5の記述のうち，ハロッド＝ドーマー成長理論に照らして正しいものを選べ。ただし，平均貯蓄性向は0.2，資本係数は5であるとし，減価償却はないものとする。

Movie 213

1. 保証成長率は0.4である。
2. 資本ストックが100単位ある場合，年間20単位の貯蓄がなされる。
3. 労働生産性の上昇率（技術革新）が0.02で均斉成長の状態にある場合，人口成長率が労働生産性の上昇率（技術革新）を上回っている。
4. 労働生産性の上昇率（技術革新）が0.02で均斉成長の状態にある場合，自然成長率は平均貯蓄性向に等しい。
5. 人口成長率が0.02，労働生産性の上昇率（技術革新）が0.03である場合，保証成長率は自然成長率を下回っている。

（国税専門官）

Chapter 32 経済成長

（解説・解答）

1．× 　保証成長率（G_w）＝$\dfrac{s}{v}$＝$\dfrac{0.2}{5}$＝0.04（4％）。よって誤りです。

2．× 　K＝100の場合，v＝$\dfrac{K}{Y}$＝$\dfrac{100}{Y}$＝5となり，Y＝$\dfrac{100}{5}$＝20。

　　　一方，平均貯蓄性向$\dfrac{S}{Y}$＝$\dfrac{S}{20}$＝0.2より，S＝0.2×20＝4となるので，年間20単位の貯蓄は誤りです。

3．× 　均斉成長のとき$\dfrac{s}{v}$＝$n+\lambda$。$\dfrac{0.2}{5}$＝$n+0.02$より，n＝0.02。nはλと等しく，上回っていないので，誤りです。

4．× 　均斉成長なので，G_w＝0.04とG_nは等しく，自然成長率（G_n）＝0.04とわかり，平均貯蓄性向0.2とは等しくないので，誤りです。

5．○ 　G_w＝$\dfrac{s}{v}$＝$\dfrac{0.2}{5}$＝0.04。

　　　G_n＝$n+\lambda$＝0.02＋0.03＝0.05よりG_w＜G_nとなるので，正しい内容です。

落とし穴
「労働生産性の上昇率（技術革新）が0.02しかなく，人口成長率の値がない」ので「自然成長率（G_n）が計算できない」と引っかからないように注意したいください！

正　解　5

3. 新古典派成長理論

【1】仮　定
① 価格調整機能を信頼し、賃金率や利子率は伸縮的。
② 資本係数$v (= \frac{K}{Y})$は可変的。

> 古典派の場合、利子率とは資本のレンタル価格です。

【2】現実の成長率（G）と保証成長率（G_w）が異なるケース

① $G > G_w$のケース

現実の成長率（G）が資本を完全利用する成長率（G_w）を上回ると、資本不足となり、資本財のレンタル価格である利子率が上昇するので、企業は投資を減らし、安価な労働を多く雇用します。その結果、投資の減少は需要を減らし、現実の成長率（G）は低下し、やがて$G = G_w$となります。

補足: 価格メカニズムが働いています。

用語: 資本を増やすのをやめ労働を増やすので、「資本から労働への代替」といいます。

② $G < G_w$のケース

現実の成長率（G）が資本を完全利用する成長率（G_w）を下回ると、資本過剰となり、資本のレンタル価格である利子率が低下するので、企業は労働を減らし安価な資本を増やすため、投資を増加させます。その結果、現実の成長率（G）は上昇し、やがて$G = G_w$となります。

【3】保証成長率（G_w）と自然成長率（G_n）が異なるケース

① $G_w > G_n$のケース

図表32-1において、ケインズ派の理論では、$BB' \to CC' \to DD'$と差が広がり資本過剰が拡大します。ところが、新古典派の理論では、資本過剰であれば資本のレンタル価格である利子率が低下し、価格の低い資本を多く使用するようになり、資本係数$v = \frac{K}{Y}$は上

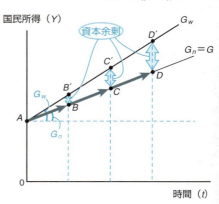

図表32-1（再掲）●ハロッド＝ドーマー理論（$G_w > G_n$のケース）

昇します。その結果，$G_w=\frac{S}{V}$は低下し，やがて，$G_w=G_n$となります。

② $G_w<G_n$ のケース

図表32－2において，ケインズ派の理論では，$BB'\to CC'\to DD'$と差が広がり失業（労働過剰）が拡大します。ところが，新古典派の理論では，労働過剰であれば労働サービスの価格である賃金率は低下し，価格の低い労働を多く使用し資本は少なく使用するため，資本係数$v=\frac{K}{Y}$は低下します。その結果，$G_w=\frac{S}{V}$は上昇し，$G_w=G_n$となります。

図表32－2（再掲）●ハロッド＝ドーマー理論
（$G_n>G_w$のケース）

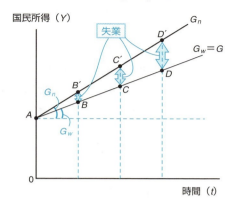

【4】結　論

以上のように，G_wとG_nは等しくなくても，**生産要素価格である利子率と賃金率の変動により，資本係数vが変動する結果$G_w=\frac{S}{V}$も変動し，$G_w=G_n$と調整**されます。経済には，**資本，労働ともに完全雇用を実現する成長率となる自動調整メカニズムが存在しますので，安定的成長のために政府の介入は不要**と主張されます。

> **Point!**
> ハロッド＝ドーマー理論では，資本係数を一定としたために，調整機能が働かないのです。

現実の成長率（G）＝保証成長率（G_w）＝自然成長率（G_n）

資本係数が変わる

4. ハロッド=ドーマー理論と新古典派成長理論の評価

Movie 215

① ケインズ派と新古典派のどちらが妥当であるかは、価格の調整機能が十分に機能するかどうかにかかっています。現実経済の実証分析で判断する必要がありますが、一般的には、**経済成長のような長期においては、価格の調整機能は十分に機能するものと思われます**。その意味では、**新古典派の方が妥当**と思われます。

② 両者とも、資本と労働という生産要素の量を中心に論じています。しかしながら、実証研究によって、経済成長への寄与率は、資本、労働よりも、技術の方が大きいことがわかっています。**技術を分析に取り入れた成長理論の構築が必要**です。これは、後ほど説明する内生的成長理論へとつながります。

図表32－3 ● ハロッド=ドーマー理論と新古典派成長理論の比較表

	ハロッド=ドーマーの成長理論（ケインズ派）	新古典派の成長理論
価格・物価	一定 （賃金率、利子率も一定） ↓	伸縮的 （賃金率、利子率も伸縮的） ↓
資本係数 （$v=K/Y$）	一定 ↓	可変的 ↓
現実の成長率（G） 保証成長率（G_w） 自然成長率（G_n）	3つが等しくなるメカニズムがない	vが動くことにより、G_wが変化し、 $G=G_w=G_n$となっていく。
経済の安定性	不安定	安定
経済安定化政策	必要	不要

【問題32−2】

経済成長の理論について次の1から5より，妥当なものを選べ。

Movie 216

1．ハロッド＝ドーマー理論では，現実の成長率，自然成長率，適正成長率が当然に一致するとしているが，新古典派成長理論では，一致しないものとして理論が構築されている。
2．ハロッド＝ドーマー理論では，経済成長のような長期的現象を分析する場合，貯蓄と投資が常に一致するが，新古典派成長理論では，当初から一致することはなく，偶然に一致する場合の成長率を特に自然成長率としている。
3．ハロッド＝ドーマー理論では，労働と資本の要素価格比の変化に対応し，企業が資源配分をより労働節約的なものとするため経済は均衡状態に近づくが，新古典派成長理論では，現実の成長率と適正な成長率の乖離は拡大するとしている。
4．新古典派成長理論では，ケインズの「一般理論」による生産要素の代替不能な生産関数を根拠に，投資の二重性に着目して経済成長の分析を行い，周期的な恐慌の不可避性を理論的に根拠づけている。
5．新古典派成長理論では，均衡成長状態では資本ストック，生産のすべてが，労働力増加率で成長するため，経済成長率は，長期的には労働力増加率により決定されるとしている。

（地方上級）

(解説・解答)

1．× 問題文中の適正成長率とは保証成長率のことです。ハロッド＝ドーマー理論では3つの成長率が一致するのは偶然しかなく，新古典派成長理論では一致するので誤りです。
2．× ハロッド＝ドーマー理論では，現実の成長率が財市場が均衡する保証成長率（適正成長率）と等しくなるとは限りません。ですから，常に財市場が均衡している，つまり，貯蓄と投資が等しくなるとは限りません。また，自然失業率は労働の完全雇用となる成長率なので，誤りです。
3．× ハロッド＝ドーマー理論では不均衡はどんどん拡大し，新古典派成長理論では労働と資本の代替が起こるので誤りです。
4．× 新古典派成長理論では労働と資本の代替によって資本係数が変化するので誤りです。
5．○ 1から4が誤りなので5が正しい記述とわかります。新古典派成長理論では，資本係数の変化によって保証成長率（適正成長率）が動き自然成長率と等しくなります。自然成長率は，技術進歩率を無視すれば，労働人口増加率なので，経済成長率は労働力増加率によって決定されることになります。したがって，正しい内容です。

正 解 5

5. ソロー＝スワン・モデル（新古典派成長理論）

この節では、新古典派の成長理論であるソロー＝スワンモデルを詳しく説明します。ソロー＝スワンモデルは、国民所得、資本を「1人あたり」で考えるところが特徴的です。ここでは、小文字のアルファベットを1人あたりとしましょう。具体的には以下のようにします（Lは労働量）。

国民所得（Y）→ 1人あたりの国民所得
$$(y) = \frac{Y}{L}$$
資 本（K）→ 1人あたりの資本量（資本装備率）$(k) = \frac{K}{L}$

そして、1人あたりの国民所得（y）と1人あたりの資本量（k）の関係（1人あたりの生産関数）を$y = f(k)$と表すこととします。

【1】 kを増やす力：sy

○ $y=f(k)$のグラフ

まず、1人あたりの生産関数、つまり、1人あたりの資本量（k）と1人あたりの生産量（y）の関係を、$y = f(k)$として、資本の限界生産力は逓減すると仮定します。

○ 1人あたりの貯蓄

貯蓄率$\frac{S}{Y}$（S：経済全体の貯蓄）$=s$とすると、
$$S = sY \quad \cdots\cdots ①$$
となり、①の両辺を労働量（L）で割ることによって
$$\frac{S}{L} = s\frac{Y}{L}$$

1人あたりの貯蓄$= sy$ ……②

> **補 足**
> 新古典派がよく用いるコブ＝ダグラス型生産関数（p.361）は労働の限界生産力、資本の限界生産力ともに逓減します。

> **補 足**
> 資本の限界生産力とは、「労働量は一定の下で、資本量を1単位増やしたときの生産量の増加分」ですが、ここでは労働量は1人であり、生産量ではなく国民所得なので、労働量1人の下で、資本量が1単位増えたときの国民所得の増加分です。図表32－4の$y=f(k)$のグラフでいえば横にk（1人あたりの資本）が1単位増えたときの縦のy（1人あたりの国民所得）の増加分なので、$y=f(k)$の曲線の傾きに他なりません。ですから資本の限界生産力逓減とは、$y=f(k)$のグラフの傾きが逓減していくことを意味するので$y=f(k)$は左上に凸な曲線となります。

図表32－4 ● 1人あたりの生産関数

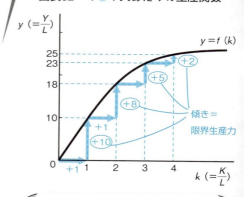

となります。ところで、今、$y=f(k)$ としているので②に代入すると

　　1人あたりの貯蓄 $= sy = sf(k)$

となります。

ところで、新古典派の世界では、利子率とは実物資本（機械や農具など）のレンタル価格であり、実物資本（のレンタル）市場において、実物資本を貸したいという供給と資本を借りたいという需要が等しくなる水準に決定されます。

貯蓄（S）＝所得（Y）－消費（C）ですが、貯蓄を手元にもっていても利子を得ることができません。そこで合理的な家計は、貯蓄で実物資本を購入し、その実物資本を貸すことによって利子を得ようとするはずです。ですから、貯蓄（S）はすべて実物資本を貸す「実物資本の供給」となります。

一方、実物資本を借りたいとは実物資本を必要としているので投資です。ただし、ここでの投資は実物資本を購入するのではなく、レンタル、つまり借りるわけです。

以上より、「実物資本の需要と供給が等しくなるように利子率が決まる」は、「投資と貯蓄が等しくなるように利子率が決まる」と言いかえることができます。

さらに、「利子率が動くことによって常に投資と貯蓄が等しくなる」と言うこともできます（図表32－6）。

　　I（投資）$= S$（貯蓄）

であれば、両辺を L（労働量）で割ると

　　$\frac{I}{L}$（1人あたりの投資）$= \frac{S}{L}$（1人あたりの貯蓄）

となります。つまり、1人あたりの貯蓄とは1人あたりの投資と等しく、1人あたりの投資の分だけ1人あたりの資本（$k=\frac{K}{L}$）は増

たとえば

$y=f(k)$ は図表32－5のO, A, B, C を通る曲線であったとすると、$s=0.2$ のとき sy はその高さの0.2倍、10（A）× 0.2＝2（A'）、15（B）×0.2＝3（B'）、20（C）×0.2＝4（C'）となり、A', B', C' を結んだ sy のように $y=f(k)$ の下方に位置します。

補足

ここでは、金融機関が仲介に入らない単純な世界を考えてください。

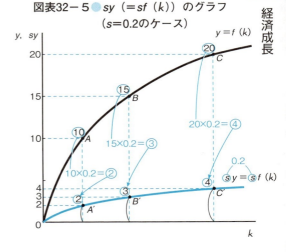

図表32－5　sy（$=sf(k)$）のグラフ（$s=0.2$ のケース）

加します。つまり，**1人あたりの貯蓄は1人あたりの資本量（k）を増加させる力**なのです。

【2】 kを減らす力：nk

nは労働人口増加率で一定（定数）とします。たとえば，$n=0.1$（10％）であれば，毎年労働人口が10％増加するということです。もし，一定である労働人口増加率（$\frac{\Delta L}{L}$）が大きければ，1人あたりの資本は$k=\frac{K}{L}$ですから，Lが増えるとkが小さくなってしまいます。

そして，1人あたりの資本量（k）が大きければ大きいほど，新入りに分け与える資本量も多くなり，kの減り方は大きくなります。この**kが減る力**を単純化して**nk**とすると，図表32－7のようになります。

【3】 定常均衡

ソロー＝スワンモデルでは，**kを増やす力（sy＝sf（k））とkを減らす力（nk）が等しくなる点でkは均衡すると考えます**。これを図表32－8を用いて考えましょう。

図表32－8には，図表32－5の$y=f(k)$，syのグラフと図表32－7のnkのグラフを重ねています。

たとえば$k=k_1$であったとしましょう。するとsy（＝sf（k））の方がnkよりもBCだけ大きいので，kを増やす力の方が大きくなるためkはk_1から増加し，k＊へ向かっていきます。

逆に$k=k_2$でk＊よりも大きいと，今度はnkの方がFGだけsy（＝sf（k））よりも大きいのでkを減らす力の方が大きくなるためkはk_2から減少しk＊へ向かっていきます。

以上のようにして，k＝k＊となり，k＊では

図表32－6 ●実物資本市場における利子率の決定

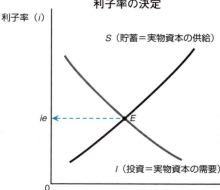

補 足

これは，資本を多くの人間で分けなくてはならなくなるので1人あたりの資本が減ってしまうわけです。

図表32－7 ●人口増加によるkの低下

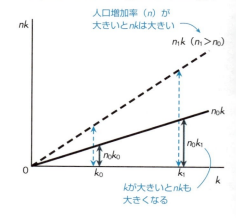

$sy=nk$

と、kを増やす力と減らす力がバランスしており、そこに落ちつきます。$sy=nk$となる点Eを**定常均衡**と呼び、1人あたりの国民所得（y）は$y=f(k)$のグラフより点Aの高さのy^*となります。

それでは、このソロー＝スワンモデルの問題を解いてみましょう。

図表32－8 ●経済成長における定常均衡

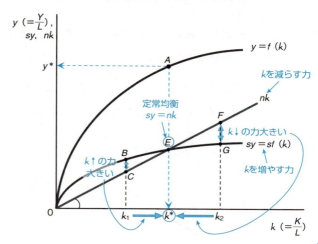

【問題32−3】

図は新古典派の経済成長理論の恒常成長均衡k^*を説明したものである。一次同次の関数Fを$Y=F(N, K)$，関数fを$\frac{Y}{N}=F(1, \frac{Y}{N})=f(\frac{K}{N})$とする。ここで，$y=\frac{Y}{N}$，$k=\frac{K}{N}$とするとき，直線$g$を表すものはどれか。

（Y：産出量，N：労働量，K：資本量，n：労働力成長率（定数），s：貯蓄率（定数））

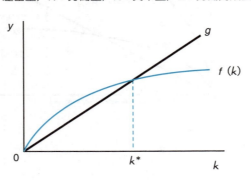

1. nsk
2. $\frac{k}{ns}$
3. $\frac{n}{s}k$
4. $\frac{s}{n}k$
5. $\frac{(n-s)k}{s}$

（国税専門官）

(解説・解答)

新古典派成長理論の恒常成長均衡k^*とは定常均衡のことです。定常均衡では
$sy=nk$ ………①
となっています。

k^*では①が成立しているはずですが，問題文の図では，
$g=f(k)$ ………②
です。

問題文より$y=\frac{Y}{N}=f(\frac{K}{N})=f(k)$なので，②式は
$g=y$ ………③
と言い換えることができます。

③と①が同じであるためには，①を$y=\sim$に変形し，
$y=\frac{n}{s}k$ ………④
より，
$g=\frac{n}{s}k$
であればよいことになります。

正 解 3

6. 経済成長の要因（成長会計）

Movie 219

新古典派のソローは，現実経済において何が経済成長の要因であるかを調べました。

【1】仮 定

まず，**マクロ経済をコブ＝ダグラス型生産関数と仮定**し，

$$Y = AK^{\alpha}L^{1-\alpha} \quad \cdots\cdots ①$$

（Y：国民所得，K：資本量，L：労働量，αは $0<\alpha<1$の定数，A：正の整数）
としました。

なお，$Y = AK^{\alpha}L^{1-\alpha}$というとすごく難しそうですが，たとえば$A=5$，$\alpha=0.7$とすると$Y = 5K^{0.7}L^{0.3}$となるということです。そして，$Y = 5K^{0.7}L^{0.3}$は，$K$と$L$が増加すると$Y$が増えるということを意味していると思ってください。そして，Aの値が5ではなく10であれば，同じK，Lの値でもYは増えるのでAの値は技術力を示しているのだと考えられています。Aが大きいほど技術力があり，同じKやLの値でもYを大きくできるというわけです。

> **補足**
> コブ＝ダグラス型生産関数は規模に関して収穫一定，限界生産力逓減となっています。

【2】分 析

そして，①式の$Y = AK^{\alpha}L^{1-\alpha}$の対数をとり，時間で微分することによって，②式に変形することができます。

$$\underbrace{\left(\frac{\Delta Y}{Y}\right)}_{\substack{Y の増加率 \\ 経済成長率}} = \underbrace{\left(\frac{\Delta A}{A}\right)}_{\substack{A の増加率 \\ 技術進歩率 \\ （全要素生産性）}} + \alpha \underbrace{\left(\frac{\Delta K}{K}\right)}_{\substack{K の増加率 \\ 資本増加率}} + (1-\alpha)\underbrace{\left(\frac{\Delta L}{L}\right)}_{\substack{L の増加率 \\ （労働） \\ 人口増加率}} \cdots ②$$

> **補足**
> ①式の対数をとって微分するといってもよくわからないでしょうから，①式から②式が出てくることは暗記をしてしまいましょう。

現実経済の国民所得（Y），資本量（K），労働人口（L）についてはデータがあるのでそれらを入れてやると，②式から

$$\frac{\Delta A}{A} = \frac{\Delta Y}{Y} - \alpha \frac{\Delta K}{K} - (1-\alpha)\frac{\Delta L}{L}$$

と $\frac{\Delta A}{A}$ も計算することができます。そして，その計算の結果，$\frac{\Delta A}{A}$ が最も経済成長に寄与していることがわかりました。

【3】評　価

① 長　所

1）経済成長の要因が何であるかを実証的に調べることは，成長理論の妥当性を考える上でも非常に重要です。

2）経済成長の主要因は技術進歩であるという事実は，私たちの現実感覚とも一致しているように思います。

② 問 題 点

1）現実の生産関数が $Y = AK^{\alpha}L^{1-\alpha}$ であるとは限りません。

2）資本（K）や労働（L）の質をどう考慮するのかという問題があります。これは，たとえば，優秀な労働者とそうでない労働者を同じ1人とカウントしてよいのかということです。

では，経済成長の要因についての典型的な問題を解いてみましょう。

【問題32−4】

ある経済のマクロ的生産関数が次のように与えられている。

$Y = AK^{0.4}L^{0.6}$

Movie 220

ここでYは実質GDP，Aは技術水準，Kは資本量，Lは労働量を表す。実質GDP成長率が3％，資本の成長率が4％，労働の成長率が1％であるとき，この経済の技術進歩率はいくらになるか。

1. 0.5％
2. 0.8％
3. 1.1％
4. 1.4％
5. 1.7％

（国家Ⅱ種）

Chapter 32 経済成長

鉄則14

$$Y = AK^{\alpha}L^{1-\alpha}$$

$$\frac{\Delta Y}{Y} = \frac{\Delta A}{A} + \alpha\frac{\Delta K}{K} + (1-\alpha)\frac{\Delta L}{L}$$

経済成長率　技術進歩率　資本増加率　労働人口増加率

〈解説・解答〉

マクロ生産関数は$Y = AK^{0.4}L^{0.6}$なので鉄則14をあてはめ

$$\frac{\Delta Y}{Y} = \frac{\Delta A}{A} + 0.4\frac{\Delta K}{K} + 0.6\frac{\Delta L}{L}$$

GDP成長率　　　　資本成長率　　労働成長率

$$3\% = \frac{\Delta A}{A} + 0.4 \times 4\% + 0.6 \times 1\%$$

技術進歩率$\left(\frac{\Delta A}{A}\right) = 3\% - 0.4 \times 4\% - 0.6 \times 1\%$

$= 0.8\%$

正解　2

7. 内生的成長理論

Movie 221

【1】ソロー=スワンモデルにおける技術進歩

① 分析

ソロー=スワンモデルにおいては，技術進歩については詳しくは扱っていません。これは技術を外部から与えられた定数としているからです。

しかし，だからといって，ソロー=スワンモデルが，技術進歩による１人あたりの国民所得の増加をまったく説明できないわけではありません。たとえば，一定としていた技術が進歩し，同じ１人あたりの資本量（k）であっても，多くの１人あたりの国民所得（y）を生産できるようになったとしましょう。これを具体的に図示すると図表32-9の$y=f(k)$の生産関数が，$y=g(k)$のように上方にシフトすることになります。

技術進歩前の$y=f(k)$のときの定常均衡は，$sf(k)=nk$となる点E_0であり，$k=k_0$，$y=y_0$です。ここで技術進歩がおこり生産関数が$y=g(k)$と上方にシフトすると，syも$sf(k)$から$sg(k)$へと上方にシフトし定常均衡は$sg(k)=nk$となる点E_1へ移動し，kはk_1へ増加し，yもy_1へと増加します。これは，技術進歩による１人あたりの所得の増加にともない１人あたりの貯蓄が増加し，１人あたりの貯蓄増加が１人あたりの資本量を増やし，１人あたりの国民所得を増加させたことによるものです。このようにして，一定であった技術が進歩することによって，１人あたりの国民所得が増加することを説明できます。

図表32-9 ● ソロー=スワンモデルにおける技術進歩

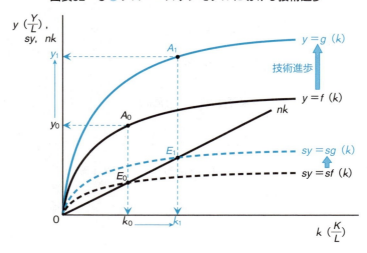

② 評　価
1）長　所
技術進歩によって1人あたりの国民所得が増加していくという多くの先進国の傾向を説明することができます。

2）問題点
技術進歩が経済成長の主要因であることを考えれば、技術進歩を「外から与えられた定値（外生変数）が変わったとき」と考えるだけではなく、なぜ技術進歩が起こるのか、技術進歩はどのような要因で起こるのかという分析が重要ですが、その分析はなされていません。

【2】内生的成長理論における技術進歩
① 技術進歩の要因を考える
そこで、**技術進歩を外から与えられた定数（外生変数）と考えるのではなく、理論の中で、ある要因によって変わっていく数（内生変数）として扱い、技術進歩の要因についても分析しようという考えが内生的成長理論**です。

内生的成長理論にはいくつかの理論がありますが、本書では、シンプルで試験にも出題されている*AK*理論を説明したいと思います。

② *AK*理論
*AK*理論においてはマクロ生産関数は、

$$Y=AK \text{（A：正の定数，K：広義の資本）}$$

と表されます。そして、技術進歩を外から与えられた定数*A*が大きくなったと考えるのではなく、たとえば教育改革によって技術進歩が促されたのであれば、教育制度の改善によって優秀な研究者や労働者が増加し、そのことによって、広義の資本（*K*）が増加し*Y=AK*より国民所得（*Y*）が増加すると考えていくのです。

③ローマー理論
ローマーは労働力を生産者数（*Lp*）と研究者数（*Lr*）に分けて考えます。そして、国民所得（*Y*）は、*Y=ALp*と生産者数（*Lp*）で決まるが、*A*は技術力で決まり、*A*は研究者数（*Lr*）で決まると考えます。

この理論によって、研究開発によって継続的な経済成長実現してきた先進国経済を説明できるようになりました。

用 語

*K*は通常の資本ではなく、広義の資本とし、通常資本とされる機械や道路などの他に、教育制度、研究開発制度、研究者数、アイデアを事業化する制度、過去からの特許、アイデア・ノウハウなどの蓄積など、技術進歩を促す要因を含んでいます。

▶▶ 徹底解説 ◀◀

ローマーは、資本は他人と共有できませんが、技術は全員が同時に利用できるという性質（ミクロ経済学でいう「非競合性」）に注目し、技術進歩は研究者数（*Lr*）等によって決まるという理論を創り上げ、2018年にノーベル経済学賞を受賞しました。

Chapter
32
経済成長

【問題32-5】

経済成長理論に関する次のA〜Cの記述のうち、妥当なもののみをすべて挙げているのはどれか。

Movie 222

A. 新古典派成長理論（ソロー＝スワンモデル）では、固定的な資本係数を前提としていることからマーケット・メカニズムは働かないので、均衡成長経路は不安定になる。

B. ハロッド＝ドーマーによる成長理論では、マーケット・メカニズムが働き資本と労働の投入比率が調整され、長期的には保証成長率と自然成長率とが一致する均斉成長が達成される。

C. 内生的成長理論では、外生的に与えられた技術進歩ではなく、教育や研究体制といったインフラストラクチュアを含む広義の資本ストックの成長が経済成長をもたらすとされる。

1. B
2. C
3. A, B
4. A, C
5. A, B, C

（国税専門官）

（解説・解答）

A. ×　新古典派成長理論は資本係数（v）が動くことにより安定成長となるので誤り。

B. ×　ハロッド＝ドーマーでは、資本と労働の投入比率は一定であり、資本係数 v も一定となり保証成長率と自然成長率を等しくさせるメカニズムがないので誤り。

C. ○　内生的成長理論の代表的な AK 理論の主張です。

正　解　2

索　引

【英　数】

45度線分析	99
AD-AS均衡	252
AK理論	365
BP曲線	310
GDP	48
GDPデフレータ	63
GNI	55
GNP	55
IAD-IAS均衡	286
IS-LM-BP均衡	312
IS-LM分析	198
IS曲線	199
ISバランス論	69
ISモデル	102
Jカーブ効果	306
k%ルール	346
LM曲線	203
M_1	141
M_2	141
M_3	141
MEW	58
NDP	56
NI	57
NNI	57

【あ　行】

アセット・アプローチ	301
新しい古典派	40
アナウンスメント効果	180
アニマル・スピリッツ	176
一般理論	33
移転支出乗数	132
意図せざる（在庫）投資	69
インフレ	112
インフレ・ギャップ	112
インフレーション	112, 266
インフレ供給（IAS）曲線	284
インフレ需要（IAD）曲線	282

インフレと失業のトレード・オフ	275
売りオペレーション	178
営業余剰	57
オークンの法則	284

【か　行】

買いオペレーション	178
外貨準備増減	296
外国為替レート	299
外国通貨建て為替レート	299
外国利子率	311
外部ラグ	345
拡張的財政政策	218
確定利子率	144
貸し渋り	185
過剰準備	185
可処分所得	92
加速度原理	334
傾き	21
価値尺度機能	140
価値保存機能	140
仮定	10
貨幣	140
貨幣供給	152
貨幣供給曲線	165
貨幣市場	148
貨幣需要	165
貨幣需要曲線	165
貨幣乗数	156
貨幣数量説	191
貨幣数量方程式	271
貨幣賃金率	239
貨幣の中立性	191
貨幣ベール観	191
為替インフレ論	271
関数	14
間接税	57
完全雇用	32
完全雇用GDP	110

367

完全雇用国民所得	110	限界	22
基準貸付利子率	178	限界効率表	175
帰属家賃	52	限界消費性向	91
基礎消費	90	限界生産力逓減	238
キチンの波	342	限界貯蓄性向	92
キッドランド	346	現金	152
逆生産関数	262	現金残高方程式	191
ギャロッピング・インフレーション	266	現金預金比率	157
供給関数	23	現実妥当性	10
供給曲線	16	ケンブリッジ交換方程式	191
供給量	16	公開市場操作	178
曲線上の移動	18	効果ラグ	345
曲線のシフト	18	交換仲介機能	140
均衡国民所得	100	広義の国民所得	99
銀行の銀行	150	公共サービス	52
均衡予算	127	広義流動性	141
均衡予算乗数	127	公準	239
緊縮的財政政策	219	恒常所得	328
金融緩和策	181, 212	恒常所得仮説	328
金融収支	296	合成の誤謬	30
金融政策	315, 317	公定歩合	178
金融引き締め策	183, 213	公定歩合操作	179
金利平価説	302	購買力平価説	301
クズネッツ型消費関数	324	合理的期待形成学派	39, 277, 287
クズネッツの波	342	子想いの親の前提	232
クラウディング・アウト	220	国債	144
グラフ	14	国際資本移動	310
クリーピング・インフレーション	266	国際収支	294
計画経済	28	国際投資家	310
景気循環	342	国際利子率	311
経済学	8	国内純生産	56
経済主体	5	国内総固定資本形成	68
経済政策論争	38	国内総生産	48
経済の基本問題	26	国内貯蓄超過	69
経常収支	294	国民純所得	57
ケインズ型消費関数	89, 324	国民純福祉	58
ケインズ型貯蓄関数	92	国民所得	57
ケインズ，ジョン・メイナード	33	国民総所得	55
ケインズ派	36, 192	国民総生産	55
ケインズ派の体系	260	国民福祉指標	58
決定ラグ	345	コストプッシュ・インフレ論	269

固定資本減耗	51	自然失業率仮説	276
固定相場制	299	自然成長率	348
古典派	31, 36, 192	市中銀行	151
古典派の2分法	191	市中消化の原則	228
古典派の総供給曲線	249	失業	245
古典派の第一公準	239	失業保険制度	130
古典派の体系	263	実行ラグ	345
古典派の第二公準	242	実質GDP	63
コブ=ダグラス型生産関数	361	実質貨幣供給量	165
雇用者報酬	57	実質賃金率	239
雇用・利子および貨幣の一般理論	33	実質利子率	267
混合経済	28	実物的景気循環論	346
コンドラチェフの波	342	自発的失業	32, 274
【さ　行】		支払準備率	152
サービス収支	295	支払準備率操作	179
債券	144	資本係数	334
債券価格	146	住宅投資	93
債券市場	148	ジュグラーの波	342
在庫投資	93	主婦の家事労働	51
最後の貸し手	150	需要関数	23
在庫品増加	69	需要曲線	16
財市場	3	需要シフト・インフレ論	269
財政収支	69	需要量	16
財政政策	316, 318	準備預金制度	152
財の需要	88, 99	純輸出	69
裁量的金融政策	346	償還日	144
サミュエルソン	39, 99	消費	9, 88
産業連関表	72	消費関数	89
三面等価の原則	66	消費者物価指数	60
資源	26	初期ケインジアン	214, 222
資源の相対的希少性	26	ジョルゲンソンの投資理論	339
自国通貨建て為替レート	299	新古典派	31, 40
資産効果	231	新古典派成長理論	352
資産需要	163	新古典派総合	39
資産需要曲線	164	新古典派の投資理論	338
支出面の国民所得	67	真性インフレーション	113
市場	27	信用創造	155
市場価格表示	51	垂直なIS曲線	202
市場経済	27	垂直な総需要曲線	251
市場利子率	146	水平なLM曲線	206
自然失業率	274	スタグフレーション	276

ストック …………………………49	定額税 ……………………………92
ストック調整原理…………………336	定義………………………………9
スミス，アダム …………………31	定常均衡 …………………………358
生産関数……………………………262	ディマンドプル・インフレ論………268
生産性格差インフレ論……………270	デフレ……………………………111
生産物市場…………………………3	デフレ・ギャップ…………………110
生産面の国民所得 ………………66	デフレーション……………………111
生産要素 …………………………26	デモンストレーション効果………329
静態的為替レート期待……………310	投機的動機による貨幣需要………162
成長会計……………………………361	投資 …………………9, 88, 93, 170
セイの法則 ………………………32	投資が利子非弾力的…187,214, 222, 251
政府最終消費支出…………………68	投資曲線……………………………176
政府支出………………………88, 94	投資乗数……………………………118
政府支出乗数………………………121	投資の限界効率 …………172, 174, 334
政府の銀行…………………………150	投資の限界効率理論………………173
世界大恐慌 ………………………33	投入係数……………………………77
世界利子率…………………………311	トービンのq理論 ………………336
設備投資 …………………………93	取引需要……………………………162
節約の逆説 ………………………30	取引需要曲線………………………163
総供給曲線…………………………248	取引的動機による貨幣需要………162
総需要曲線…………………………249	【な 行】
相対所得仮説………………………329	内生的成長理論……………………365
租税関数 …………………………92	ナイフ・エッジ理論………………350
租税乗数 …………………………123	内部収益率…………………………172
ソロー＝スワンモデル……………356	内部ラグ……………………………345
【た 行】	日銀貸付……………………………178
第一次所得収支……………………295	認知ラグ……………………………345
第二次所得収支……………………295	農家の自家消費 …………………52
タイム・ラグ………………………345	【は 行】
玉突き理論…………………………343	ハイパー・インフレーション………266
中央銀行……………………………150	ハイパワード・マネー……………152
中央銀行の独立性…………………151	パーシェ指数 ……………………60
中央銀行引受け……………………229	派生預金……………………………159
中間生産物 ………………………53	発券銀行……………………………150
超過供給 …………………………17	ハーベイ・ロードの前提 …………35
超過需要 …………………………17	ハロッド＝ドーマー理論…………349
直接投資……………………………296	ピグー効果…………………………223
貯蓄 ………………………………49	非自発的失業………………32, 274
貯蓄残高……………………………49	ヒックス＝サミュエルソンの理論………342
貯蓄のパラドックス ………………30	ビッグマックレート………………302
賃金フロアモデル…………………248	表…………………………………14

ビルトイン・スタビライザー	130	名目GDP	63
比例税	92	名目貨幣供給量	165
フィリップス曲線	275	名目賃金率	239
付加価値	53	名目賃金率の下方硬直性	244
物価	59	名目利子率	267
物価の下方硬直性	36	モデル	10

【や　行】

物価版フィリップス曲線	275	有効需要	34
フリードマン	276, 344	有効需要の原理	34, 37, 260
プレスコット	346	輸出	88, 94
フロー	49	輸入	88, 94
フロー・アプローチ	301	輸入インフレ論	270
分配面の国民所得	66	要求払い預金	141
平均	22	要素所得	55
平均消費性向	91	要素費用表示	52
ベースマネー	152	預金創造	155
変動所得	328	預金通貨	141
変動相場制	299	予想されたインフレ	266
変動相場制の国際収支調整機能	305	予想されないインフレ	267
貿易・サービス収支	295	予備的動機による貨幣需要	162
貿易収支	295		

【ら　行】

法定準備率	152	ライフサイクル仮説	325
法定準備率操作	179	ラスパイレス指数	60
保証成長率	348	ラチェット効果	329
本源的預金	159	リアル・ビジネスサイクル理論	346

【ま　行】

マーシャル＝ラーナーの安定条件	306	リカード＝バローの中立命題	232
マクロ経済	3	利子	190
マクロ経済学	29	利子率	166
マクロ消費論争	324	流動性	162
マクロ生産関数	260	流動性選好説	164
摩擦的失業	32, 274	流動性の罠	164, 186, 214, 221, 251
マネーサプライ	152	連立方程式	24
マネーストック	152	労働供給曲線	243
マネタリー・ベース	152	労働需要曲線	240
マネタリスト	39, 276, 286, 344	労働の限界生産力	238
マンデル＝フレミングモデル	313, 315	労働の限界不効用	241
見えざる手	31	ロビンズ	8

【わ　行】

右上がりの*LM*曲線	203	割引現在価値	171
右下がりの*IS*曲線	200	ワルラスの法則	148
ミクロ経済学	29		
民間最終消費支出	68		

《著者略歴》

石川　秀樹　（いしかわ　ひでき）

　昭和38年生まれ。上智大学法学部国際関係法学科卒業。筑波大学ビジネス科学研究科経営システム科学専攻修了（ＭＢＡ）。2005－6年英国政府チーブニング奨学生としてロンドン大学 Institute of Educationに留学。

　新日本製鐵株式会社資金部，鋼管輸出部などを経て，現在，石川経済分析取締役社長。サイバー大学教授，SBI大学院大学客員教授。日本経営品質賞審査員（2004年度，2007年度，2008年度）。地域活性学会監事。

著書
　『試験攻略入門塾　速習！マクロ経済学』（中央経済社）
　『試験攻略入門塾　速習！ミクロ経済学』（中央経済社）
　『試験攻略入門塾　速習！経済学 基礎力トレーニング（マクロ＆ミクロ）』（中央経済社）
　『試験攻略入門塾 経済学 過去問トレーニング 公務員対策・マクロ』（中央経済社）
　『試験攻略入門塾 経済学 過去問トレーニング 公務員対策・ミクロ』（中央経済社）
　『試験攻略　新・経済学入門塾』シリーズ（中央経済社）
　『ケーススタディーで学ぶ入門ミクロ経済学』（ＰＨＰ研究所）
　『単位が取れるマクロ経済学ノート』（講談社）
　『単位が取れるミクロ経済学ノート』（講談社）
　『単位が取れる経済数学ノート』（講談社）
　『経済学とビジネスに必要な数学がイッキにわかる!!』（学習研究社）
　『1項目3分でわかる石川秀樹の経済学入門ゼミ』（日本実業出版社）
　『6色蛍光ペンでわかる経済』（ダイヤモンド社）
　『これ以上やさしく書けない経済のしくみ』（ＰＨＰ研究所）
　『不動産鑑定士Ｐシリーズ　過去問集 経済学』（早稲田経営出版）
　『名フレーズでわかる「勝者のロジック」』（共著，講談社）

試験攻略入門塾
速習！ マクロ経済学 2nd edition

2011年 2 月15日　第 1 版第 1 刷発行	著　者　石　川　秀　樹
2018年 6 月15日　第 1 版第67刷発行	発行者　山　本　　継
2019年 4 月 1 日　第 2 版第 1 刷発行	発行所　㈱中 央 経 済 社
2024年 7 月30日　第 2 版第43刷発行	発売元　㈱中央経済グループ

発売元　㈱中央経済グループ
　　　　パ ブ リ ッ シ ン グ

〒101-0051　東京都千代田区神田神保町 1 - 35
電　話　03（3293）3371（編集代表）
　　　　03（3293）3381（営業代表）
https://www.chuokeizai.co.jp

©2019
Printed in Japan

印刷／文唱堂印刷㈱
製本／誠 製 本 ㈱

※頁の「欠落」や「順序違い」などがありましたらお取り替えいたし
ますので発売元までご送付ください。（送料小社負担）
ISBN 978-4-502-29031-2　C1333

JCOPY〈出版者著作権管理機構委託出版物〉本書を無断で複写複製（コピー）する
ことは，著作権法上の例外を除き，禁じられています。本書をコピーされる場合は
事前に出版者著作権管理機構（JCOPY）の許諾を受けてください。
JCOPY〈https://www.jcopy.or.jp　eメール：info@jcopy.or.jp〉